U0821661

金融道

一家『弱势』银行的崛起（珍藏版）

周时奋　陈　琳／著

中信出版集团 | 北京

图书在版编目（CIP）数据

金融道：一家“弱势”银行的崛起（珍藏版）/ 周时奋，陈琳著. —北京：中信出版社，2011.9（2025.1重印）
ISBN 978-7-5086-2977-3

I. 金… II. ① 周… ② 陈… III. 商业银行－经济管理－经验－杭州市 IV. F832.755.3

中国版本图书馆CIP数据核字（2011）第163214号

金融道——一家“弱势”银行的崛起（珍藏版）
JINRONG DAO

著　　者：周时奋　陈　琳
策划推广：中信出版社（China CITIC Press）
出版发行：中信出版集团股份有限公司（北京市朝阳区东三环北路27号嘉铭中心　邮编　100020）
（CITIC Publishing Group）
承 印 者：北京通州皇家印刷厂
开　　本：787mm × 1092mm　1/16　　**印　　张：**19　　**字　　数：**290千字
版　　次：2011年9月第2版　　**印　　次：**2025年1月第19次印刷
书　　号：ISBN 978-7-5086-2977-3/F · 2425
定　　价：42.00元

版权所有 · 侵权必究
凡购本社图书，如有缺页、倒页、脱页，由发行公司负责退换。　　服务热线：010-84849283
http://www.publish.citic.com　　服务传真：010-84849000
E-mail: sales@citicpub.com
author@citicpub.com

目录

国内的银行没有定位？如何寻找适合自己的定位？摸索中，杭州广发有了自己的思考。在业务快速增长的同时，管理的问题也渐渐显现出来，如何协调好业务开拓与高效管理的矛盾是杭州广发在这个阶段需要解决的问题……

张维迎序

最早接触广东发展银行杭州分行是2006年5月，当时金海腾行长来找我，说他们在杭州办了一个“广发论坛”，与浙江的企业家们共同探讨企业管理方面的问题，希望能与光华管理学院合作一起办。是金海腾行长的激情和论坛的理念打动了我，由此开始了光华管理学院与广发杭州分行的第一次合作。

在与金海腾行长交谈以及随后阅读了更多的资料之后，我才知道，广发杭州分行的发展可以说是一个奇迹，他们在帮助中小企业成长的同时，创造了良好的经营业绩，在经营管理方面的一些做法很值得其他的中国企业研究和借鉴。

我曾经概括过衡量企业核心竞争力的几个标准，通俗地讲就是“偷不去、买不来、拆不开、带不走”。对比这几个标准，广发杭州分行在某种程度上已经拥有了在竞争中立足的核心竞争力。他们形成了以“广发理念”为核心的价值理念，建立了很好的企业文化，由此而产生的巨大的协同力，在国内企业中是不多见的。

我也曾讲过，过去的中国市场充满了赚钱的机会，就像一个山区，到处都是洞口，中国企业家只要起早点、勤快点，找个洞进去抢占一个位置，打扫两下，然后念几句经就能变成“菩萨”，就会有人给他“烧香”，就能赚钱。现在“洞”已被占满了，怎么办？那就得“凿洞”。但中国绝大部分企业只有“钻洞”的能力，没有“凿洞”的本领。广发杭州分行由于其总行的一些历史问题，在浙江的金融市场上是一个弱势的后来者，当他们在杭州开业时，当地银行业的竞争已相当激烈，可以说已经是“无洞可钻”了。但在激烈的竞争中，凭着全新的经营理念和管理创新，最终，他们凿出了洞，在很多方面比竞争对手有更杰出的表现，令同行刮目相看，这其中肯定有其独到之处。

《金融道》这本书从广发杭州分行近十年的发展历程入手，用故事化的叙述手法展现了它在不同时期的发展状况，同时，加入了对每个时期的宏观经济和银行业的发展状况的描述，能让读者更全面地了解各个决策的整个过程。在告诉读者如何“凿洞”的同时，更让人体会到为什么“凿洞”和怎样“凿洞”。

这本书所展示的一些管理方法，对于解决诸多中国企业所存在的诸如正职与副职的关系、一线业务开拓与二线管理的关系、权威树立与变革创新的关系、人情世故和用人潜规则等有中国特色的管理问题，都具有很强的可操作性。而杭州广发所设计的独特的领导机制、员工晋升机制、考核激励机制等管理机制也大多具有鲜明的中国特色，可以说他们在寻找中国特色的企业管理之道上已经作了非常积极有效的探索。

企业管理中，发展战略的制订、管理方法的设计都需要针对每个企业自身发展的特点。一个管理模式在其他企业究竟是否管用，需要经过事实的检验才能得到验证，国内曾经有“海尔激活休克鱼”的成功案例。广发杭州分行通过管理团队输出的方式，在广发银行系统内的佛山分行、中山分行都取得了成功，从某种意义上讲，也是创造了可移植的“杭州广发模式”。而其系统外的常熟农村商业银行，以另一种方式借鉴了“杭州广发模式”，也获得了成功。这些案例也为我们在如何运用移植的先进管理方法上提供了一些参考。

虽然说广发杭州分行是一家银行，但它其实是尝试了运用各个行业的不同经营管理方法来经营银行，就像他们所说的“跳出银行做银行”，也正如这本书所写的“金融之道，常常在金融之外”。这也是任何一个行业、任何一个企业若要成功，所需要拥有的博采众长的“空杯心态”。

故此，我愿意向读者推荐这本书。

北京大学教授

弱势也疯狂

按一般银行的评判标准，这家银行70%的员工是进不了银行工作的，甚至他们的行长都没有干过银行，他们因此“弱势”，他们也因此疯狂……

让我们看一组数字

你信不信，下面的这一组数字，是由一个全部历史不到10年的小字辈银行所创造的。如果你对数字感到头疼，那也无妨，你可以看看每段前面黑体字的小标题。作者无非是想告诉你，这是一个奇迹。

这家银行叫广东发展银行杭州分行。创造这个奇迹的大多数人，原来都是银行业务的门外汉。这是中国金融版的“非常6+1”，只是主持人不是李咏，而是原来也是银行业门外汉的广发杭州分行行长金海腾。

请你暂且不要把它当做一份经济报告，从数字入手，只是作者想以事实说话，后面还有好听的故事。

最高的总资产利润率　2006年，广发杭州分行利润总额为10.03亿元，总资产利润率达到了2.54%，根据相关资料显示，这一利润率在银行经营普遍较好的浙江也排名第一位，而国际上较先进银行的总资产利润率基本上为1%~1.5%。从广发杭州分行第一个完整的业务年度1998年算起，它的利润一直保持着非常快速的增长，1998年是1 305万元，1999年为2 872万元，2000年上升到5 458万元，2001年为10 169万元，2002年达到16 850万元，2003年又一跳跃，达到31 237万元，2004年更上一层楼，达到54 723万元，2005年再度上升，达到81 761万元，2006年，更是突破了10亿元大关。环比年均增幅达到了72.17%。这是一个什么样的发展速度？

极低的不良贷款率 2001~2005年，在仅核销1 305万元坏账的情况下，广发杭州分行的不良贷款率始终保持在1%以下。截至2006年年底的不良贷款率为0.28%，而同期的贷款规模已接近了293亿元。这在中国的银行史上，几乎闻所未闻。

道德风险损失为0 近几年，一些基层银行机构大案要案频发，银行系统成了是非之地，也给金融业信誉带来了负面影响。据中国银行业监督管理委员会统计资料显示，2005年银行业机构共发生案件1 272件，涉案金额54.1亿元。但是，从1997年至2006年，在广发杭州分行9年的建行史上，因其员工道德风险而造成的损失为0。这在案件频发的国内银行业中算是一个"异类"。

超强的个人业务销售能力 广发杭州分行的多项个人金融业务产品销售额竟然占广发全国系统销售总额的50%。而在某一项产品的销售能力上，竟然是竞争对手——另一股份制商业银行的省级分行的5倍。2006年，广发杭州分行在销售某一基金产品时，前10天的销售额，竟然达到某国有商业银行在全国销售总额的1/4。老到的金融家也为之喟叹：这可能吗？

权威人士，我证明你的说法

你可能很难想象，一家小小的股份制银行的省级分行，竟能创造如此多的国内第一：由广发杭州分行率先开办的保全仓库、可置换动产质押、三方保理、品牌质押、异地法人按揭、企业财务顾问、薪加薪等一系列的创新业务，都在一段时间内引领了或者引领着国内金融创新的潮流，难怪权威的监管部门称："广发杭州分行的一系列创新业务模式已成业务典范。"

权威的说法是一方面，另一方面，弄一家"烂银行"让你试试，广发杭州分行的模式还行得通吗？对，是骡子是马，咱们拉出来遛遛。

模式嫁接到三家，家家都成功 广发杭州分行以管理团队输出的方式，接管了广东发展银行系统内两家长期亏损的分行——佛山分行和中山分行，到一家成功一家。还是让数据说话。

2003年3月，广发杭州分行派出三人管理团队接管广发佛山分行，把“杭州广发模式”移植到广发佛山分行的经营管理中，在进驻当年就实现了A行赢利，2004年实现了A、B行并表赢利2 000万元；2005年，实现A行赢利2.53亿元，比2004年增长了64.48%，实现A、B行并表赢利1.05亿元；2006年，在广发总行重组的种种不利情况下，利润仍保持稳步的增长，实现A、B行并表赢利1.13亿元。（注：佛山分行将正常的资产和亏损的资产分为A、B行来进行管理。）除了赢利水平的大幅度提高外，全行各项业务指标较之三年前几乎都翻了几番。

2004年3月，广发杭州分行派出三人管理团队接管中山分行，并以“杭州广发模式”重塑经营管理。2006年一季度，中山分行实现了其亏损10年以来的首次赢利，提前一年完成广发总行制订的“三年脱困计划”，2006年全年实现赢利548万元。

常熟农村商业银行借鉴了“杭州广发模式”，并结合自身情况进行了运用、创新，也获得了成功。2005年，该行实现净利润3.1亿元，年底的不良贷款率为0.25%，已成为全国众多农村商业银行中的佼佼者。

全国城市商业银行CEO（首席执行官）主题研修班 个案只是个案，你敢不敢把你号称的模式拿到全国同行的评判平台上来试试？嘿，真就这么干了。2005年11月和2006年3月，广发杭州分行联合常熟农村商业银行、广东发展银行佛山分行、广东发展银行中山分行三家实践“杭州广发模式”成功的银行，以“杭州广发模式”为研修内容，举办了两届“全国城市商业银行CEO主题研修班”，吸引了24家城市商业银行、2家学术机构、1家外资银行参加，累计参加的机构次数达到了37家次。同时，每年都会有30多家次银行到广发杭州分行参观学习。

工行的网点、招商的科技、广发的人 这是同行的感叹。在浙江的所有银行中，工行的网点最多，招商的科技相对比较领先，而广发的人，则是得到最广泛认可的。甚至有银行在浙江新开分支机构招人的时候说：“只要是杭州广发的人，我们都要。”

怪事连连，信不信由你

用世俗的眼光看，这家奇特的银行确实有许多怪事。看起来是小事，是细节，可是细节有时候却表现本质。说几件怪事：

省级分行的领导没有单独的办公室 广发杭州分行的五位行长室成员都在一个大统间里办公，没有各自独立的办公室，他们的办公空间仅用一米多高的屏风隔开。上行下效，下属各个支行的行长室也都如此：清一色的大办公室。

坏得最快的门锁一定是行长室的 在广发杭州分行，员工见行领导是不需要预约的，也无须敲门，员工们只要直接推门进行长室，即可找任何一位行长室成员沟通。因此，行长室的门锁就常常因扭动次数频繁而损坏。

省长的女儿只能拎钱箱上门收款 某省长女儿在广发杭州分行工作了一年多，但她却只能做拎着钱箱上门收款的工作。在这家银行，凭关系是不能获得任何好处的，却常常是毫无背景的“学生兵”能够脱颖而出，甚至有年仅29岁就当上了分行副行长的。

客户经理可以调用行长的车 行领导的车是归行车队统一调配的，行长的车一到行里，就归车队调度。假如员工因公需要用车，车队有权调用任何一位行领导的车。客户经理坐着行长的车出去跑客户了，行领导只能坐运钞车出去办事。

支行行长睡大统铺，司机们却住标准间 广发杭州分行每年坚持军训，军训时，按照年龄来安排住宿，男性40岁以上、女性35岁以上，可住两人一间的招待所标准间，而其他人员则住在近20人一间的部队宿舍。于是，年轻的支行行长们住部队宿舍的大统铺，而他们的司机却住进了招待所标准间。

一个疯狂的“弱势群体”

浙江的银行招人时，有一个约定俗成的标准：本地人、有工作经验，客户经理则需要有银行业从业经验。外地人、学校毕业后直接到银行工作的“学生兵”、无从业经验的客户经理，这三类人一多，就成为反常现象。一般说来，这样的银行是办不好的。

而在广发杭州分行，这三类人员的比重却远远高于其他银行。

外地人：浙江银行业平均比例小于10%，而这家银行达到31%。

“学生兵”：浙江银行业平均比例小于10%，而这家银行达到23%。

无从业经验的客户经理：浙江银行业平均比例小于30%，而这家银行达到了65%。

也就是说，广发杭州分行在用人上好像“神经不太正常”，这三类人占了员工比例的70%。行长说：“按规矩看起来，应当承认，我们是浙江银行界的弱势群体。你看，我们尽是些其他银行用不上的人。”

就是这样一个“弱势群体”，却是一群疯狂的人。你仔细去看他们虽然短暂却极富传奇色彩的发展过程，就会发现，他们正是在疯狂地探索一种独特的生存方式，这家银行既具有强烈中国特色，却又区别于其他国内银行。再说几个精彩的段子：

连续37个季度增长的奖金　1997~2006年，广发杭州分行的员工奖金保持了连续37个季度的增长，每一季度同比都是增长，并且增幅常常会超过两位数。

一群在全国满天飞的人　这家股份制商业银行虽然落脚在浙江省，但他们的业务却遍布全国各个地方。有的客户经理，早上还在杭州办事，中午就到北京做业务，下午再到广州签合同，晚上则又飞回杭州加班。

是银行，还是演出公司？　每年的12月31日，地处杭州闹市中心的杭州剧院总会上演“广发之夜”新年音乐会，这已经成为杭州市民过新年的一种习惯方式。广发杭州分行自1999年举办了杭州的第一场新年音乐会开始，就一直没有间断过。9年多的时间，广发杭州分行已经为杭州市民免费举办了100多场交响音乐会、芭蕾舞剧、歌剧、民族舞剧、演唱会等各类高雅艺术的演出。结果凡是杭州有高档次的演出，人们总会到广发杭州分行去要票，虽然很可能这场演出并不是他们主办的。

银行就像旅行社　广发杭州分行入行一年以上的员工，都能享受到行里安排的旅游。他们自己设计线路、自己组团，享受自主的“广发专享旅游线”，行长金海腾亲自为员工们设计旅行线路，且永远乐此不疲。很多员工专业得可以称之为“旅游专家”，许多旅行社接到传真时常常说：“这群人懂旅游，接待时要分外小心。”他们的足迹遍布南北美洲、欧洲、非洲、大洋洲、亚洲等各大洲和国内的各大风景名胜。他们常常为能踏上格陵兰岛、阿拉斯加、火地岛、库克山冰川、青藏高原这样的世界极地而沾沾自喜。广发杭州分行每年自制的台历、挂历，都是员工们在各地拍摄的照片。

奇就奇在，弱军营垒有强兵

广发杭州分行实际上是广东发展银行的浙江分行。广东发展银行成立于1988年9月，总部设在广州，是中国首批成立的全国性股份制商业银行之一。在经营了18年之后，广发行显然未能幸免于中国银行业的通病，结果是历史包袱沉重。一方面，坏账偏高而拨备甚低，另一方面，资本严重不足而偿付堪忧。标准普尔发布的《2005年中国银行业展望》中，给广东发展银行的评级为：CCCpi/-/-，居国内银行业倒数第一。标准普尔给出这一评级结果的理由是：该行资产质量差、贷款集中度过高、利润率低，以及资本不足。广东发展银行在国内各家中型银行的竞争中处于弱势的地位。

但是奇怪，广发杭州分行却一枝独秀，在浙江，这个金融业极其发达的区域，它还是佼佼者。常言道，弱军营垒无强兵，但广发杭州分行却是一个特例。

第一篇

穿越迷雾（1997~1998 年）

创办一家银行并没有那么简单，何况他是个地道的门外汉。但他所面临的，是中国市场化初期的金融市场，那片有可能让探索者充分施展的空间。

1997年早春给金海腾留下了难忘的印象。那个早晨，春寒还未消去，杭州城雾霭沉沉。当他打开汽车黑色的车门时，他感到那车门似乎比平时沉重了许多。他的车就停在杭州延安路国际大厦的门口。昔日政府机关那种前呼后拥的热闹没有了，他现在是一个真正的孤家寡人——除了他，他所报到的那个单位目前还空无一人。那是一个刚刚批准筹建的新单位：广东发展银行杭州分行（以下简称杭州广发）。他将出任行长，因此他第一个报到，向自己报到。

金海腾已经年过不惑，身材魁梧的他站在国际大厦的门前深深地吸了一口气，然后拎起唯一的行李——一只手提的红色旧皮箱，径直走向国际大厦的108房间。那只皮箱的边角处已经斑驳，给人风尘仆仆的感觉。108房间，就在这间刚租下来的房间里，他将开始"办银行"的历程，尽管他从来就没有与银行沾过边，也没有一个内行的人为他作过一次怎样开办银行的启蒙，辅导他懂得银行的ABC。当他推开108房间的木门的时候，他忽然想起了贺龙"两把菜刀闹革命"的故事，他觉得自己正在上演那个故事的豪华版。

"行长到——"他对着空房子轻轻地吼了一声。是呀，这个新上任的行长，现在只能"自做官，自喝道"。

他是杭州人，却没有任何的地缘优势。在外奔波了28年后，他回到的家乡，为他保留着的只是些儿时的印象。1969年，他18岁，那年离乡去黑龙江插队，临行前曾赋诗一首：

雄鹰展翅飞天下，造反儿女四海家；

不为虫草眷终生，定将滚雷腾生涯。

少年般的豪情，与少年般的忧伤没什么两样。"少年不知愁滋味，为赋新词强说愁"，这就是少年。今天，他已经清醒地懂得"滚雷腾生涯"的分量，那是需要付出代价，甚至走到山穷水尽的。

那是自找的。他刚在一个国家单位任期圆满，面对众多更加安逸的机会，他却选择了一个全新的开始，这可能就是因为他那不安分的性格。

他知道，现在唯一可以凭借的，就是他这28年人生道路上历练成熟的敏锐的洞察能力、判断能力和决断能力，以及他仿佛与生俱来的创新精神和组织能力。他相信这一切，将有助于着手创办一家成功的银行。

他就是这样一个人，不鸣则已，一鸣非得惊人。

第一章
寻找广发人

如何让一群思想各异的人团结一致，充满凝聚力？什么是“员工第一”？又怎么能让一群金融门外汉异想天开？光杆司令的行长，开始寻找广发人。

光杆司令寻找战略切入点

这是一个于无声处听惊雷的年代。

1978 年的中共十一届三中全会拉开了中国经济市场化改革的序幕。邓小平说：“必须把银行真正办成银行。[①]”这让一头雾水的中国金融业恍恍惚惚地看到了一个方向。1979~1984 年，金融机构体系进行了初步改革，确立了中国人民银行的中央银行地位，并完成了工、农、中、建四大国家专业银行的基本框架，金融业算是基本上实现了“政企分开”。

这以后的 10 年，中国金融积极探索向市场金融制度的转变。证券交易所、同业拆借市场、票据市场全面启动，金融调控从单一的行政干预向市场机制调节转化，从控制贷款规模，逐步启用中央银行的三大政策工具，发展到以比例管理取代贷款规模控制。与此同时，全国的金融业都在悄悄地发生着革命性的变化。保险公司、证券公司等一批非银行金融机构就像雨后林子里的菌菇，长了一批又一批。从 1986 年起，人们开始发现，大街上一下子多出了好多过去没听到过的银行，交通银行、中国光大银行、浦东发展银行、广东发展银行等等，业内的人都

① 见邓小平：《关于经济工作的几点意见》，《邓小平文选》第二卷。

知道，先后有12家全国性股份制商业银行相继成立。这以后，国家开发银行、中国农业发展银行、中国进出口银行这三家作为政策性银行成立，将政策性业务从各个国家专业银行中分离出来，并为专业银行向商业银行过渡创造条件。但当时给老百姓的印象却是，这个银行那个银行都看中了老百姓口袋里的钱，的确，到1995年《商业银行法》颁布时，中国的老百姓已经富裕了许多。但是银行还在增加，《银行法》把中国工商银行、中国农业银行、中国银行和中国建设银行四大国有专业银行转变为国有商业银行的同时，各地的城市合作银行也在悄悄地逐步改组为地方性商业银行。

金海腾回到杭州办银行的那一年，中国已经经历了11年的金融市场建设。过去他并没有怎样深入地留意过银行和其他金融业，然而今天，当他要入门的时候，才突然发觉那里面已经很挤很挤了，岂止是拥挤，而且波澜壮阔、诡谲陆离。种种迹象都让他感觉到，投入商业银行业务领域那一场群雄角逐的激烈竞争，是他别无选择的宿命，拥有全国性经营权的股份制商业银行注定要在这场竞争中扮演重要的角色。

他有些焦急了，竞争刻不容缓，可是他的队伍呢？光杆司令开始寻找自己的队伍。

其实金海腾进入银行领域实属偶然。

正如他18岁时赋诗明志的那个境界，他从扎根边疆的知识青年成为当地农民信任的生产骨干，又赶上了重新进入学校学习的经历。然后进入地方的政府机关，因为他读的是牡丹江商校，这个昔日种大豆玉米的知识青年开始与“商”字打交道，从管理物价的工作人员，直到年轻的商业局长。这之后，他又去当了5年县长，把一个附郭小县建设成中国“百强县”第17位，其间发展经济的种种主意与习惯的行政套路大相径庭，在当地老一辈革命家看来，金海腾的套路形同“迷踪拳”，于是业绩辉煌而争议纷纭。组织上玩的是平衡术，你好我好才是大家好，既然对你金海腾有争议，就不妨回避一下，能当县长的大有人在。这就稀里糊涂地被安排到中银信托。但屁股还没有坐热，椅子就被卖掉了。1996年10月，广东发展银行收购了已被央行接管一年的中银信托，对等的条件是，承担金融机构市场退出“试验”的广发行，获得了由地区性银行扩张为全国性银行的机会。

金海腾就像嫁妆一样，随着中银信托“嫁”进了广东发展银行。并不是成编制调入，广发接收的中银信托的人只有金海腾一个。为何？广发深入考察后，认为原中银信托中唯一可用的只有金海腾，因为他首先是“德”好，正直无私，又敢作敢为，而当时刚刚成为全国性银行的广发，正需要两把菜刀就能闹革命的“贺龙”。

就这样，广东发展银行总行在1997年3月给了金海腾一把“菜刀”——一纸任命书，让他单枪匹马来到杭州，开始了广东发展银行杭州分行的筹建。

举大事者必以人为本。当时的社会精英大多为行政机关垄断，金海腾只能悄悄地、极为秘密地今天约见这个，明天与那个会面。国际大厦的保安在很长一段时间里一直弄不清这个彬彬有礼的神秘人物到底是个什么角色。

金海腾看到了形势的紧迫，也看到了一个天赐的机遇。

20世纪90年代初，这是中国股份制商业银行大规模发展的阶段，外寻求网点延伸，内探索管理改革。经济发达的浙江，成了股份制商业银行战略布局的重要区域。1993年，上海浦东发展银行杭州分行成立；1994年，中信银行杭州分行成立；1995年，华夏银行杭州分行成立。而到了1995年，宏观调控的紧缩政策，掀起了金融市场的巨大波澜，朱镕基副总理与全国银行界约法三章，此后股份制商业银行放慢了发展速度。浙江省在1995年、1996年这两年间，除华夏银行杭州分行外，没有成立一家新的股份制商业银行。

老天爷把这个机会留给了有心人。1997年，时任广发总行行长的李若虹说：“要将杭州分行作为全行改革的试验田，探索创建股份制商业银行的一个新型分行。”一个尚未诞生的分行，已经成了改革的目标。这到底是压力还是挑战？

但很显然，这句话已经激起了金海腾的斗志。

每遇大事有静气。丰富的人生经历，使他养成了大事之前沉着思考的习惯。他冷眼看着浙江金融业的风云变幻，头脑中暂时还一团乱麻。然而他的心中已经不是一片茫然了，他开始知道自己该做什么。

手中无剑，心中有剑

一个好汉三个帮。中国人民银行浙江省分行和广发总行分别选派了章沛和周志勇来帮忙筹建，现在来了两位“老银行”，常规的筹建套路多少会走得轻车熟路一些。这就使金海腾有更多的心思去考虑如何来办这家银行。

他在想着，如何办好一家全新的银行。“全新”是什么意思呢？“商业银行市场化”，既然已经是商业银行，为什么还要提出市场化？——这显然是一个全新的课题，国内并没有好的模式可以照搬照抄，很多做法需要自己探索。探索，“破旧立新”，但如何破旧立新呢？

他就是这样的一个人，不弄出一些新花样，他就没有劲。

他继续思考着。是不是可以这样考虑，“破旧”就是去掉中国企业中特有的一些弊病，对于这些，他的心里还是有些想法的。我的优势是什么？大概就是我不懂银行，不懂就没有旧弊端形成的清规戒律，没有银行从业经验也许反而是好事——“旁观者清”，没有固有的思想束缚，但是会不会因此信马由缰呢？关键在“立新”，如何立？

他想不下去了，因为银行作为一个在世界范围内业已成熟的行业，它一定有自己的规律。

他是一个习惯于从规律本身出发，而不是从领导指令出发思考问题和解决问题的人，这也就是他“有争议”的县长生涯的特色。这到底算是经验还是教训？

他从不做自己没有想通的事情。这是他的性格，也是他的宿命。

1997 年 3 月 25 日，金海腾飞赴广州。他决定以一种独特的方式向总行汇报筹建工作，汇报他对杭州广发的构想。这时候，他的大思路已经理清了，他知道自己的一些观点会让人听上去刺耳，但不乏耳目一新的感觉。

他这样汇报——我们今天找到了他的原始发言稿，但是他的口才的煽动力，远远在文稿之上：

> 对于如何把杭州分行办好，办成一家优秀的分行，我有一些想法。我没做过银行，可能思维上也就没有那么多的条条框框来限制，也希望自己能够探索一些更加有益的方法来种好这个“试验田”，过程中可能会不可避免地与总行的一些思路产生矛盾和冲突。希望总行能给杭州分行充分的空间，能更加客观地来对待杭州分行。
>
> 对于分行与总行互相沟通、磨合过程中可能会产生的一些矛盾，我想用“迎合，说服，碰撞，服从”这八个字来表达我的观点。作为下级，首先我们肯定会迎合总行的命令，但假如在某些问题上，我们认为确实有必要说明的或者应该有更加合适的办法，那么我们就要对杭州分行负责，我们会试着说服，也肯定会据理力争，说服的过程中肯定将会有观点的碰撞，希望总行能给我们碰撞的空间。如果碰撞的结果总行还是坚持己见，那么作为下级我们

只能服从。

对于如何构建杭州分行，我的立意的出发点是想克服国有商业银行的弊病，并吸收杭州已开设的商业银行的经验和教训。

首先，在员工职级和部门的设置上，我的目的是打破官本位，尝试建立“经理动手制”，从总经理到普通员工，每个岗位既是领导岗位也是操作岗位，要强化领导干部的动手能力，尽量克服官僚主义。在部门层次设计上，如果传统体制需要，那么可以设“科”，但我们不准备设“科长”，这是为了减少层次，使工作更加高效。

我认为可以岗位兼职，一专多能，克服人浮于事、一个萝卜一个坑的弊端。

对如何以高标准建分行，我准备抓三条：

一是精神上，要有认同感——“你到广发来干什么？”具体释义有待深化；二是人本位，寻找高素质的人，不同岗位有不同要求，寻找最佳的员工激励方法；三是硬件上，如营业场地、外观、电脑设备等尽量一步到位，既节省费用也能建立较好的形象。

……

目前，我们的目标是上半年开业，没有留有余地，也不想留有余地。

希望总行各部门给予大力支持，如去杭州现场指导、开办费划拨，以及一切有利于杭州分行开业的事情。但如遇到非我们主观上的原因，如天气影响、人行文件周转及领导出差等等，望给予谅解。

汇报粗糙，恳请批评。

看明白了没有？在这率真诚实的汇报背后，金海腾显然很得体地耍了一个小小的“无赖”。他面对的可是总行一大群老资格的银行家，与他们坐而论道，个个都是武林高手，还有你说话的份？好，我先言明态度，咱们不理论过招，希望你们放我一马。我不说应该如何办银行，只说不应该如何办银行，行不？我准备做一些用你们的习惯看来是出格的事情，甚至很出格，但是我不无道理。我告诉你们的是，我真的不准备循规蹈矩地来，但是我有我的套路。

有时候，改革就是要这样来。

总行对于金海腾所说的“迎合，说服，碰撞，服从”的八字方针不置可否，但最终默许了，因为这既然是“试验田”，总应该有些新方法来试验试验。

这次汇报已经让总行的老法师们感觉到了日后某些事件的端倪：杭州分行或许要成为性格独特的“野孩子”，或者说他们很可能会“横着来”。比如汇报中说道“在部门层次设计上，如果传统体制需要，那么可以设‘科’，但我们不准备设‘科长’，这是为了减少层次，使工作更加高效”，后来在实际的设置中就取消了“科”，使得管理更加扁平化。

金海腾在谈自己设想的时候，他其实仍然是个光杆司令。但是他心中已经有雄兵百万了，他已经知道以后的士兵该组成一支什么样的队伍。

手中无剑，心中有剑，这是武林一等境界。

没有章法的招兵买马

光杆司令是干不成事的。他得招人。

翻开那时候的银行招聘广告，你几乎可以看到千篇一律的描述：本地人，需银行工作经验，其中：管理部门人员学历本科以上，客户经理需 3 年以上银行工作经验，有客户资源者优先。为什么要这样一些人？熟悉银行的人都知道，这些本地人、老银行手中有存款资源。

你说传统套路毫无道理？不，这种招人标准是很有其现实意义的。

国内股份制商业银行普遍是“存款立行”，希望用的人同时也拥有存款资源，这等于请财神来管账。所说的存款，主要是“原始存款”，这是商业银行从事资产业务的基础，也是扩张信用的源泉。原始存款来源于商业银行接受的客户以现金方式存入的存款和中央银行对商业银行的再贴现或再贷款，从而再形成派生存款。由于第二来源总量有限，商业银行若要发展扩张，势必有赖于第一个来源的原始存款。简单地说，银行不是印钱的，银行的钱主要来源于存款。有了存款就可以贷出去，一进一出的利息差，就是银行的利润。

股份制商业银行都是新办的，没有四大国有商业银行那样的历史遗产，历史为它们留下了一大批网点和多年来在老百姓心中形成的信赖感，而股份制商业银行，就只能更依赖于“原始存款”。这一点没错。

存款立行，简直就是商业银行的“九阳真经”。

但金海腾却认为这种做法没有任何参考价值。

那么金海腾想做什么，他难道不知道这样简单的道理？

他很清楚。他想破的，首先就是这个放之四海而皆准的“九阳真经”。

金海腾明白，为了提高存款组织工作的效率，有些银行甚至将存款组织工作独立于其他业务，于是有些拥有存款资源却没有银行操作能力的人大批进入银行。他们不需要按部就班地来上班，成了银行业中的“个体户”。他们凭着所拥有的资源待价而沽，随时跳槽，不但把银行搅得人心惶惶，有些银行的业务也因此大起大落。银行一定需要这样的“个体户”吗？金海腾在心里打了个大大的问号。

我们到底是办银行，还是拉存款？他这样问自己。

听上去这两者并不矛盾。办银行不就是为了存款吗？但是细一想，这好比“吃饭是为了活着”与“活着是为了吃饭”的关系一样，逻辑学说，命题与逆命题不能同时成立。

区别在于，办银行是一项事业，银行运作存款、融通社会总资金来推动社会发展；而拉存款养银行只是权宜之计，存款个体户最终将搞垮银行。

“饮鸩止渴”，金海腾的脑子里忽然冒出了这么一个成语。

鸩是传说中的一种毒鸟，鸩酒是致命的毒酒，尽管毒酒也能解一时之渴。

先把钱迅速圈进来，完成原始积累，有了钱再培养人。这是常人的想法。

先组织一支过硬的队伍，有了队伍何愁没有效益？这是超人的想法。

金海腾要的是队伍。他是将军，不能没有打硬仗的队伍。

以资源多寡作为人才的评判标准显失公平，凭学历、论资历也显失公平。300年前他的杭州同乡龚自珍有一句话让他总是忘不了：不拘一格降人才。300年前的士大夫尚且有如此胸怀，何况今日。

给优秀的人以更多的机会——“招人不能有思维定式”，这就是杭州广发发布的“行长第一号令”。

要干一番事业，需要的是一批志同道合的人，尤其是一番初创的事业，更需要能在精神上有认同感的真正“同志”，那么又何谓“志”和“道”呢？

金海腾还没有明确的答案。

虽然对于一般的为人处世，他有自己的评判标准，在以前行政部门的招人用人上，他也颇有心得，但他不熟悉银行业务，这一次该用什么样的人？他心里并不是很有底。

既然不知道水底的状况，那就“摸着石头过河”。

关于他的招聘全无章法的情形，我们只说一个小段子就足以说明了。他让一名还不知天高地厚，但敢说敢闯的“学生兵”魏昱，在被录取后的第二天就化名为“张先生”，去人才市场代他招兵买马。这样的事情在以后的杭州广发层出不穷。

然而他有他的章法。他用的是“以道取人”。

杭州广发，以前谁也没有听说过的新银行，金海腾也不愿在待遇上给予更多的承诺，招聘时就没有特别吸引人的地方，应聘者并不那么多。但特色倒挺明显，招聘的时候，有两个问题每位应聘者都必须回答。

第一道题是：“你如何理解‘每周只有五个工作日’这句话？”

答案五花八门：每周只有五个工作日，说明广发是遵守《劳动法》的；每周只有五个工作日，可能广发会给员工一个丰富多彩的周末；每周只有五个工作日，就是说我们要加紧工作才行……

第二道题是：“你为什么要来广发？”问题看上去很普通，答案更丰富多彩。这个问题本身就带了一定的倾向性，让应聘者揣摩招聘者的意图，揣摩也好，不真实也罢，它最终还是能够说明些什么的。

金海腾自己就说：“这两个问题，都没有唯一正确的答案，我只看谁答得更好。”

其实他是想通过这两个问题，来窥察每位应聘者的人生态度。

通过比较择优，杭州广发最终形成了“七八个部门，五十八号人”的格局，特色倒是有的，新招聘的人员基本上都是“白身人”，在原单位担任过“副科级”以上的寥寥无几。

有人当时为金海腾捏了一把汗：这样的员工，弄不好就是一群乌合之众。

“乌合之众”心思各异

新员工怀着五花八门的目的来到杭州广发。

不用细究就可以想象，在原单位不顺心想换个环境的；冲着商业银行可能收入比较高的；刚出校门想干一番事业的；“换一种活法”，正好你们也不讲究履历的……更有几个精明的“老银行”，硬是不肯将人事档案转过来，他们是想脚踏两条船走着瞧的。

——现任杭州广发高层管理人员乔立江，当年就是工作 3 个月后，才肯将人事关系从原来的银行转过来。

——现任市场一部总经理谌福民，到位两周后去总行出差，一看到广发总行“瞎七搭八”的工作方法，当即打回电话询问人事部门：我的关系转来了没有？人事部门问他什么意思，他直言不讳：如果没转过来，我立即回原单位。

抱着光怪陆离的幻想，新员工们情绪亢奋，每个人都有自己的价值观，每个人都有一套自己的人生哲学，新银行成了员工论坛，成了世界观、价值观的展示会。一派紊乱而燥热的氛围。

“哈哈。”金海腾偷偷一乐，“银行成了火车站的候车室了。”

你没有理由苛求这样一批来自五湖四海、各行各业的新员工，他们到目前为止，还没有装进去金海腾设计的“广发灵魂”。经历不同、目标不同、需求不同，这是再正常不过的事情。这就像一批刚到部队的新兵，在本质上还是老百姓。

新的家具到了，行领导忙着卸车抬物，一大群新员工围在一旁看着领导们的“劳动表演”——当然他们还不知道这些干活的人是谁，或许他们压根儿就没有想到现在还有领导参加体力劳动的地方——问一个新员工：“你们为什么不能帮着抬一下？”回答很理直气壮：“我们不是来抬家具的。”

是的，他说得没错，因为他还没有融入杭州广发，他还不能与杭州广发融合成“一个人”，因为他还没有认同广发的目标体系，抬家具与他何干？

“如果每个人的个人目标与企业的共同目标不一致，那么任何管理方法都将是制造新的混乱的开始。”金海腾想，“如何带好这支队伍，让他们成为一个整体，这就是我们马上面临而且必须解决的问题。”

军队战斗力的基础是统一步调，统一步调的前提就是统一思想。

行长室里进行着热烈的讨论。

统一思想，是为了统一行动的步调，并不是固化员工们的思想。既要让他们思维活跃，又要认同分行整体的竞争力。那就是要让员工的心中装一杆秤，让他们明白：杭州广发坚持什么，反对什么，重视什么，提倡什么？一句话，让他们有统一的价值观，有一致的判断标准，这也就是“志同道合”。

这就是杭州广发行长们的第一个共识。

试图将心换心

1997年4月25日，杭州国际大厦九楼会议室。行长室成员与第一批员工们第一次集体见面。

几位行长都不想玩虚的，将心里的想法和盘托出，也借此刺激一下员工的神经。这次会议凸显了几个关键词：

关键词之一：责任。金海腾说，水涨船高，只有分行发展了，个人的目标才能够得到充分的实现。你们若问行长们想怎样办银行，我的第一句话即是，要把杭州广发办成一个能让员工施展才华的舞台，使每个人的梦想成真。这就是分行对员工的责任。但是这个舞台是要每个杭州广发人自己来搭建，这是你们自己对自己的责任。为此就要大团结，而不是小团体；就要干事业，而不是谋私利，这是员工对分行的责任。员工，尤其是一线的员工，是杭州广发最重视的资源，为此确定“二线为一线服务，一线为客户服务”的原则，要求每个人都要承担起为分行开拓市场的责任。

关键词之二：市场。金海腾说，杭州广发的市场，是对客户承担起责任的市场，我们与客户是相互信赖、相互促进的稳定的朋友关系，绝不干一锤子买卖。“生于斯，长于斯”，作为即将植根浙江的一家银行，应当怀着一颗感恩的心来虔诚地善待这片土地，因此，杭州广发的理念就是“立足浙江，服务经济，回报社会”。

关键词之三：思维突破。金海腾说，凡是能战胜旧事物的新生事物，都是有突破的新事物。杭州广发能不能成为浙江银行业的新生事物，就在于能不能突破。首先要突破中国人观念中根深蒂固的“官本位”。我们在人事管理上推出“经理动手制”，很可笑吧？未必。中国的领导者往往一开口就立正，他们是没有手的人。杭州广发的各级领导必须要动手做事，而不是原则领导。杭州广发在浙江，但不能成为“只讲大学”（谐音“浙江大学”）。我这一要求也包括对我自己，我们决定设立“值班行长制”，每天有一个行领导值班，可以协调全局，打破传统分管制的弊端。

关键词之四：创造卓越，追求超越。金海腾是个完美主义者，具有强烈的追求梦想的精神，这是创业者所必须具备的特质。因此他特别提到这一条，希望将这种精神融入到员工们的血液中。他说，“创造卓越，追求超越”，什么叫卓越？就是要在银行同业中做到最优秀；怎么超越？就是自己与自己过不去，自己超越自己。永远把自己已经取得的看做零，是起跑线，不断地去寻求新的突破。然后，他向员工们宣布了初步拟定的三年发展计划。举座皆惊，这计划初一听好像“天方夜谭”，好在金海腾已经在上面作了铺垫，人们冷静地想一想，还是感到其中有许多让人激情澎湃的东西，却显然又是难以触手可及的目标。

关键词之五：人民群众的力量。在一番激情澎湃之后，金海腾说了一段“背时”的话。他说：“毛泽东认为‘人民，只有人民，才是创造世界历史的真正动力’，他称颂‘群众是真正的英雄’，人民群众中往往蕴藏着无穷的智慧，毛泽东这一观点不但指引中国人民取得了抗日战争的胜利，而且对解放战争的胜利也具有重要作用，并在战争实践中得到更进一步的发展。”他说，我是对毛泽东军事思想作过一番研究的，我深刻地认同这个观点，我会在日后的管理中充分体现这一精神，也就是说，你们都是英雄。尽管你们刚刚到杭州广发，我就认定你们是英雄，因为在招聘会上我出了两个题目，从你们的回答中，我已经看到了你们潜在的能量，一种征服一切困难的决心和超越一切不切实际的制度的勇气。我为什么说你们是英雄，因为英雄创造历史，而群众只是重复历史。英雄能无中生有开创新天地，群众只是在英雄开创的天地里老老实实地耕耘。杭州广发的事业，是创造历史的事业，我们没有现成的样板，一切都需要无中生有，我相信我们能够为中国的银行业无中生有地创造出一种模式来，我坚信这一点。

新员工显然被行长那激情澎湃的讲话激动了，报以热烈的掌声。然而在鼓掌的人里面，大多数人其实并没有听懂金海腾真正的意思，他们只是含含糊糊地兴奋着，然后在以后的几年里才如同嚼橄榄那样地慢慢回味，不断有新的心得。

然而，金海腾试图以心换心的姿态，造就了一种非常难得的思想氛围，杭州广发的新精神开始萌芽了。

广发理念的诞生

九楼的会议并不是一般领导亮相式的欢迎会，也不是一般的思想动员，而是一次定基调的会议。从以后杭州广发的发展历程看，那次会议已经宣告了一种新的银行模式的构思，并形成了一个全新的价值体系。这个体系的一块重要基石就是“你就是杭州广发”。

“你”，在金海腾的诠释中，是指所有杭州广发的员工，从行长直到门卫保安。金海腾不是说一套做一套的政客，他真心诚意地把同事者都看成有作用和有作为的人，他越来越明白自己的想法，他想创造一种“同仁”结构，一种和谐的同心同德的“同志组织”。金海腾已经找到了这个价值的核心，那就是“同仁”。是的，仁，这是一种与他人相互认同并相互容纳的境界，一种“我”与“人”合一的境界，一种具有中华民族文化意义的人际关系和社会结构，一种以人为本的价值体系。

在与几位副行长关于“广发价值体系”形成的交谈和探讨中，金海腾越来越被自己对“同仁”价值的发现而激动着，他想用一个现实的方式让员工从感情上接受这一点，但选取什么方式呢？

1997年5月25日中午，一道灵光闪过金海腾的脑海，他信手从桌子上拿来一张用过的废纸，就在它的背面，一气呵成地写了如下的一封信，他相信这代表着他和两位副行长的共同心声。

给全体员工的一封信

各位已经报到和即将报到的同仁们：

昨天和今天，我们共同阅读了两篇文章。一篇是广发总行伍池新董事长写给各位行长和系统内中层干部的一封信，一篇是某国有银行总行行长的《为什么要死里逃生——论商业银行的改革和发展》。不得不使人拍案叫绝！

伍董事长的信告诉我们一个“新”字。经验是一个很好的东西，好的经验，就在于它符合事物的发展规律，但一旦经验变成了“主义”，就变成了雷同的程式。“新”，就是把握事物发展的必然性、超前性，预示着一种新的经验的产生。我们建设杭州分行所需要的灵感正是在于此。

那位国有银行行长的文章又给我们另一番感受。就颇具实力的国有商业银行而言，他根本不把我们这类商业银行放在眼里，而只是把外资银行和正在受着国家种种限制的其他国有银行放在他的竞争对手的位置上，他强调了未来与对手竞争主要集中在三个层面上：

一是争夺发展前景看好的客户；

二是金融技术创新，开发金融业务新品种；

三是人才竞争，争夺、培养业务骨干。

他的话不正是对我们的启示吗？这不正是我们可以作为的事吗？我们的优势是什么，劣势是什么呢？如何去把握优势，避开劣势？这位国有银行行长的文章具有较强的可操作性，不“新”行吗？我们来自各家不同的银行、各自不同的岗位，在开创杭州分行的事业中，我们的经验恐怕不能简单地叠加。这段时间，我们一直在议论着的主要问题是如何立行，即如何建设杭州分行的问题。我们通过近三个月来的摸索、研讨，有些观点已经初露端倪，这正是我们今天要与大家交流的要点。比如能不能提出如下的一些理念来作为我们建行的核心观念，比如：

创造卓越，追求超越。

员工第一。

你就是广发的代表。

一念之差，终身后悔（行训）。

客户是朋友。

大团结、干事业。

你们一定记得，这次招聘一个很重要的题是：你到广发杭州分行来干什么？我们一直认为，有认同感，是干好我们事业的基础。我们均来自不同的岗位，有各家银行，也有非金融系统。人生的不同经验也使人们抨击着种种不尽如人意的社会风气、领导、机制以及使自己不能如意发挥才能、束缚思想的藩篱。今天我们走到一起来了，我们来干什么？我们已经提出了“经理动手制”这一全新的机制，人人都会动手。也就是说，人人都是领导。那么，作为领导，你又是如何考虑建设杭州分行的呢？你的自立性、积极性、独创性、开放性又在何处呢？给你一个支点，你就可以把地球撬起来吗？给你“没有”呢？请各位好好想一想。

我们把员工放在第一的位置上，难道会去姑息迁就各种陋习吗？会去迎合员工不符合时代发展、缺乏整体精神的喜怒哀乐吗？不会的。“员工第一”，推崇的是积极主动、开拓创业的精神。而这种精神将会给我们的事业带来勃发的生机。

亲爱的同仁，我们给你一个思考的支点——“你就是广发的代表”，那么，你将如何去做？

今天，我们只是提出问题。请大家认真阅读这两篇文章。抚案深思：我们到广发来干什么？怎么干？

金海腾　吴晓庭　姜乳云

1997 年 5 月 25 日

这封信最关键或者最核心的思想，其实就是这么一句话：亲爱的同仁，给你一个思考的支点："你就是广发的代表"，那么，你将如何去做？

这是行长对风雨同舟的同行者的莫大期盼。"亲爱的同仁"，这一称谓让员工又领略了这家新生银行独特的情感方式。

这封信，成了杭州广发的企业文化——"广发理念"最原始的雏形。所有经历了日后杭州广发全部发展历程的人，至今对这封信都念念不忘，因为许多人心灵的引擎就是被这封信所启动的，他们开始迸发出潜在的能量。

杭州广发的历史将记住这一天，1997 年 5 月 25 日。

老口号的新用意

我们在上面的那封信中，看到了一句十分老派的话："大团结，干事业。"如果换一个场合，也许会被这样老套的口号吓一大跳，但是，金海腾设计这句凝聚人心的口号，是费过一番脑筋的。

"这句话来自前浙江省军区司令员黎清将军。"金海腾回忆说，"黎清将军在四野，后来的南京军区和浙江省军区，他用来统一部队思想的一个主题词，就是'大团结，干事业'。话语很朴素，但一语中的，大家都懂。"

"当大家都文绉绉的时候，没有文化的大白话，恰恰有化腐朽为神奇的功效。"金海腾说。于是他想到了黎清将军，想到了这句战争年代管理军事的经典口号。

对于这支"乌合之众"的队伍来说，没有什么比大团结更重要了，大团结的前提，就是干事业。

"大团结，干事业，立行为公"，杭州广发将整个价值观体系的基础作了明晰的表达，从而也成了立行的宗旨。按照他们的解释：大团结，是一种在思想理念高度一致后所形成的新的"广发人"的团结；干事业，就是最简单最朴实的行动内容；立行为公，就是要一切行为都要有利于分行的发展，也是评判行为是否符合杭州广发价值理念的标准。

金海腾说，这就是我们的企业文化。企业文化就是企业全体员工共同的价值观和行为准则，再直白地说，就是企业的游戏规则，就是生存法则，或者说，就是"活法"。

别以为金海腾是玩虚的，其实他布了一个口袋让大家往里钻。

这句大白话，没有一个人会反对吧？好，那你们就算认同了。从此以后，我就用这句话为标准，每一个员工所说所做，是不是有利于“大团结”，你说的做的是不是与“干事业”有关，这件事该不该做，就看是不是于“公”有利。我就是这么简单的三条标准，把一切统统地框在里面了。机制也好，资源、技术也好，评价体系也罢，激励约束、竞争淘汰也罢，诸如此类，我就用这三条标准。你不是都认同吗，那么我们就照这个做。以后的一切规章制度，一切“旁门左道”的出奇制胜，统统源出于此。一把钥匙打开千把锁。

这三条标准，其实只有一条，那就是金海腾理想中的银行建设标准。

奥妙无穷。现在你该明白了吧，别以为他只是老实巴交地说了一句不合时宜的大白话，哈，他打了一把醉拳，其实清醒得很。

老子说：大音希声，大象无形。

几年后，当有人问起金海腾，当初你为什么设计了那么一句毫无时代新意的口号？他忽然话门大开：

> 中国现阶段的企业大部分是改革开放后发展起来的，能够在市场上立足，原因各异：有的是靠机遇，有的是靠政策扶持，有的是靠技术领先……这些企业在发展的初期往往不重视企业文化的培育。随着市场竞争日趋激烈，环境加速变迁，能否通过企业文化的建设使得全体员工团结一致，使得企业充满活力和凝聚力，使得企业保持旺盛的发展势头，就成为决定企业竞争力的关键因素。

国有体制下的国内银行业很少有强势的企业文化，或并没有将企业文化在企业经营管理中的关键作用体现出来。杭州广发在建设初期对于员工价值观的思考，并且在其总行没有强势的企业文化的情况下，在尚未正式对外营业之前就提出了他们的企业文化——广发理念，也算是中国银行界的一个“异类”。

金海腾甚至没有完整地读过一本管理类书籍，对于员工队伍打造和企业文化建设，也算是与学术界殊途同归。

“当时，不管为人处世、道德准则或者价值标准，每个人都带着原单位深深的痕迹。要想在短短两三个月里凭一封信形成一种共识，从而形成一致的行动准则，那是不可能的。我们需要一个简明的立行纲领。”金海腾补充说。

“员工第一”

当时真正不合时宜的理念，倒是“员工第一”。

这句话仿佛是冲着当时最流行的“顾客就是上帝”拦腰一拳。别看那么一句话，还真的引起了一阵子小小的争论。

20 世纪 90 年代中期，中国的市场商品开始过剩，买方市场已经日益明朗，几乎所有的商家都用“顾客就是上帝”作为要求员工的行为准则。要求企业员工以顾客为尊，为顾客提供更为优质的服务，这当然无可厚非，但是金海腾想得别出心裁：“所有服务工作，都是需要员工去做的。顾客就是上帝，这就意味着强迫员工去膜拜。顾客为什么是上帝？因为要掏他们腰包里的钱。我反对这种赤裸裸的功利。杭州广发认为，顾客是朋友，是平等的合作关系。而员工，是我们事业的基础，就必须放在第一位。”这是金海腾的理解。

1991 年，金海腾还是鄞县县长的时候，他去黄岩市参观。在黄岩的利民皮革厂，他被那里的景象深深地震撼了：这家小小的鞋厂，车间和厂房都十分整洁，在那里，他能体会到一股欢乐的气氛。车间的喇叭里播放着动人的音乐，工人们的脸上洋溢着发自内心的笑容。经历过上山下乡的金海腾，他太懂得什么是快乐的劳动了。在东北寒冷的农村，他曾经度过绝望的 11 年，他几乎从未体验过这样的快乐。厂长池幼章还津津乐道地告诉他，他们规定员工的工作时间不能超过 8 小时，而且要快乐地工作。

利民厂的“天牌”皮鞋当时火遍中国市场。那一次参观，让金海腾悟出了利民成功的本原。尊重工人，工人才快乐着，快乐着的工人才是创造美好的工人。池幼章厂长说了一句意味深长的话：“以人为本。”当时，离这句话在全国的大力提倡还有漫长的 10 年。

这句话使金海腾想到了一个故事。朱元璋在占领京城后看到满宫的财宝乐不可支，这位贫下中农出身的新皇帝面对巨富一下子找不到北了。但他的夫人马皇后很清醒，说：“主公，你已经得到了天下，还有什么比这更有价值的呢？你现在需要的并不是这些宝物，而是巩固江山的宝贝，那就是人才。得人才者才能真正得天下。”这就是马皇后著名的“以才为宝”的人才观。

故事虽然只是故事，可是在有心人听来，它就是哲理。

“以人为本”成了金海腾后来极为重要的管理思想。

在确定杭州广发的价值观时，金海腾毫不犹豫地将“员工第一”作为员工管理理念，在1997年，这无疑是一个别出心裁的口号。

说是说了，就看你怎么做。

行长室所做的第一件事，就是为新来的“学生兵”员工在武林路的暂住套房里，安装了电话、电视、饮水机和热水器，这在当时很多效益好的大企业里都有些奢侈。

恰恰在这里，引发了杭州广发的第一次碰撞。

当行里为员工宿舍配置的家具运到的时候，一批新员工袖手旁观，等待行里安排搬运工来搬运。

“这不是我们干的。”年轻的员工虽然用玩笑的口吻说着，却透露了他们内心深处那一点真实的想法：我们是干银行的，不是来出苦力的。

消息传到金海腾耳朵里，他马上把这批新招来的“学生兵”全部叫到办公室，犀利的目光让他不怒自威。

“这难道就是杭州广发倡导的‘员工第一’吗？你们连自己的事情都不做，还能做什么？难道‘员工第一’就仅仅是行里为员工创造条件，提供福利？你们是不是应该想想你们为行里做了什么？”

这批“学生兵”们认认真真地上了第一堂广发理念课。

于是有了第一层次的理解：“给员工一个舞台，帮助他唱好主角。”

是的，虽然骑白马的并不一定都是白马王子，但是白马王子一定是要骑白马的。金海腾要给每个员工配一匹白马。

但白马也得精心喂养。

1998年1月25日，农历腊月廿七，公历月末加农历年末。

作为公历月末，这是关账结算的日子。已经夜深了，分行的各间办公室依旧灯火通明。习惯于热气腾腾的工作氛围的金海腾，很满意员工的这种自觉，他想应该为员工做些什么。

时钟敲了十下，有人随意地嘀咕了一句：“哦，离虎年春节还有两天了。”

金海腾心头一惊。

他本身是一个工作狂，没有节假日的概念。这时候他才突然想到，年关已近，员工们努力加班，其实是为了把节前的活儿尽快干完。春节，这是中国人最大的团圆之日，员工们一定归心似箭。

“快过年了。这个时候，员工最需要的是什么？是回家，用最快的速度回家。”他在心里骂着自己的迟钝，“看，我还员工第一呢。”

他立刻叫来了车队长：“行里还能出动多少车辆？温州的要送一批，衢州的再一辆车，金华的一批，湖州的一批……”他连夜安排着员工的行程。

一听说行长正在为大伙准备回家的车辆，几个大办公室里一片欢腾。

送外地员工回家过年，成了杭州广发一个坚持下来的惯例。

让金海腾不曾想到的是，让普通员工坐着分行的专车，甚至是行长的专车回家过年，这件事竟然让员工和他们的家人感到莫大的荣耀。

几年后，金海腾再次诠释“员工第一”这个理念的时候说：“我认为的‘员工第一’就是要让员工在他的社会关系里能够拥有最大的尊严，在朋友面前，在家人面前，杭州广发的员工是体面的人。”

这一解释，以后又引发出杭州广发在员工管理方面种种令人不可思议的怪招。

金海腾的这一观点很值得关注。他把管理价值演化为心理价值后，又把心理价值演化为社会文化价值。通俗地说，他不但为员工提供了白马和广阔的驰骋空间，而且组织了精彩马术的观赏者和羡慕者。他把工夫下在题外，收获却在题内。有意思，整个儿是一个迂回包抄、“农村包围城市”的战略。

成功的管理者往往不是严格的控制者，而是高明的激励者。

紧接着，分行又从“员工第一”衍生出“合格广发人五条标准”：敬业爱岗、开拓进取、业务精湛、团结协作、宽厚通达，以及行为规范九字令：公、敬、勤、精、谦、礼、畅、廉、密，由此也形成了杭州广发员工队伍建设和员工教育的第一个阶段：合格化教育阶段。

请注意“合格化教育”这一关键词。把员工抬升到这一份上，可谓“周公吐哺，天下归心”。这时候，该你来塑造员工了，你已经有这个权利和魅力，想怎么捏都行，反正大家听你的。

广发式军训

在中国，要整合一盘散沙似的民众，最有效的机制就是军事组织。金海腾的“合格化教育”开始前，他需要一个形式，需要一个载体，需要一个平台。于是他选择了中国的传统方式——军训。

又是老掉牙的举措。问题恰恰在于，是谁来用。金海腾的奇妙就在于，他总是能化腐朽为神奇。

1997年6月，杭州广发在杭州某部队的营地进行了第一次军训。

军训只是一个形式，而杭州广发的军训，显然醉翁之意不在酒。金海腾需要的并不是膀粗腰圆的汉子，而是“文事武做”的特别能战斗的队伍。

他确定了几个原则。

一是全员军训。行长规定，凡是军训，除非伤病严重，任何人都必须参加，行长也不例外——这是一种理念，一种使命共担的理念，一种官兵一致的理念，同时也是一种“成机制”的团队精神，因为训练本身就是一种制式化统一，军事行为的特点就是把战斗的团队训练成“就像一个人”。

二是平等军训。军训中任何人都不准搞特殊化，金海腾身先士卒，也和员工们同吃同住同练，训练量与员工们丝毫不差。军训时，为了照顾年纪稍大的员工，杭州广发规定，40岁以上的男员工和35岁以上的女员工可以住两人一间的招待所标准间，而其他人员则住在近20人一间的部队宿舍。于是30岁的支行行长睡着大统铺，他的40岁的司机却睡在标准间。在这里，金海腾再一次演绎了“同仁”的概念，“同仁”是一种姿态，也是团队成员的一种人际关系。金海腾利用军训让员工具体地体验什么是“同仁”，也体验了杭州广发在共同事业面前的平等精神。这种平等不是由上而下的布施，而是“员工第一”前提下的人格一致。包括行长，也是员工的一员。

三是多样军训。除了坚持队列训练、内务训练等传统军训内容外，杭州广发策划的军训每次都会有新意，都会有新的内容增加或更替老的内容。比如拓展训练、10公里拉练、主题演讲会、露天电影、主题晚会等等。这正是金海腾“软硬兼施”的一招。军训是刚性的，他就配上柔性的项目。军事技巧并不是杭州广发训练的目的，他们看中的是一种军事性的团队精神，一种为了团队的最后胜利不惜舍生忘死的协作精神。如果不明确这一点，纵然有100次的军训，也无济于事。

这些原则，总体上体现了金海腾的“大团结”，体现了他设计的“广发理念”。他的高明之处就在于，许多理念其实用理论阐述是很苍白的，而当把它们演化为一种行为与情感体验时，才可能潜移默化地影响员工。

团队精神往往是激励出来的。杭州广发设计的军训，核心是团队精神比拼的沙场。员工按支行、部门各自成立纵队，竞赛只设团队奖，不设个人奖。目标显然十分明确，一切设计都围绕着增强团队凝聚力和集体荣誉感。谁深刻理解这一奥妙，谁就可能有更多的得益。分行营业部是军训“四连冠”的冠军团队，他们决胜的奥妙，就是洞察了行长的立意，于是他们将军训看做考验员工队伍、提升员工士气的重要手段，他们也有配合性的设计，每次集体行动，他们一定是精神状态最好、步调最统一的团队。

金海腾的另一高招，是各纵队的纵队长并不是原单位的首长，他的产生可以自我推荐，也可以他人推荐。有组织和领导才能的普通员工，就有了发挥和锻炼的机会，而行领导也可能在其中发现人才。“让员工指挥他们的领导”，这种“换位领导”的方式，让干部也从中体会被领导者的心理，金海腾认为，这有助于他们改进领导方法。

法律事务部员工华南雁是一名军人的妻子，她尤其认可“广发式军训”，她曾经说：“为什么我们杭州广发能从激烈的竞争环境中脱颖而出，我们靠的是什么？是良好的团队合作、超人的勇气和毅力、坚决而有力的执行。造就这些品格的，正是我们的军训。军训使这些因素得到了无与伦比的强化。”

也应了一句老话：真正过硬的团队是锻造出来的。锻造，是用烈火炼、用力锤敲打、用冷水淬。

不单是这些，更在于当它还是一块生铁的时候，锻造者的心中就已经有了成形后的样式。锻造，是一种意志的强烈表达。杭州广发每年都坚持军训，即使在2003年的“非典”时期也不例外。这是金海腾的良苦用心。

第二章
不克隆一家银行

如何设计有效的领导机制、员工晋升机制和激励机制，如何设计有效的支行管理模式，如何考核新设立的支行？杭州广发把社会上已有的经验作为批判对象，包括他们领导人自己的经验。

为什么非要画瓢不可？

杭州广发成立的时候，有两条路可以选择。一是先临摹前人，按葫芦画瓢，很显然，这是一条很快就能把架子搭起来的传统之路，但是，当时中国的金融体制改革已经提上议事日程，传统的银行机制需要深入的改革，那么一家新建的银行还能简单地克隆传统模式吗？第二条路是，不克隆以前的银行，但问题也随之而来：按什么画瓢？

这时候，杭州广发已经不是金海腾"光杆司令"的时代了，值得庆幸的是，新的行领导班子是一帮所见略同的"英雄"，他们开始琢磨，路该怎么走？

金海腾一言点破：问题在于，我们是不是一定要画成一个"瓢"？

对呀，传统银行的吃亏就在于他们以为银行就是一个"瓢"，可是现在要改革的恰恰就是这个"瓢"。——这只是一个比方，可以这样理解："葫芦"是金融的商业本质，而"瓢"却是为计划经济服务的国有银行。

他们思考得好。金海腾带领的杭州广发行长团队，出手不凡地作出了一个决定：绝不克隆一家银行。

不克隆，这个银行怎么办？

话题还是从克隆入手，行长会议开成了生物技术研讨会。

克隆是什么？是基因的转移技术。会议分析了当时中国的第一家股份制商业银行，结论却是，它已经鲜有商业银行的痕迹。

金海腾说："大家想一想，现在的那些股份制银行，行长从哪家银行出来的，它就是哪家银行的克隆翻版。因此，工行老大的影子在其他商业银行随处可见，银行已经活脱脱像个行政机关了。"

行长往往就是那个核心基因，一种指导思想和行为模式的基因。也因此，许多银行几乎没有个性，就像同一个基因克隆出来的同构异形体。

马上有人附和："人们总是喜欢埋怨宏观金融体制多么的不合理，却常常忽略了从自身去寻找更为直接的原因。体制是人操作的。"

附和得好，但这一声附和却奠定了批判的基调。

这正中了金海腾的下怀。熟悉金海腾的人都知道他是一个不安分的人，一位当年的同僚给了他一个非常贴切的评价："他总是把社会上已有的经验作为批判对象，包括他自己的经验。"

一番批判，却无意中成了"破字当头，立也就在其中了"的经典。

金海腾最后作了一番长长的总结，大意是，银行是一台金融的机器。银行的运营，必须保持金融机器运转的本色，它不但需要各个环节相互配合和谐传动，更重要的是，必须始终保持金融应有的业态和金融人应有的生态。当下重要的任务，就是要建立一整套完整而合适的内部机制，来确保使命的完成，这就是杭州分行面临的机制设计的基本命题。

如果说已经建成的银行，它们所面临的是"深化改革"，那么对于杭州广发来说，它所面临的最现实的课题就是"制度创新"。

金海腾不失时机地轻松一下："我们的优势就在于，本行长不是银行出身，没有传统银行的基因。"

笑话归笑话。严肃的命题却是：他们决定放弃传统的"基因"。

这就意味着，他们将无中生有。

无中生有，这正是创新的本质。既然如此，就干脆做得彻底。

于是，最初的机制创新，就不可避免地必须从当时中国管理最为敏感的三个机制入手：领导机制、员工晋升机制、个人分配机制。

他们别无选择。

江山轮流坐：值班行长制

一切需要运行的经济实体，都不能回避一个关键词，那就是“机制”。

什么是机制？就是维持一个组织实体的机构与制度。以电脑作比方，这个组织就是电脑的硬件，而机制就是软件。没有安装软件的电脑无法运行。

也正如电脑，组织也是按指令运行的。维持这个组织运行的全部指令来自两个方面，一是由运行核心直接下达，一是根据运行核心预先设定的程序来逻辑推定。前者是机构指令，后者是制度指令。于是机制就构成了组织的全部秩序和运行原则。比如玩游戏，游戏者必须凭借游戏工具和游戏规则，缺少机构就像是缺少游戏工具，你不能想象没有桌子能打麻将；同样，缺少制度就像缺少游戏规则，你照你的打，我照我的打，这场麻将还是打不起来。

“不克隆一家银行”，这就宣告了杭州广发将不按照传统的游戏工具和玩法，那么，它就必须自己来设计一套游戏规则，或者说组织自己的运行系统。

还如电脑，电脑的运行核心是它的中央处理器CPU，而银行的运行核心就是行长室。于是，机制的设计就必须从领导班子的架构开始。

“中国现行的领导机制源于战争年代的军队指挥模式；司令员统揽全局，副司令各管一块，师团营连排层层架构；以及按计划经济模式大包大揽、分工负责的行政管理体制。这适合于单一的战争目标和传统的非市场经济，却很难驾驭错综复杂、相互联系制约的经济格局。”对这传统的分管制，杭州广发的行长们都有深切的体会。

“用了这么多年的分管制，到底有什么弊端？”金海腾说。首先从否定以往的行长分工制出发，行长们的讨论切入了这一层面。

“每人分管一块，理论上分析起来很科学，但是它把一个活生生的整体肢解了，难免会产生分工分家的现象。人力资源的争夺、工作上的各自为营、分配上的你争我抢、碰到问题推诿扯皮等等。这些‘暗疮’在传统的分管行长制下很难避免，最终往往导致银行自身的异化和变质。银行是个错综复杂的网络工程，不可能被简单地割裂为几条线或是几个块。”关于这一点，杭州广发的副行长们，或者说几乎所有有过行政工作经验的人，都可以举出一大串生动的个案。

金海腾的理解却深了一层：“分管制的核心，就是权力分配。从上而下看，这种制度有利于权力钳制，可以防止权力过于集中所产生的权力风险。但是，权力是由人掌握的，由于人的把握，权力就变为权力意志。政府机关一个最普通的门卫，都可以把他认为不顺眼的老百姓挡在大门外，这就是权力意志最微不足道的例证。于是凡是分管制的地方，几乎都有不团结不协作的现象，这是明的，实质却是权力之间的抗衡和较量。因为在权力人格化的同时，人格也权力化了。于是，一个人格化的权力，最终都会产生新的游戏规则，把原来确定的大的规则全部虚化和废弃。这在银行这样的经济实体中是完全行不通的。你们想想，你分管贷款发放，他分管贷款审批，看起来相互监督相互制约，两个人一有矛盾，就得开行长办公会议，由我来协调。你们俩再合起来对付我，我吃不消，三个人最终相互妥协，终于达成一致意见，这时候，商机早已过去。就算我强权独裁，你们迫于我的淫威，我可以完全拍板，但我总有不在家的时候，于是所有的事拍不下来，再好的商机也就黄了。更何况，你们俩还可以合计起来背后搞我，于是银行就开始阶级斗争，这还像一个银行吗？”

金海腾把话说白了，是因为当事情并没有发生时，谁都不会有指桑骂槐疑心生暗鬼的错觉。他不希望在传统行政机关司空见惯的现象在杭州广发出现，他不愿意再吃二遍苦、受二茬罪。

“最好的办法，是让每一位分行班子成员都成为行长。”金海腾看似玩笑的一句话，却道出了一个新事物的端倪。

“这能行吗？在中国，总得讲个尊卑有序。副行长干行长的事，轻则越俎代庖，重则抢班夺权。”副行长们也以笑话对笑话。

“看起来，关键还在于解放思想。”金海腾以身说法，讲述了一段他当县长时的故事。他要求副县长们人人脑子里都装着全县的一盘棋，在关键时刻，谁都可以顶上去把握全局。于是有一次，当其他的县领导都不在家的时候，分管文教卫的副县长居然能召开全县广播大会，头头是道地部署起了全县的抗旱工作。

金海腾无非借此说出了一个道理：你可以不是行长，也可以不是法人代表，但完全可以成为一名合格的“首席执行官”。

金海腾设想把“首席执行官”制度引入杭州广发。没有真正的职务聘任，副行长照样可以成为“首席执行官”，照样可以全面负责整个银行运营层面上的工作，在银行的日常管理中享有决断权。

“这怎么行？名不正，言不顺嘛。”副行长说。

“我们的经济法规中有‘授权’的效力。行长授权，可以代表行长行使权力，全面处理各项工作。”金海腾说，“在杭州广发，我们与员工一样都是新人。我们同样不知道我们的市场、我们的客户，我们都格外需要从全局来了解我们的工作。没有先例，我们可以摸着石头过河，不试试，怎么就知道不行？”

于是，杭州广发的“值班行长制”就这样诞生了。

值班行长制不是行长值班制。前者没有分工的概念，而后者则是以分工为前提。值班行长制是由每一位副行长按季度轮流担当值班行长。也就是说，在值班期间，他就是全行的首席执行官，负责该时间段内银行所有日常业务和该审批的事项，而其他副行长则在此期间处理专项工作，进行业务研究和开发。那么行长呢？行长就可以从日常的琐碎事务中解放出来，集中全部精力处理全行战略布局、经营策略等大事要事，从总体上把握全局，全盘考虑各项业务的轻重缓急。

“如果不是以权力为标准，而是以效率为标准，值班行长制肯定是行的。”金海腾事后总结说，“我再也不必为协调下属之间的关系而费心劳神，获得了一个进退自如的空间。”

这是一个大刀阔斧的改革，事实证明它建立起的是一个简洁高效、快速反应的指挥中枢，而且这一刀也砍掉了大部分中国式企业都存在的纷繁复杂的人事关系。

杭州广发的这一改革，并不用长篇大论的制度说明，而仅仅排一张值班表就可以了事。这也是鉴别改革成效的标准之一：如果改革越改越简单，一般来说，这一改革是可行的；如果越改越麻烦，一般来说这一改革就难以成功。

当我们回过头来再看当年确立这个机制时，当了10年值班行长的吴晓庭副行长有一番肺腑之言：“杭州广发之所以能取得今天的成绩，值班行长制功不可没。虽说银行不同于政府机关，但传统的分管行长制因为采取了横向分工，强化了局部的责任。理论上说，局部干得好，不等于全局协调，它会有矛盾，需要一把手平衡，考虑大局的往往是一把手。分管制下，行长层面的协调、部门之间的协调，无止无休，而且，搞不好会形成亲亲疏疏、各打各的小算盘、各有小团体的现象。而值班行长制就非常好地解决了这个问题。实行值班行长制的出发点是全行倡导的‘大团结、干事业、立行为公’的立行宗旨，以它为核心建立起来的一整套杭州分行运行机制，也是力求沟通的简洁和人事关系的单纯，它最大限度地发挥了管理效益。”

吴晓庭对这一机制是高度肯定的，而且感受极深。他认为：“值班行长制首先从客观上要求每一位副行长都要全局在胸、局部在手，站在全行高度，公正、公平地对待工作中的人和事。因为没有了内部分工，值班行长必须统揽全局，这就便于做到资源的最佳配置和人才的最优组合，避免了发生‘屁股指挥脑袋’的事情。”

值班行长制引起了一系列与之相关的变化。

中层干部的积极性和创造性调动起来了。在传统的分管制下，中层干部也被分管瓜分了。他们只能是某一位分管行长的执行者，提建议的可能是他，但作决定的肯定不是他；同理，分管行长也不是最终的拍板人。因此有什么功过，他们永远都不是第一责任人。现在的情况就大不相同了，因为没有了分管领导，中层干部实际上要站在传统意义的副行长的高度来思考问题，成了自己管理区域内的直接领导者，要对自己的所作所为负全责。这也就是杭州广发为什么会涌现出一大批中流砥柱式的中层干部的原因。

行长之间的权力制约变成了流程监督。值班行长每季度一轮换，后任值班行长对前任值班行长的处理会有一个全面的审视，银行在发展中的一些问题，尤其是资产质量问题总能被及时发现，并将问题解决在萌芽状态。

这一运行模式本身就决定了它较传统分管制更为快捷高效。值班的副行长就像是一个坐堂医生，行里的日常事务只需值班行长决定即可，无须像传统模式下那样，先由分管行长审定，再由行长定夺，甚至还要召开行长办公会议才能决断。

一切都化繁为简。不值班的副行长们，也可以腾出手来调研全行的情况。

在这种新机制下，无论突击检查、其他银行学习交流，还是当地政府部门的专项调查，杭州广发都无须劳师动众，任何一位副行长出面就可全权负责，对每件事都能说出个条条杠杠。

行长间真正公开透明的工作制度形成了。走进杭州广发的行长室，你一定会诧异于眼前的景象：偌大的一个办公间，仅仅由屏风隔出了几个相对独立的空间，几位行领导就这样同处一室，敞开办公，有什么事商量只需招呼一声，连打电话都省了。一个省级分行的行长没有独立的办公室，这很可能在全国的银行里仅此一家。

员工们亲切地把行长室称为“一站式服务中心”。因为几乎所有的事情都可以“一站”搞定。

这一现象引起了《金融时报》记者的兴趣。

记者采访了任清尧副行长。任清尧说：“行长室集中办公这一做法，我们从建行之初就开始实施了，也算得上是杭州分行‘值班行长制’的特殊产物了。10年下来，集中办公不仅为‘值班行长制’的实行提供了有力保障，我们也深切感受到了它所带来的种种好处。首先集中办公有利于班子成员之间互相监督，提高工作效率，避免了不必要的人情交往；其次便于大家交流思想，处理公务，共谋发展；再者也体现公开、公平、公正的企业氛围，为员工起到了很好的示范效应；最重要的是它避免了小集体、小团队的产生，真正体现了我们行‘大团结、干事业、立行为公’的办行宗旨。”

任副行长说到的最后一条，实际上是他的一大发现。因为分管制加独立办公室，往往就是一些单位形成利益小集团的基础。

谁都可以是经理：全员经理制

大家一定还记得，当初招聘的时候，杭州广发专门设计了一个必答题：“你为什么要来广发？”其实已经有了伏笔：他们想借此真正了解员工的实际需求。绝大部分员工的答案都是为了寻求一个发展的空间。那么这是一个怎样的空间呢？

行长可以轮流当，员工又能做什么？思路就从员工个人发展的角度切入主题。

副行长吴晓庭讲述了他原来老单位的一个真实故事。

一位业绩相当优异的信贷员，有着几千万元的存款资源，管理着几个亿的贷款，但在传统“等级制”下，始终没能混上一官半职。这位信贷员始终很郁闷，一方面，社会是一个“官本位”的社会，一个人对于社会的价值，最终是通过社会给他的职务的重要性来体现的，因而社会设计了许多官阶，让许多人挤在一架梯子上一级级往上爬；而另一方面，银行严谨的职位设计，使得官职与业绩没有必然的对应联系。他感到自己走错路了，也许不该从事金融。当外部的机制让一个具有金融天赋的人怀疑自己的金融能力的时候，这个机制肯定是十分糟糕了。

等级制度，能让人无怨无悔地投入其中吗？这是杭州广发反思的起点。

等级制度，正是传统管理制度的基本特征。这是一种与权力层层分解相适应的组织架构，管理的基础是自上而下的权力运行。这种制度尤其适应军事组织，军人以服从为天职。

当这种制度引入银行这一类商业组织以后，看上去组织管理依然很有条理，自上而下的权力贯彻依然畅通无阻，然而在商务展开面上大多数员工的潜力却难以发挥，他们处于权力末梢，几乎是权力的工具。因为等级制度的特征就是一切决策都是权力的决策。商业银行是“一线博弈”的金融机构，正如常言所说的“一着不去，一着不来”，一线员工的积极性与创造力，直接关系到企业的效益。

当 1997 年杭州广发建立的时候，杭州地区原有的金融机构已经基本把社会金融资源瓜分完毕，杭州广发可以与它们再作一番博弈的，很可能首先是那些小块资产和恍惚不定的社会游资，因而首先的战术很可能就是游击战、麻雀战，单兵的枪法和格斗能力将决定一切。

机制是人的行为框架。它的容纳性，直接关系到人们的行为半径。那么，应当有一种什么样的机制设计呢？

杭州广发再一次分析了传统的组织结构。

传统制度中，每一个职务等级的编制都是有限的。一个科只能有一个科长，最多再配一两个副科长，副科长若想当上科长，除非科长调走或自己能去别的科，而员工要想往上晋升则还需等待科长和副科长让出位置。而最现实的问题恰恰在于，位子决定薪酬。这种理论认为，职级表达权利，权利决定责任，责任表现贡献，贡献决定薪酬。这是一种以防范和稳定为主旨的政治管理制度，在政权初创期，这是一种很管用的制度。在这种机制下，内部岗位的变动、晋级和职称的评定，往往论资排辈，或凭领导印象而定。这就可能使员工因利益的驱动而造成相互间的矛盾和对立，甚至在工作中争权夺利，或者敷衍塞责。这种机制无疑是一张滋生消极的温床。

以防范和稳定为主旨的等级制，不适合试图积极开创拓展的杭州广发。

于是在 1997 年，杭州广发推出了“全员经理制”。

这是倡导“能级对应”的新机制，员工按照工作能力和表现定级，从行员、助理经理到副经理、经理，层层职级并不受具体人数限制。只要你有能力，并且努力付诸行动后取得成绩，那么不论你身处什么岗位，都可以根据你的业绩给你相应的职级和报酬。在杭州广发的某一个部门里，有一大批“经理级员工”，这正是全员经理制的产物。这一制度的实施，打破了传统体制中人员呈金字塔分布的惯有模式。以往的“自古华山一条路”变成如今的“条条大路通罗马”，这无疑给了员工更宽广的释放工作热情的空间，使每个人都能在这里淋漓尽致地表现自己，创造自我价值。

也就是说，职级与权力无关，而与员工的能力和贡献相关。

“全员经理制”中“经理”其实还有另外一层含义，它是一个名词，也是个动词：“经手办理”。这个制度的前身叫做“经理动手制”。

筹建之初，有些经理把以前单位的不良作风带了进来，打官腔、摆官架子、冷眼旁观、指手画脚，认为普通员工干的，部门领导不需要做。

金海腾决定坚决掐灭这一苗头。

于是在开业之前，他就提出了“经理动手制”。对于这个制度他是这样解释的：“按照传统行政单位的工作流程，比如说拟一个文件，先由办事员将初稿拟好，然后由主管签字同意，再由副处长签字同意，最后由处长签字同意签发，这个发文的过程看起来是很多人在干活，但往往很可能只有那个办事员是真正干了活的，这样的效率实在太低了。而经理动手制恰恰是颠覆了这种传统的做法，为什么那个处长或副处长不能自己来拟写文件，然后几个处长商量同意就可以发文了呢？事实上，作为领导肯定比下属更了解自己或者上级的工作思路。为什么要用那些冠冕堂皇的官样职务来捆住自己的手脚呢？”

这多少让我们想到了日后管理学中的“帕累托定律”，也叫“二八定律”。意大利经济学家帕累托发现，在一个重重迭架的机构里，真正干事的人只有20%，而层层级级只说不做的管理者有80%。关键是管理者只“劳心”不“劳力”，只动口不动手。

经理动手制是要让每一个领导者都不能成为形式上的领导，不仅能动口，更要能动手。金海腾自己也带头动手，亲手逐条拟写文件。

由全员经理制度开始，在后来的几年里又进一步创造了星级柜员制、产品经理制、企业财务顾问制、客户经理制等等，不断完善员工的晋升通道。

付出必有回报：贡献积分制

“金饭碗，铜饭碗，铁饭碗”，这是多少年来人们对银行、邮电和铁路这三个行业的价值定位。这三只最硬邦邦的“饭碗”之所以有价值，是因为它们是中国近代化直接衍生的产业，也是最早全面引入严谨的西方管理体系的行业。戴着金丝边眼镜、长得白白净净、时不时蹦出几句洋话的银行职员形象，在传统的文艺作品中仿佛已经定格。这种社会印象多少说明了人们对于银行的某种认识——那是一个“以学问管理经营”的地方。

当挂着驳壳枪的解放军胜利接管旧式银行后，这一管理体系与资本主义一起被扔进了太平洋，接下来的银行只是计划经济的现金库。所以当金融改革后的商业银行重新祭起效益和利润的时候，人们才想到，原来银行最重要的事情还是汇拢货币。一时多少有些慌了手脚的各地银行家们终于把钱放到了工作中心，开始围着钱转圈圈。想进银行吗？只要你有数千万元的存款资源。多少“有财无才者”待价而沽，又有多少“有才无财者” 被银行的高槛拒之门外。

吸纳存款，几乎成了所有商业银行的头等大事。上至行长、部门负责人，下至内勤人员、临柜员工，都会摊到一定的任务。“强行摊派，或许可以解决短期的生存问题，却无法从根本上解决银行的长期发展。”这是金海腾与副行长们的一致共识。

银行设置的各个岗位，有它内在的运作原理和运作逻辑，每个岗位的员工胜任自己的分内事，是银行正常运转的前提。寸有所长，尺有所短。金海腾的管理思想则是，让员工发挥自己的所长，不苛求员工专长之外的能力。他相信一个银行充分正常运行后的力量，他不要强行摊派后形成的畸形吸储能力，虽然存款是银行的业务，但银行不仅仅是存款。现代银行的运行魅力，是它强大的经济服务与催化作用，而不仅仅是存贷的利息差。

用什么方法来启动这一“充分正常运行”的状态呢？

真正管用的方法，原理一定是最简单的。

在黑土地上当过生产队长的金海腾忽然想到了“工分制”。对呀，当年不正是用这一方法，来解决农民一年中各种各样劳动的报酬计量吗？它的基本原理，就是把劳动量化为工分，再通过工分的累加来计算报酬。“这难道对我们不能有所启发吗？银行的各类工种、各种劳动，也都是一种贡献，如果把它量化为分数，不就可以累积叠加了吗？”

生产队式的集体劳动被扬弃了，但是把劳动量化的方法却依旧不失它的科学性。

同样道理，如果将存款、国际结算、信用卡、中间业务、票据业务、业务技能、合理化建议等，所有可以为行里创造业绩或对业务开展提供帮助的工作，都量化为具体的评分指标，只要你在任何一个领域里有特长并做出成绩，你就能得到相应的贡献积分。

“贡献积分制”的思路就这样形成了。

这个制度一方面把能力与业绩明确地挂了钩，所有的成绩都可以被量化，分配的透明公开就有了前提。另一方面，它又引导员工将能力转化为贡献。从理论上说，几乎所有银行的薪酬依据的都是岗位时间，“做一天和尚敲一天钟”就是个好和尚。杭州广发的员工薪酬，却从岗位时间转向了业绩贡献。

积分不仅与薪酬、奖金相关，还与福利待遇相关。获得了激励的员工，当他们的自身潜力不断被自我挖掘时，就出现了员工想方设法开拓各种业务的局面。当所有员工的自我价值实现的时候，杭州广发代表的，就是这个价值的总和。

在杭州广发，你不难发现这样的情况：同样是临柜员工，一样的职级，但收入差异巨大，这就是“贡献积分制”在起作用。这种“差异”其实体现了真正的公平、公正、公开。积分制的魅力就在于，当员工的积分到达一定量的时候，他的薪酬完全有可能超过他的行长，而且他拿得心安理得。

“在这样的机制下，还有谁不想憋足了劲儿好好干它一场呢？”

机制总是随着市场的变化而变化的。此后的几年，他们在全国银行系统中又首创了期薪制，推出了独特的年薪制，将员工薪酬体系构建得更加有效。

最少人员原则：财务报账制

1998 年 1 月 8 日，杭州广发建立了第一家同城支行——清泰支行。同城支行的建立，对于杭州广发来说，又遇到了一个机制设计的问题。

正如我们在前面提到的，杭州广发总是把社会上已有的经验作为批判对象，并且在批判中吸收，在批判中深化理解。这一次，金海腾想到了浙江某外资银行。

那家银行的行长曾向他抱怨，说自己连买辆自行车的决定权都没有，什么事都得用传真请示印度尼西亚的总部。这让金海腾有些匪夷所思了：“要都这样，银行还办得好吗？外国人的葫芦里卖的是什么药？”葫芦里果然有药。这家看上去已经被严格的管理约束得很“没用”的银行，竟创造了人均创利 30 万元和零风险的奇迹。最后发现的个中奥妙就是，这家银行的管理人员十分精简，精简到没有独立的财会部门和专职的财会人员，他们的每笔账都向总部申报。

还是“二八”现象。人们会不假思索就认为，一个独立核算的经济单位，建立一套内部财务体系是天经地义的事。然而这种天经地义需要建立的组织机构，细究起来却大有文章。一般来说，人们在考虑机构设置时，总是只考虑与机构相关事件发生的可能性，而不考虑发生的概率，所以在一个“设置完善”的组织体系里，80%的机构是为着发生率在20%以下的事件准备着的，只有20%的机构才会有80%以上的利用率。比如，杭州广发可以在清泰支行设置一套“完善的”会计出纳，但是他们80%的工作时间一定没什么事，哪会有这么多的内部账目？

这件事给金海腾的最大启发是：“创业初期，我们的第一要务是尽快抢占市场、做大份额。这就要求我们必须尽可能精简管理部门的人力、物力、财力，集中全部力量来扶持支行和业务部门的发展。”

大陆的外资银行都可以到印度尼西亚总部报账，为什么我们不能？

杭州广发成了杭城唯一一家实行财务报账制的银行。

以后凡是杭州城区广发系统的支行，都不设独立的内部财务系统，支行的全部费用开支都上报分行，由分行大会计集中处理。这里的新意在于，这样一来，不但最大限度地节约了管理部门和管理人员，让更多的员工冲到了业务拓展的第一线，而且财务在分行集中管理，相当于引入“第三方记账”制度，避免了因支行内部账务不规范操作而造成的小团队利益。这一方法还彻底铲除了一个“中国式的毒瘤”——小金库的生存基础。

杭州广发给清泰支行这家同城支行的第二个政策支持是：不考核同城支行利润。

经济管理中的考核是天经地义的事情，为什么不考核同城支行的利润？金海腾的理解是：“一家新支行，在一到三年内都处于培养期，基本上投入大于产出，它最需要的是扶持和帮助。如果沿用利润考核的老模式，将员工的收入与本行利润直接挂钩，势必造成沉重的压力。刚起步的新支行远没有老分行那样的厚实家底，这对派去的业务骨干公平吗？还有谁愿意去新支行做排头兵呢？这么做，就是逼着支行为了眼前利益去急功近利，去追逐短期目标。其二，有一些短期不能赢利的业务品种，如国际业务、信用卡业务，分行应全盘打算，才能实现最终的全方位赢利。”

不考核同城支行的利润，与财务报账制作为相互配套的措施出台，给新支行以别开生面的环境。

对于这个抉择，金海腾备感欣慰。“实行财务报账制之初，也有一个磨合、碰撞的过程。我们磨出了激情，碰出了火花。‘守得云开见月明’，实践证明，发展初期的非利润考核和财务报账制的实施行之有效，它不仅符合了现代商业银行的经营规律，也促进了分行业务的全面发展。”

财务报账制与下面将说到的滚动发展计划，以及其后实施的“双百分考核制”，成了这个阶段杭州广发又一轮由三个相互承接的机制设计的新课题。

每四个季度等于一年：滚动发展计划

“每四个季度等于一年”，乍一听，废话。一想，不对，好像是脑筋急转弯。再细想想，这句话在管理上到底是什么意思？——每四个季度等于一年。

有时候，废话的背后恰恰隐藏着真理。

在杭州广发建行的初期，如何使有限的网点资源发挥更大的作用，如何更加有效地考核和激励支行去加快发展速度，这成了当时的一个难题。

一个大胆的设想，产生于危难之秋。1998 年，杭州广发推出了一个别出心裁的滚动发展计划，这一计划的操作要点，就是这句近乎废话的“四个季度等于一年”。

相信做过银行的人都会有这样的切身体会：如果一、二季度业绩不好，全年目标便遥不可及，那么，到了三季度就开始松懈，不愿再做努力，争个低基数后等着明年从头再来。反之，如果前三个季度完成了全年指标，生怕“鞭打快牛”，明年年度指标加压，就开始“磨洋工”。

时间和机遇就都在灰色心态下擦肩而过。

滚动发展计划首先勾勒了各家支行或业务部门的一年目标、三年目标和五年目标，接下去的一招即是，改变以自然年度为时间单位的考核方式，它规定，只要连续的四个季度，就可以构成一个考核年。

杭州广发显然用了一个心理技术：四个季度等于一年，而不是一年等于四个季度，业绩的考核不以自然年度为界，任何一个季度都可以是一个全新的开始。

滚动发展计划改变了各支行和员工的心理面貌。

“四个季度等于一年”是个全新的时间概念。第一季度开局不利，考核年度可以从第二季度开始，只要能连续四个季度完成既定任务，就实现了你的目标。提前实现一年目标、三年目标或者五年目标，员工就可以相应提前提级、加薪。这一机制激发了人们提前完成近期目标的热情，消除了传统考核所带来的诸多不利影响，最大限度地发挥了团队的战斗力，激励了员工的潜能发挥。

现实的效果是最好的检验。对这个机制，心有灵犀的新建庆春支行行长王永刚一点就通，他带着十几个人，白手起家，没日没夜地找客户、拓市场，独辟蹊径，开业一年存款就超过了 9 亿元，创造了杭州广发人尽皆知的“庆春速度”。

在一系列的制度设计中，杭州广发给人一个十分简单的启示：所有制度只是手段，关键在于先认清目标，有了目标再选择最合适的手段。制度只是人为的游戏规则，一副扑克牌，可以这样玩，也可以那样玩，规则不一而已。

第三章
在危机中摸索

面对怀疑如何才能赢得信任，如何消除信任危机，如何克服网点数量少的劣势？没有现成的高招，只能在危机中摸索。

1997 年正是中国金融改革的第一个浪潮到达顶峰的时候，国内金融业经历了一段盲目的冲动，不规范的发展也已经登峰造极。“高息吸存”是当时最为普遍也最为突出的金融现象。

并不是世外桃源的杭州，许多金融机构也急于求成，擅自提高或变相提高存款利率，短时间的存款快速增长，一时的效益令人眼红。在抢占存款的竞争中，有的银行不惜与客户签订高息存款协议，一年定期存款评级利率可以高达 15%，甚至 20% 以上；有的以贴水、支付手续费、协储代办费、吸储奖等形式，变着花样提高存款利率；有的甚至设置专门的账户支付高息；还有的以馈赠实物、安排人员等条件吸引高息存款。

野路子拳术打得花里胡哨，令人眼花缭乱。

这是杭州广发正式开业前夕的形势，雾里看花，不知该如何下手。

痛苦，也得选择

1997 年 6 月，杭州广发在海华饭店举行第一次信贷会议，这次会议将决定杭州广发在这种形势下，到底怎样做。

很显然，一切问题的核心，就是如何应对目前金融市场的高息现象，说得更明白一些，我们做不做高息？

气氛热烈，争执不下。明显的两派意见。

一派是理性地发问："高息肯定是不正常的金融现象，其间的风险如何防范？"

一派是现实地回答："不做高息不行，起码眼前不行。我们不做，存款从哪里来？"

是呀，大环境如此，还有什么比高息更具有吸引存款的诱惑力？不做高息，我们还有什么优势可以参与同行竞争？

——理想主义在现实面前却步了，再往前非碰得头破血流不可。

现实些，从俗做高息吧。这分明是一场豪赌，20%的存款利率，银行岂不是发了神经病，你打算用什么样的利率贷出去？贷不出去，银行就套进了高利贷；即使贷出去了，受贷的往往也是铤而走险的主儿，卷款潜逃，血本难回，一切苦果还得银行担着。

——现实主义也在未来面前如履薄冰，不知道什么时候会一脚踩进冰窟。

伟大的妥协，在关键时刻发挥了作用。

在尚未完全摸透银行经营、前面道路还未明朗的情况下，金海腾决定先跟着大家走一段路试试。

他说："对于高息，我们一般不做，但个别情况个别处理。"

请注意，这是一句十分模糊的话，也是一句十分清晰的表述。关键在于如何处理"个别情况"。

这句话的另一种解读是：韩信可以受胯下之辱，但并不是受胯下之辱的都可以成为韩信。

更为重要的是，这句话又是金海腾的一次心理技术的应用。

5年后他回忆说："当时几乎所有的人都在告诉我，告诉我们领导班子，杭州所有的银行都在做高息，如果不做高息，业务就没得做。实事求是地讲，我们行长室当时非常痛苦地接受了这个现实，那就做吧。如果说不做，可能很多同事就走了，甚至在总行实习的同志，打回电话劝关系还没转过来的同事干脆别转了。我们的队伍还很脆弱，不扎实。"

在雪上加霜的时候，自绝后路

1997年6月18日，杭州广发如期进行试营业。7月16日起正式对外营业。

人民币结算业务、国际结算业务、本外币存贷款业务等一般银行应该有的业务，杭州广发都开始承办。

在隆重的开业典礼后，迎来的却是门可罗雀，只有寥寥几笔业务。

杭州人并不接受这家新的银行。

有在分行门口锻炼的老太太们说："广东的银行？说不定哪天就走了，存进去的钱，到时向谁要？"

现任广发杭州清泰支行行长助理王勇川回忆："当时，我是一名信贷员，支行行长每天都要求我们出去跑客户，可我们实在没有什么优势去吸引客户，也就拉不到客户。痛苦呀，我们又不敢回行里，只能在西湖边干巴巴地坐一天，下班的时候再回到行里去。"

金融业是一个与国际市场息息相关的行业。

这时候，国际宏观经济环境风云际会，发生着重大的变化。1997 年 7 月 2 日，在耗尽了 300 亿美元外汇储备之后，泰国央行宣布放弃长达 13 年之久的泰铢与美元挂钩的汇率制，实行浮动汇率。当天，泰铢汇率重挫 20%。亚洲金融风暴由此正式开始。1997 年 10 月，亚洲金融风暴袭击中国香港。广东处在改革开放的最前沿，也是离这个风暴中心最近的中国内地省份。而总部设在广东的广发银行，也吸引了更多怀疑的目光。

屋漏偏逢连夜雨，各方面的不利因素都在加剧着人们对这家新生银行的不信任态度。

杭州广发的生存举步维艰。

内部也显得困难重重。在开业后的两个月里，杭州广发按照当时银行的"常规做法"经营着。不久问题就出来了。人们很快发现，所谓"个别情况个别处理"只是低水平的价格竞争，或者说是一种简单的"傻瓜照相机式"业务，信贷员的聪明才智已经没有什么作用，创新精神被遏制了。更可怕的是，费用管理极不规范，成本越来越高，大家的心里都十分明白，由此埋下的很多风险隐患，已经渐渐露出水面。

这是一杯苦酒，再发展下去，就是一杯毒酒了。

令人越来越担忧的问题是，到时候，你不想喝，也得喝下这杯毒酒。

杭州广发对前几个月的业务进行了分析，发现"常规做法"所带来的业务量占了 20% 的比重。这个比例并不高，但假如舍弃这部分业务，对尚在生存危机中的杭州广发，无疑是雪上加霜。

进退维谷。

杭州广发唯一的优势在这时候起了作用。这一优势就是：这是一家不断深刻思考着的银行。

“竞争手段之所以雷同，是因为我们没有舍弃常规手段的勇气，没有去尝试未曾试过的方法。”这是行长室反复权衡后，最终统一的结论。

1997 年 9 月，行长室坚决否决了“高息揽存”这一不正确的游戏规则，并立即在分行全辖范围内停止了这一做法。“这是自绝后路”，行内的反对者甚众。有些员工甚至说：“如果不做高息，我就黔驴技穷，只能辞职了。”

支撑行长室自绝后路的理由，据金海腾事后回忆说：“当时我们只是觉得‘做高息’肯定是一个不正确的游戏规则，支持我们判断的，却是中国的金融改革大势。金融业务肯定要走向规范，金融监管肯定会日趋严格，亚洲金融风暴一定会加快中国金融规范化的进程，也许宏观的转机已经到来了。”

停了高息，又该做什么？这个最现实的问题摆在了杭州广发面前。

黎明前往往是最黑暗的时刻。自绝后路的杭州广发，陷入了一场“黑色幽默”。

幽默的效果就在于，虽然他们并没有别的更好的业务经营手段，却把“自绝后路”看成是一次破釜沉舟。他们首先为自己壮士断臂般的魄力所感动，“破釜沉舟，百二秦关终属楚”。

王佐断臂，是为了一个重大的潜伏任务；广发的断臂又是为了什么？也许是要把自己逼到绝处，然后提前走上一条异于常规、优于常规的发展道路，虽然当时具体的道口还没有找到。

兵法说：陷之死地然后生。

兵法又说：哀兵必胜。

作为一家饱受怀疑、几乎没有任何优势可言的新设银行，停了“做高息”的常规手段，还没有找到更好的市场拓展手段，杭州广发经营的艰辛可想而知。他们在艰辛中等待着，等待着中国金融那一线新的曙光。

为了节省费用，金海腾甚至带上营业部的陈宏去广东番禺，与广发番禺支行下属的易发分理处开发“特约汇路”，争取往来粤浙两地的浙江商人的汇款业务。一个省级分行行长与一个基层分理处主任在协议上签字，从商务原则看，这似乎是一个极不对等的合作。但这时候，生存是第一原则。

1998年3月，中国人民银行总行下发通知：全面禁止高息揽存。

尚未找到快速发展之路的杭州广发，毕竟规避了高息揽存的后遗症，毕竟在金融市场上初次亮相的时候，已经表现出先行一步的姿态。

伞兵降落到二线战场

出路何在？金海腾又一次表现了他深邃的洞察力："杭州广发是浙江金融市场上小到可以忽略不计的银行，所以不应该用常规的办银行的观念来评判自己该做什么，该如何做。'光脚不怕穿鞋的'，我们完全没有必要亦步亦趋地跟在别的银行后面，让自己陷到它们已经开展的那些领域里。正因为杭州广发足够小，就有可能在别人无法生存的夹缝中生存，这些小夹缝到处存在着。"

当正面战场在大兵团作战的时候，小股部队完全有可能在敌后以游击战的方式建立根据地。这就是"伞兵战术"的妙用。

一个信息透露了新的生机。1997年，国家出台了个人住房信贷业务的政策和个人贷款的构想。

虽然业务前景尚不明朗，因为中国的银行一直只做"单位业务"，对私人的信用风险如何控制，谁也没有底数。这显然是一条并没有在当时中国金融业内引起反响的信息。唯一感觉到了它的震撼力的，只有杭州广发。

这条信息的价值，就在于它提供了一个方向：能不能向私人发放贷款，以此来开辟个人业务的市场？

金海腾的眼前突然一亮：这正是一条可以生存的夹缝。

当时有一个日益明朗化的事实引起了杭州广发的思考：随着国家体制改革的不断推进，浙江的民营企业逐渐显示出活力，个人创业将得到社会主流意识的认同。另一个结论是，国家为了应对经济软着陆，必然会拉动内需，刺激个人消费，个人融资需求在日益增加。

行长室正进行着一场开业以来最激动人心的决策。

金海腾的这两个信息判断，让行长室的所有领导人看到了黎明前的第一丝曙光。一个大胆的决定就这样酝酿成熟了：做第一个吃螃蟹的人，将私贷业务作为拳头产品推向社会。

在这个领域里，目前尚不可能形成竞争，因为对大银行来说只是一条夹缝，而对杭州广发来说，它不仅仅是一个足够大的小空间，而且是一个正在悄悄而迅速地膨胀着的空间，就像围棋中的一着“大模样”。

围棋的基本要领说：占有先手。

1997 年 9 月，杭州广发在研究制定了可行的私贷操作规则后，毅然向社会推出了个人私贷业务，打出了“要私贷，找广发”的招牌。

这一锤，倒真的砸出了巨大的动响。

社会反响极其强烈。

中国金融业自新中国成立以来，毕竟还没有向普通市民和劳动者真正开放过贷款业务。

一时间，分行营业大厅门庭若市，顾客之多出乎意料。营业的忙碌使临柜人员吃不上中饭，行领导不得不调集中层干部轮流顶班。于是在很短的时间内，杭州广发的名称便传遍了整个杭城。

人们真正关注起杭州广发来，因为在人们的心中，它的姓氏发生了变化，开始从姓陌生的“广东”，变成了一家姓“百家姓”的银行。

这是社会购买力和生产力需求的反响，是浙江地区铆足了劲儿的民营企业的强烈反响，是今天堂皇宣扬着的“浙商现象”在金融领域的第一次反响。

各家媒体纷纷追踪报道，广发一时成为杭城市民讨论的焦点。

《浙江日报》以《广发，让银行走进百姓家》为题作为焦点新闻来报道：“银行服务能否以新的形象走入千家万户？新近成立的广东发展银行杭州分行在这方面作了积极的探索。这家来自改革开放前沿的股份制商业银行，不仅有着完全市场化的灵活的经营机制，而且在办行理念上也受到国际金融服务通行做法的辐射……广发打出的‘第一张牌’便显得不同凡响：在杭城率先设立私人贷款部，此举吸引了众多个人客户前来……”

金融是需求的产物，它不是账面游戏。

事态发展的关键，有时候就在于细节。1997 年中秋前夕，一个大伯手持一张存单，要求办理存单质押贷款。老人絮絮叨叨地诉说着，说单位效益不好，发不出工资，又说子女不孝，实在连过节的钱都没有了。临柜人员接过存单一看，傻了眼。老伯提交质押的存单是一张其他银行的存单，金额只有 500 元，而且他要贷的也是 500 元，贷款期限也仅有一个月。

假如按照收入成本进行分析，办这样一笔业务其实是得不偿失的，利息收入微乎其微，他行的存单质押，本行没有存款，而银行还要付出人力成本和资料的工本费。

杭州广发却把这件事小题大做了一番。他们认为这正是一个信号：私贷面对的是一大批并不懂银行信贷规则的老百姓，他们之所以来到广发，是冲着自己对这家银行刚刚建立起来的信赖，可能是他在最需要的时候尝试着向广发求助。如果拒绝了他，就拒绝了杭州广发刚刚在百姓心中树立起来的可信赖的形象。这笔业务做不做？看上去完全是个小事，然而这却是一个关键性的小事，可能关系到杭州广发刚刚在市民心目中建立起来的一点形象。有时候，细节决定一切。

绝不放弃这笔贷款。

临柜人员按照正常手续查询了对方银行，并认认真真地办理了所有的质押手续，俨然一副“小事大做”的架势。

也许这笔私贷的利息在一系列手续完成后还支付不了成本，可它代表了杭州广发一次新的探索，代表了市民对广发的第一次认同。

社会的效应有时候是想象不到的。现任分行科技部副总经理陈镭一直忘不了一次意外的经历。那一天他打车到分行，出租车司机一听说他是广发的，竟然激动不已，“的哥”一边开车，一边滔滔不绝地大谈自己对广发银行的感受。他说1997年因为单位效益不好想出来创业，当时杭州的出租车行业正处在高速发展期，然而营运证却要12万元，他的存款只够买一辆车，或者办一张营运证。就在他陷入绝望的时候，有人告诉他，广发银行可以办理个人贷款，他抱着试试看的心情来到广发，却顺利地得到了贷款，实现了他创业的梦想。他自豪地告诉陈镭，正是杭州广发帮助他每年稳赚车费，现在他已经成立了一家客运公司，有数辆营运出租车，光营运证就已经涨到47万元。目前自己只是偶尔出来替个班，过把瘾，大多数时候都在轻轻松松地做名副其实的百万富翁了。下车的时候，他无论如何不肯收钱，说：“没有广发就没有我的今天，就当送朋友一程吧。”

对于杭州广发的私贷业务，业内人士不是没有担心的。当时，社会上经济纠纷层出不穷，广发将钱借给个人，这钱还拿得回来吗？

杭州广发恰恰采取了相反的措施。为了扩大个人贷款服务的对象，他们将贷款担保的范围进一步扩大：除了该行的本外币存单可以作为贷款担保外，不可挂失的国库券、债券、黄金、首饰以及其他银行的存单，均列入担保范围；房屋等不动产、摊位使用权等也进入了可抵押的行列。甚至还发生了这样的事，筹建浙江省第一家民办美术馆的唐学根，以个人收藏的96件书画作品作抵押，从杭州广发贷到了办馆急需的5万元资金。

杭州广发开办个人贷款业务仅半年，贷款总金额就超过了1 000万元。中国的老百姓是诚信的，有时大大超越单位信誉。杭州广发贷出去的个人贷款，没有一笔逾期，贷款收息率也达到了100%。

第一个"吃螃蟹"的杭州广发，在个人金融业务中尝到了甜头。

平心而论，从规模扩张和赢利的角度来看，1997年推出的私贷并没有对杭州广发的日后发展起到决定性的推动作用，但是不容置疑的是，这项业务极好地为新生的杭州广发聚拢了人气，提升了知名度。而后，广发宁波支行、温州支行开业时，也以私贷为突破口，在短时间内打开了局面。

第一个出场的未必是主角，但是人们往往从第一个出场者，看到这出戏的做功，因而戏班都非常重视"喝头彩"。

浙江人着实地为广发的私贷喝了一把"头彩"。

打造名片，让你知道我是谁

国内第一张真正的信用卡，是1995年广发总行推出的"广发卡"，因此广发银行在信用卡业务上可谓是老资格的银行了。

1997年10月，杭州广发在推出私人贷款业务后，趁热打铁，再一次出招，在浙江银行中第一个开办信用卡业务。他们的意图不仅仅在于喝头口水，更希望能借此在短期内加快提升社会知名度，将信用卡变成杭州广发的一张名片。

想法是美好的，现实却没有如此浪漫。

浙江毕竟不是广东，发行信用卡的条件没有广东那么好。要知道那是在1997年，想一想，中国信用卡市场是直到2000年以后才实质性启动的，也就是从那时起，国内其他银行才发行信用卡。

遇到的问题首先是基础设施。当时的杭州城，ATM机、POS机等刷卡设备还属凤毛麟角，金卡工程尚处于试点阶段。更重要的是，人们对信用卡的常识还知之甚少，市民对信用卡的认知程度很低，更不用说去使用。最基本的怀疑态度是："刷卡刷错了怎么办？会不会少钱啊？还是不刷好，用现金心里踏实。"

金海腾曾经在香港工作过两年，明白信用卡业务将是银行一项举足轻重的业务。凭着对信用卡业务的深刻认识和对国外成功经验的学习，杭州广发决定做浙江信用卡市场的先行者，尽管先行者会付出更多。

杭州广发面临的是双重任务，不仅要在浙江推广广发信用卡，而且同时还要推动浙江的信用卡市场。信用卡的前期推广是需要资金支持的，杭州广发刚刚起步实力不强，何况广发系统内的其他分行也只是将信用卡业务作为一项总行要求的业务来经营，并没有全力投入。

孤掌难鸣，但不等于不能鸣。

既然市场推广是一种销售，销售就要创造卖点。

杭州广发选择了信用卡“透支免息”的卖点，开始进行宣传，从ABC起培育用户的用卡观念。今天回过头来看这件事，当初杭州广发推广的不仅仅是一张信用卡，其实是一种生活方式。

那时候，市民们基本上还区别不清什么是借记卡，什么是贷记卡，没关系，只要你接受了“广发卡”，知道这是一张可以透支免息的信用卡，这就行了。这档新鲜事的意义就在于，市民们不但开始经历一个不需现金支付的购买体验，而且可以透支，就像西方的富人那样，我暂时没有钱也没关系，银行先给我垫付着，我以我的信用作抵押——信用卡相当于随身跟着的一个银行付款员。

中国人第一次体会到了什么叫信用，什么叫信用的尊严。

新鲜事，值得尝试。

于是，杭州人知道了“广发卡，真正的信用卡”，知道了广发卡是“中国第一张国际标准的信用卡”。就这样，贷记卡的概念也第一次在杭城市民中全面推开了。

金海腾懂得思想动员的重要性，也能够将这一招运用得炉火纯青。

因为在他看来，信用卡的推广业务不仅仅是信用卡部或者支行的事情，而是杭州广发新的战略增长点。分行要求信用卡部首先对全行所有人员进行一次信用卡业务知识的全面培训，让每个人都掌握信用卡营销的要领。就像布道需要牧师一样，信用卡的接受也需要布道式的宣传。金海腾相信只要宣传到位，人们一定能够接受信用卡的现实价值。

全行的每个人都参与了信用卡的推广业务，杭州广发的“新名词词典”称它为“全员营销”。金海腾自己就是“全员营销”中涌现出来的“怪杰”，他在出差途中，甚至在飞机上，也能成功推销几张信用卡。

全员营销信用卡，并不是让员工做义工，这时候，杭州广发独创的“贡献积分制”发挥了重要的作用，每个人推广的成绩自然地计算到贡献积分中，每推销出一张信用卡，对员工来说，都将是一份实际的收获。

开拓新的市场往往需要新的手段。

信用卡业务使杭州广发改变了传统银行等待顾客上门的“坐商”式经营，他们选择了主动出击。于是，杭州广发成了浙江银行中第一个走出柜台，开展“路演”活动的银行。

当时，杭州有一家西湖边的酒店，是杭州广发的公司业务客户，这是一家刚刚起步正在成长中的中小企业。中小企业都迫切地需要更多的客源，他们苦无手段。这不正好是一个可以双赢的机会，一个表演信用卡刷卡消费的突破口？双方一拍即合。用广发卡消费，不但可以在这家酒店刷卡，而且还可以打折。于是在一段时期内，每天到了晚餐时间，杭州广发各个部门的员工轮流在酒店门口推销信用卡：“办一张广发卡试一试，吃饭可以刷卡，可以打折。很简单，只要填表初审通过就可以了。”

在将信将疑之间，很多客户填了申请表，吃完饭打了折，一想还挺合算：“广发卡真不错。”

此举的意义不仅在于推销了几张信用卡，它还开创了信用卡“特约打折商户”的先河，让杭州广发成了最早开始“路演营销”活动的银行。此后，在杭州的各大商场、各大影院，在那些人群聚集的热闹地方，总能看到杭州广发人“路演”的身影。

一个尚未培育过的市场显然并不能马上变得肥沃。尽管全行上下施尽了浑身解数，但在1997年的三个月中，只发卡178张，仅仅相当于现在每天的发卡量。即使到1998年年底，也才累计发卡2 675张。然而喜欢凑热闹的杭州人正是俗称的“杭儿风”，广发卡“路演”、“打折”等一系列新奇的推广方式，着实吸引了不少人的眼球，广发卡的“名片”作用，已经初步显现了出来，提起信用卡，人们第一个就会想到广发卡，想到广发银行。

失之东隅，收之桑榆。

机会总是为有准备的人创造的。1997年6月，国务院启动了以发展我国电子货币为目的、以电子货币应用为重点的各类卡基应用系统工程——金卡工程。1997年6月28日，杭州市金卡工程正式开通运行，入网银行实现了自动柜员机ATM与销售点终端机POS的同城跨行联网运行和信用卡业务的联营，这中间包括了电子数据交换EDI、电子转账EFT的实际应用。金卡工程的建设，为实现网上支付与资金清算提供了现实条件。此时，杭州的工、农、中、建、交等几家大银行都纷纷加入金卡工程。

广发卡的用卡环境发生了极大的变化。

1998 年 8 月，杭州广发拿出 400 万元在股份制商业银行中率先加入了金卡工程。这一举措一下扩大了杭州广发信用卡可用的ATM机数，广发卡的用卡环境得到了极大的提升。要知道，这 400 万元绝对是杭州广发勒紧裤腰带才拿出来的，杭州广发 1997 年的利润才 83 万元。但正是这一铺垫，为日后杭州广发的信用卡业务打下了坚实的基础。

成大事者，能舍才能得。

广发走进千家万户，千家万户走进广发

1998 年 6 月 21 日，中国人民银行发布公告，关闭了刚刚诞生两年零十个月的海南发展银行。这是新中国金融史上第一次因支付危机而关闭一家银行，不可避免地引起了社会各界的广泛关注。这时候，全国对外借款的窗口——广东国际信托投资公司（广国投）的经营状况也急剧恶化，1997 年下半年亚洲金融危机爆发后，由于经营管理混乱，出现了严重的外债支付危机。1998 年 10 月 6 日，中国人民银行决定关闭广国投。广国投的破产，成为自 1949 年以来中国第一起非银行金融机构破产案。

城门失火，殃及池鱼。

“广发是广东来的银行，说不定也会被挤兑。”

“广发有没有实力？别到时候卷了钱就走人。”

风言风语，不胫而走。

杭州广发再一次莫名其妙地被卷入一场信任危机。

危机之中，一个年轻人的建议引起了金海腾的重视，这个年轻人也从此登上杭州广发的历史舞台，成就了一段“学生兵”快速成长的传奇。

魏昱，浙江大学金融系毕业生。1998 年杭州广发卷入信任危机的时候，他年仅 23 岁。当时他正在分行的国际部当一名普通的员工。

魏昱认为“将欲取之，必先予之”。他的想法是，广发要想在浙江站稳脚跟，

就必须为浙江社会服务。他提出了一个“广发网络计划”，以“广发走进千家万户，千家万户走进广发”为口号，以各种社会文化活动为载体，回报社会、服务社会，借此建立信任度，打开知名度。

这个想法与金海腾不谋而合。

是呀，谁都不会忘记帮助过自己的人。金海腾青少年时代，因为父亲曾是投诚的国民党军官而没少吃苦头，后来通过自己的奋斗终于有了些成就，但是他始终没有忘记那些在最艰难的时候帮助过他的人，也总是怀着一颗感恩的心，尽自己的所能帮助别人。他从来都认为，一个人、一个企业，都应该为社会尽自己应尽甚至更多的责任。

金海腾决定放手一试，一是想看看“广发网络计划”能否网住杭州市民的心，二来也是想借此向社会坦承心声。

于是，杭州广发马上着手连续举办了 12 场“广发之友”金融知识讲座，免费向社会公众讲授经济金融知识。《浙江日报》的评价说明了网络计划的效果：“在不少市民的印象中，除了存取款，一般很少与银行有联系。因为从总体上看，金融服务以企业、单位为主的格局依然未变……在杭城，利用双休日为市民举办的各类培训班中，广东发展银行杭州分行推出的‘广发之友’金融系列讲座显得格外引人注目，讲座内容涉及私人贷款、外汇买卖、证券投资等热门话题，有的人还专程从萧山、富阳等地赶来听课……”

然后，1998 年 7 月借分行一周年行庆之际，“广发网络计划”又重拳出击，杭州、宁波、温州三地联动，举办了“98 广发之夏”系列大型免费活动：邀请著名钢琴家鲍蕙荞举办中国钢琴作品独奏会；邀请当时国家体制改革委员会经济研究院常务副院长曹远征开设“广发论坛”——《世界经济一体化下的中国经济发展》。

这一系列的活动，让杭州广发在社会的各个领域频频亮相，从市民们“冷眼旁观”到广发活动的“一票难求”，“广发走进千家万户，千家万户走进广发”也渐渐得以实现。

这不仅仅是文化活动，杭州广发在借助文化与千家万户进行着心灵的沟通，因为沟通需要愉快的形式，只有这样，千家万户才会“走进广发”。

“广发网络计划”其实只是以另一种形式，继续演绎了杭州广发作为“百家姓的银行”这一主题，从百家姓走向了全社会。

“十字路口”战术

一个银行在开业的初期，扩大规模是必需的，这也是发展的基础。网点的增加是其主要的手段。杭州广发在选择其网点布局的时候颇费了一番心思，并将网点布局上升到战略高度。这在1997~1998年，算是困境中的杭州广发做的一件非常具有战略意义的事情。

有两个选择放在他们面前。一是在同城设置网点，即把网点布局的重点放在浙江省内金融环境最好的杭州市，这样有利于将杭州这一块做大做强，很可能在短期内迎来一个发展的高峰；二是在异地设置网点，即选择省内经济发达的地区布点，率先占领制高点，有利于长远的发展，但是必须考虑到的是，异地设点有明显的不利因素：业务经营尚未形成完善的体系，战线过长，不便管理。还是套用围棋的术语，这是一个“先做实地”，还是“先做大模样”的选择。

讨论中，一个问题成了焦点。

股份制商业银行若要新设网点，监管部门在审批时将会考察其经营状况、风险控制能力、资本充足率等方面的情况。在运营资本方面，开设同城支行需要1 000万元的运营资本，而开设异地支行则需要5 000万元的运营资本。还有其他方面的要求，大体上都是开设异地支行的要求和门槛高于同城。

杭州广发的发展，显然到了一个十字路口。

杭州广发决定“谨慎经营，大胆布局”，在浙江省内另外两个经济最为发达的地区抢先开设了支行。在杭州分行开业的当年，12月30日，杭州广发宁波支行成立；1998年3月2日，杭州广发温州支行旋即设立。杭州、宁波、温州“三足鼎立”的经营格局豁然形成，这为杭州广发日后的发展奠定了坚实的基础。与此同时，杭州同城的扩张也在同步进行，杭州清泰支行也于1998年1月8日成立。

股份制商业银行由于规模和实力所限，不可能像其他国有大银行一样可以设立很多网点。因此在选择支行的具体位置时，除了考虑区域经济环境、交通便利性、居民状况等因素，金海腾认为，网点应该是最好的广告。

“一个支行，能不能让人产生两个甚至三个支行的感觉？”金海腾总会别出心裁地提出这样的怪问题。

没有人能回答，因为这听上去简直就是天方夜谭。

金海腾亲自穿行于大街小巷，他要根据自己的原则选择地点。

战略总是需要好的战术支撑的，他在寻找战术支撑点。

最后，他说："我找到方法了。同时，我还想到了一句广告词——十字路口找广发。"

谁也不知道他的葫芦里卖的是什么药。

"十字路口，这是两条马路的交叉点。这一点，是两条马路共享的。也就是说，我们只要把支行开在十字路口上，那么，在两条不同马路上的人们，都会感到自己的那条路上有一家广发银行。"道理就这么简单。

于是，杭州广发绝大多数支行的位置，都是在两条马路的十字路口，在这两条路上南来北往、东去西回的车辆和人流，总能在十字路口看到醒目的广发标志，让人们产生了在这两条路上都有一家广发银行的错觉。

而且，这些十字路口都是有红绿灯的，人们在遇到红灯等待过路口的时候，总会不自觉地多看几眼广发银行。

与其说这是智慧，不如说这是用心。

俗话说：世上无难事，只怕有心人。

第四章
拉开一条门缝

银行如何进行市场化？如何培育自己的客户群？如何解决中小企业融资担保难的问题？如何制定发展初期的考核机制？

资金的富矿在哪里

1997年推出的私贷业务和广发卡业务，让杭州广发在杭城着实火了一把，知名度也有了大幅提升，但是，这两个业务还只是“只赚口碑，不赚钱”，靠私贷和广发卡在短期内还是完成不了银行所需要的最基础的规模扩张和业务增长。一个数字很直观地说明了问题的本质：到1997年年底，开业近半年的杭州广发，人民币存款规模还仅有4.16亿元。

如何开拓市场，再一次引发了争论。

借用当时的代表性说法，这一争论的实质就是“找市长，还是找市场”。

找市长，是指靠关系、拼酒量，走政府路线，多做政府项目。理由是政府项目风险小，财政性存款数量大，而且稳定。这条路不通则已，一通就能在短期内快速发展，说不定还能“一口气吃成胖子”。

找市场，是指寻找合适的客户群体，运用有效的市场化手段来经营现代化商业银行。商业银行市场化，说起来容易做起来难，看似一条金光大道，可到底什么是“有效的市场化手段”，如何才能市场化，说着说着，就坠入云里雾里。

“找市长和找市场，能走出来的都不失为生存发展之道。这就得看我们杭州广发到底能走通哪一条路。”金海腾把杭州广发的领导班子带进问题的核心区。

“论酒量、拼关系，我们顶多与别人打个平手。但我们的员工都没有什么关系背景，这是明显的弱势。我们凭什么去赢得对手？”行长们很冷静地把自己摆到了解剖台上，“政府项目大多金额巨大，依照我们目前的规模，顶多只能与其他银行一起吃拼盘，甚至是残羹碎屑，这一点，我们毫无优势可言。”

曾经是一县之长的金海腾，深知政府运作的奥妙：“地方政府五年一届，一届有一届的经济思路，由此形成当地的一个经济小周期。政府换届，银行业务不可能跟着换届，过分依赖于政府，银行的经营将不可避免地发生动荡。”

结论当然是显而易见的：“找市长”顶多解决眼前一时半会儿的吃饭问题，更何况“关系”总有一天会用尽，长远之计，还得“找市场”。

但对于杭州广发来说，真正的主流市场到底在哪里？

1997年下半年，《浙江日报》刊登了一篇题为《资金的富矿在哪里？》的主题文章。文章说，浙江资金的富矿，就在中小企业之中。浙江人历来就有从商的传统，发达的民营经济，是浙江经济的重要组成部分，众多中小企业涵盖了全省的各行各业，它们走在市场经济体制的改革前沿。

金海腾的眼睛为之一亮。

金海腾经历了浙江经济从计划向市场转轨的全过程。从供销社统计员到物价局副局长、商业局局长、财贸办副主任，再到县长，丰富的经济工作经验，让他对浙江的经济环境有着极为深刻的认识。这时候，他仿佛已经触摸到了浙江市场经济的那一片沃土，那里必定是民营中小企业的生态乐园。从县长卸任后，他又曾受浙江省政府委派，担任中银信托公司常务副总裁，曾经在香港工作过一段时间，对西方发达的市场经济也有着很深的了解和感受，对比中国的经济环境，他曾断言，中国的民营中小企业，将会获得巨大的发展空间。

报上的观点与他的判断不谋而合。

一道灵感划过他的脑海，金海腾兴奋得拍案而起。他立即把文章推荐给行长室成员轮阅。

又是一番讨论，行长室形成了一致的观点，作出了一个日后看来确实至关重要的决定：走与中小企业的合作之路。

但员工们却对这一决策心存狐疑。一提到中小企业，浮现在人们脑海里的就是一片茫茫人海。哪些是适合银行的中小企业客户？这无异于在茫茫丛林中寻找加西亚。

众所周知，那时的中小企业，普遍存在着企业信用缺失、财务信息失真、抵押担保不足、资产处置渠道不畅等问题。银行信贷以安全为第一要务，假如将资金贷给中小企业，犹如把金条扔进茫茫大海，风险是显而易见的。何况中小企业的贷款量小、工作量大，做了半天得不偿失。这就是当时没有一家银行愿意去做中小企业市场的原因。

背后的议论纷纭多彩。

有人玩笑着说："开家典当行，以企业老板的私人财产作抵押，或许还能进行小额放款。"

也有人毫不掩饰地说："这是一条死路，用不了两三年必将粉身碎骨。"

甚至有人直言不讳："银行做到这份儿上，还有何体面可言？"

愿意同心同德的员工也不无忧心："或许这是条通往富矿的道路，但还得小心点儿。"

总之，"匪夷所思"是当时浙江业内的一般反应。

杭州广发却大有破釜沉舟的架势，他们铁了心，要在黑暗中摸索，摸索一条只能依稀看到朦胧前景的道路。

种芝麻，抱西瓜

1998 年 1 月的全行员工大会，行长室提出了将中小企业作为重点培育的基础客户群的策略，当然为了解决眼前的生存问题，也不完全放弃优质的大型客户。这个策略被形象地称做"种芝麻，抱西瓜"。

很显然，"芝麻"是指那些中小企业，甚至是微小企业。小，正是它们的特点。

小，到底是一个什么样的概念？形象地举例来说，只拥有一个市场摊位的个体户，或者是一家小手工作坊。够小了吧，可是它们遍布全省各地，总量却是巨大的。

是的，从宏观看，这是一种有质无形的经济存在，按照银行的传统模式，资产业务很难与之建立合作关系，放贷款给它们，这些"芝麻"既没有固定资产可以抵押，更无法落实担保单位。因为它们只是"芝麻"。

"我们的策略不是去捡芝麻，而是要种芝麻。"金海腾强调说，"捡芝麻，捡一粒只是一粒，而种芝麻，撒下去一把，却有一担的收获。"

理是这个理，可是听着总觉得还是无从下手。

办法不是想出来的，做起来才会知道真正的办法。这是杭州广发一贯的实践主义思想路线。

业务开展了半年，“芝麻”的播种量始终上不去。

行长室开始琢磨了。

“中国的南方和北方有两种不同的播种方式，”生产队长出身的金海腾又开始了MBA（工商管理硕士）式的个案教育法，“北方耕地以垄计算，一垄地从这头到那头，半天能打一个来回。所以北方人种地，是在力量所及的范围内尽可能地撒出种子，成活多少算多少。南方人怎么种？一棵秧一棵秧地插下去，一棵就是一棵。如果采用南方的种植方法，精耕细作，那么，恐怕种一垄地花上整整一天时间也种不完。”

行长们通过各种渠道，把这个想法传达了下去。

信贷员都是些极聪明的“人精”，行长的话让他们豁然开朗，原来在大半年里，他们都在用南方式的精耕细作，在“捡芝麻”。要知道，创业初期的特点就是“粗放”，只能以北方式广种薄收的方法来播种，否则只有饿肚子的份儿。

行长室为“种芝麻”的事提出了两条意见：

一是要抓住浙江专业市场多的特点，针对集中在专业市场里的大量中小客户进行成片开发。

二是即使当前不能开展贷款业务，也要从源头抓起，抓中小企业的开户，从小处开始接触，从非贷款类的其他银行服务开始。

成片开发“芝麻”的行动开始了。

很难想象杭州广发人能以这样的方式做银行。时任清泰支行行长的乔立江凌晨两三点就前往水产市场，挨家挨户发名片，白天又带领客户经理们在近40摄氏度的高温下出入于杭州物资城。宁波开明街布料市场开业的那一天，宁波支行信贷部、营业部配合，一天之内竟然开了900个账户，一直忙到半夜12点。每年的大年三十，现温州支行副行长，时任营业部总经理的孟波，就会带着员工在朔风凛冽的村口站立一天，等待着经商归来的温州人，为的就是能够在第一时间吸收存款……

这哪像是在做银行，简直是个体户。说对了，道理很简单，杭州广发就是用个体户的方法做个体户的生意。

这就是适应性对策。

有时候，量的堆积并不能在短时间里实现质的飞跃。“种芝麻”的工作是大量的，而要真正成熟收获，期间还有一个耕种培育的过程。杭州广发不能青黄不接地饿着肚子等待滞后的收获，他们还必须抱“西瓜”——争取大型优质客户。

如何把“种芝麻”的策略，发展为“既种芝麻，又抱西瓜”的策略呢？

针对大型企业的市场拓展，分行定期召开研讨会，成立由值班行长牵头、信贷部门参加的领导小组，加强组织和协调。

他们改变了工作方法，又出了新招：用资产业务拉动负债业务，向市场要客户、要存款。

于是，只要有市场的地方，就有杭州广发人的影子。他们抱回了一批大西瓜，其中如中大集团、东方股份、浙江省农资、万马集团等，都成了广发的客户，甚至后来又成了广发行的股东。

杭州广发“种芝麻”的经营方式，引起了广发系统内其他分行的不屑。当时，广发总行由于资金紧张，给各个分行的上存资金利率超过了当时的贷款利率，也就是说，假如你把组织进来的存款上存到总行，将比你拿这些资金去放贷款的获利还多。这样的好事，杭州广发竟然不做，反而选择将资金用于“种芝麻”这种看起来高风险的事情，任何正常人都会认为那是无异于“傻瓜”的行为。

金海腾坚持自己的选择。“上存资金获得收益只能是短期的，‘种芝麻’其实是在培育一个属于自己的市场，能够为我们赢得长远的发展。”金海腾的想法多少会让我们联想到肯德基的策略，正是这家美国著名的快餐公司，看中了中国巨大的儿童客户群，硬是用了 10 年的时间，用一只只鸡翅、一个个汉堡，培养了一代中国人的特殊口味，培养了属于他们的市场。

也正是这个观点，在后来 2005~2006 年广发总行的重组时期，得到了充分的印证。广发很多分行因为缺乏贷款客户，导致贷款业务的大幅度萎缩。而杭州广发却欣欣向荣。

商品经济有超越生物规律的地方，经过几年的培育，当年的很多“芝麻”现在都成了一个个大“西瓜”。

1997 年，杭州物资城里有很多经营钢材生意的小经营户，当时他们大都只是些注册资本在 50 万元上下的小老板，在杭州广发的支持下，其中有一大批人现在已经成了销售上亿元的成功企业家。2005 年 1 月 8 日，广发杭州清泰支行在举行支行成立 8 周年的庆典时，时任支行行长朱慧娣大致地估算了一下到场的钢材客户，他们合计的年销售额已经超过200亿元，还有相当一部分人手中握有的现金就超过1亿元。

就像世界格局中的“南南合作”，杭州广发选择将中小企业作为自己业务的主攻方向，无疑采取了一种“小小合作”的方式。相对于大银行来说，杭州广发是一家小银行，相对于大企业而言，中小企业也只是小字辈。然而“小”却有强大的生长潜力。当所有的金融机构都无视中小企业的时候，谁能雪中送炭，谁就可能成为他们一生的感恩对象。杭州广发的“种芝麻”策略，其实是一种具有双重开拓意义的策略，在支持客户培养市场的同时，也为自己培养了忠实的客户群。在竞争雷同、差异化不明显的中国银行业里，由于规模上相对弱势，议价能力相对较弱，股份制商业银行缺乏的正是这样一个稳定忠诚的客户群。

全国首创可置换动产质押业务

1998年以前，在浙江银行家的眼里，贷款担保手段无非是保证或抵押，而其时中小企业刚刚起步，不但资金严重不足，而且其本身的信用也尚未建立。正处于资本积累阶段的中小企业，凭什么向银行融通资金？

“种芝麻”首先遇到的难题就是采用何种担保手段，这个难题必须突破。

1998年上半年，空调销售的旺季到了，经销商们需要资金备货。有一家经销商找到了杭州广发。分行信贷一部派员例行调查，带回来的消息喜忧参半：好消息是当时的空调销售行业前景很好，这家企业的经营者素质也不错，业界口碑很好，销售渠道也多，年销售收入较大，并有一定的现金流量。从这个基础分析，应当说有较大的合作空间。

令人担忧的是，这是一家名为集体、实为私营的企业，注册资本仅50万元，没什么固定资产，也找不到担保单位。唯一能抵押的，只有仓库里的一堆空调。

有没有可能另辟担保的蹊径？金海腾派出分行信贷二部的信贷员，再调查，再分析，结论雷同。工作进行到这里就一筹莫展了。

难道就此作罢？金海腾想到的并不是这一笔业务的风险，而是从这一家企业的身上看到了“这一类”，一类尚未取得信用资质又在急剧发展的中小商贸企业。这是一片未经开发的处女地，也是一片极为肥沃的土地。

这片肥沃的土地却没有银行信用。要贷款得先有信用，要有信用得先有信用的经历。

这无疑告诉中小企业，先有鸡才能有蛋。可是企业现在却希望先有蛋，然后孵出鸡来。

中小企业的贷款资格，成了一个诱人的研究课题。

金海腾把任务交给了当时清泰支行的行长乔立江。

乔立江进行了深入细致的调查。的确，这个企业所有的财产只是一堆空调，但空调这些动产也是有价值的资产，他想："既然机器设备能抵押，为什么空调不行？"他认定"动产质押"这个概念在技术上是完全可以实现的。

乔立江的立意，其实是想用一只虚拟的蛋，孵出一只真实的鸡来。

是的，机器设备能抵押，就是因为机器设备不容易转移、不容易变质、价值不会在短期内贬值，银行的资产因此有了保障。那么这些条件，空调能不能具备呢？办法是人想出来的：空调容易转移，那就控制监管起来；如果可能被损坏，那就找一个好的仓库，一个能对空调存放起到有效保护的仓库；空调属于大件家电产品，短时间内不会大幅度贬值，再说我们作的是短期贷款，抵押物打个五折，可以控制。甚至从产品的用途来看，空调的通用性比一般的专用机器更强，更容易变现。

乔立江的"新思维"，让人们豁然开朗。

于是，设计会计科目、拟订法律文本、监管仓库……技术操作手段经过推敲、设计已经不是问题了，剩下的只是最后的选择：做还是不做？

确实，这是一项全新的业务，在国内还没有银行进行过尝试。作为一家刚刚成立的股份制商业银行，"市场份额可以忽略不计的小银行"，此举乃是关乎兴衰成败的大事。假如成功了，获得的将是各行业内无数优质的中小商贸企业。一座令人垂涎的富矿，更加真切地摆在眼前，这是只有一步之遥触手可及的财富啊。

我们承认风险。风险可以层层把关，细节必须认真处理。

胆大心细的杭州广发人选择了勇敢者的第一步，创造了"保全仓库"这一新的可置换动产质押操作模式。保全仓库业务，就是贷款企业将库存物资存放在一个银行规定的仓库内，由银行派员监管，银行以所监管的物资作为质押物，根据所监管物资的多少，按一定的折扣给企业发放贷款，仓库内的物资可以根据企业经营情况的变化而变化，而与此同时，贷款金额也进行相应调整。这一招一下子把企业的"死物资"变成了可经营质押的"活资金"了。

只是这么一个小小的选择，却成为杭州广发发展史上坚实的一大步。

于是，从单个空调经销商试点开始，保全仓库的模式发展到整个空调经销行业、家电行业；再从单个行业开始，跨越到钢材、化纤、手机等优质行业，甚至在夏天销售旺季，给某啤酒经销商作过啤酒质押，业务的触角伸向了很多传统银行业务难以企及的领域。在此之前，国内有银行操作过不可置换的巨额大宗物资的质押业务，但如此普遍地进行可置换动产质押业务的操作，杭州广发也算是在国内开了先河。

“保全仓库”业务的全面铺开，为杭州广发的业务带来了迅猛的发展。乔立江带领下的清泰支行更是一马当先，对杭州物资城的钢材市场进行了成片开发，1999年，仅用10个月的时间就增加了3.5亿元存款，使清泰支行的发展进入了一个快车道。杭州广发动产质押业务发展的高峰时期，监管的物资接近100亿元。

有人戏称杭州广发已经控制了浙江多个大宗物资市场，他们的一举一动将会影响这些物资在浙江市场上的价格。

认识一个新兴事物可能还是件容易的事，但创造一个新兴事物，却需要慧眼和天才。可置换动产质押在今天已经成为大多数银行的常规业务，而在1998年，敢于在全国第一个创新操作，却需要异常的勇气和智慧。

第二篇
分水岭（1999~2000 年）

国内的银行没有定位？如何寻找适合自己的定位？摸索中，杭州广发有了自己的思考。在业务快速增长的同时，管理的问题也渐渐显现出来，如何协调好业务开拓与高效管理的矛盾是杭州广发在这个阶段需要解决的问题……

1999年元旦过后的第一个工作日，分行召开了信贷工作会议。在这次全体公司信贷人员参加的全行会议上，金海腾再次强调了杭州广发要坚持“找市场”，坚定不移地走商业银行市场化的道路。他在总结前一年的工作时，表现了很大的不满意，直言不讳地点到了存在的几大问题：浮躁的心态；抹不开面子，守株待兔；万事求人，不独立；小农意识，安于现状等等。他认为，正是这些原因，导致了部分“宏观决策正确，微观执行不到位”的情况。在这个会议上，他第一次提到了“执行力”这个重要的概念。

步子迈得再快一些，是这次会议的中心思想。

上面的两个要点加在一起，把一个“人”字给凸显出来了。要想“找市场”，就需要能“找市场”、会“找市场”的人。

人的问题，实质上是银行业务转型过程中人员素质的匹配问题：技能不足、敬业精神不足、职业化素质不够等等，这些当时中国银行业普遍存在的现象，可能在传统的银行模式中反而没有明显的不适应，老牛拖慢车，车是慢的，也不要求牛快。但是杭州广发是“不克隆一家银行”的银行，自我设计中这是一辆快车，于是对于“慢牛”就不能容忍了。

成立一年多，杭州广发经历了央行三次降息、海发行倒闭、亚洲金融风暴这一系列金融大事件，他们以自己的方式艰难地站稳了脚跟。然而事情并没有从此一帆风顺，接下去两年里所发生的事情，反而证明“不克隆一家银行”的做法，使杭州广发面临了比别的银行多得多的困难。

那么，该不该坚持一条道走到黑？一道高峻的分水岭横在了他们的面前。

第五章
打造自己的金饭碗

队伍形成初期如何打造？如何培养员工正确的薪酬观？如何创造公平的分配方法？如何协调好正职与副职之间的关系？如何当好副职？

加薪，加薪

1999年的夏天十分炎热。在那些日子里走进杭州广发，能明显地感受到一种燥热不安的情绪。不仅仅因为天气。

街头巷尾的谈论中，出现得最频繁的词汇就是“加薪”。公务员要加薪了，事业单位要加薪了，国有企业要加薪了，国有商业银行也要加薪了。

“高薪留人”，这是当时很响亮的一句口号。

虽然在1998年建行一周年的时候，杭州广发主动地给员工加过薪，但是这个夏天的燥热依旧势不可挡。顺大势，这是中国的一种文化。

杭州广发，你能不能给员工再加一次薪？

银行刚刚度过最艰难的日子，业绩并不突出，新组建的队伍是脆弱的，很不稳定。金海腾的心里很明白，员工的收入在当时的同业中相对偏低，已经有一部分员工流向其他银行。

镶嵌在总行基因里温情脉脉的国有银行“保障机制”，在这样的时刻显示了其“社会主义优越性”。这个机制的特点就在于，不管银行业绩，管理层照样可以得到高薪。市场一部总经理谌福民说：“我们少发点吧，给员工们多发点。”中层干部中也有人响应他的话。金海腾的心里很感动，也很不是滋味。这种无奈的心情，其实已经诉诸在他的行动中。按规定，金海腾当然可以拿更高的薪酬，但是他没有拿，1998 年他的全年收入，只相当于现在的一名普通员工的年收入。

他并不是一个作秀的人，而且在人们普遍现实的时代，还有谁来为你的作秀喝彩？

他有他的思考。

杭城的工、农、中、建四大国有商业银行，就像四头沉睡初醒的狮子，正凭借其科技、网点和人才的优势，不断提高市场占有率，其他股份制商业银行也在各显神通。

加薪并不是一件什么了不起的大事，金海腾的担忧是，他的这支脆弱的队伍，会不会自己把自己麻醉在一个虚拟的歌舞升平中。

在分行的内部刊物《广发杭州》上，金海腾与员工们推开了心灵的窗门：

> 我们行目前所处的位置十分微妙——“前有强敌，后有追兵”，工、农、中、建四大国有商业银行，凭借其庞大的规模、遍布城乡的结算网络，正在不断地提高市场份额，早于我们开业的浦发、中信也各显神通，努力夺取竞争优势，而与我们同期开业的招商、深发，还有即将开业的光大，虎视眈眈，随时准备赶超我们行，我们必须掌握先机，争取主动。
>
> 从开业到现在已经一年多了，我们要清醒地看到我们的基础还十分薄弱，我们的家底还不十分丰厚，“革命尚未成功，同志还须努力”。与公务员加薪不同，对企业而言，国家只给政策，不给“粮饷”，调资晋级需要我们自谋福利，换句话说，加薪需要有经济基础。我也想给大家加薪，但我还想提出一个问题请大家一起思考：“我们怎样才能加薪？”
>
> 我们行的工资奖金额度是总行根据我们的利润完成情况，按递增比例给我们提的，也就是说，假如我们赚得越多，这个比例就越高，总额也就越高。大河涨水小河满，分行工资奖金总额高了，我们每个人的收入才会更高。现实的机制就是，分行只有在“大河涨水小河满”的前提下，才可能考虑调加薪金。
>
> 我们收入水平的起点是比较低，但只要我们业绩上来了，收入一定也会水涨船高。去年，虽然当时我们还处在起步阶段，但我们的业绩有增长，行长室就给大家都提高了工资系数，加了薪。

从今年的业绩情况来看，我们将比刚建行的1997年、1998年要好一些，完全有加薪的经济基础。

今年的加薪将与去年不同，并不是普遍调级，而是以广发理念为准绳，以贡献积分作为基础，根据每个员工在工作中的表现，给予公平、公正的职级调整，我们将会有三大趋向：

1. 更加突出广发理念在我行工作中的指导作用，遵守、捍卫广发理念是每位员工必须并尽力做到的。

2. 更加明确贡献积分制的激励作用，多作贡献才能多加薪。

3. 更加突出奖励表现优异的业务骨干，鼓励员工提升能力，提高工作质量。

“平均主义”不是公平，分行将会公平、公正地评判你们所作的每一点贡献，能不能加薪全看自己。

都说银行是个“金饭碗”，但“大锅饭”不是“金饭碗”，“大锅饭”的结果是每个人都没饭吃。现在，分行为你们搭好了舞台，能不能打造自己的金饭碗，全看你们自己的！

他说得坦诚，坦诚是一种力量。

在这坦诚中，金海腾再一次演绎了“广发理念”。正是真诚地认识到平均主义不是公平、大锅饭不是“金饭碗”，奠定了广发的分配理念。

杭州广发不能糊里糊涂地加薪。

1999年5月27日，一项题为“夺紫荆”的业务竞赛活动开始了。这一天，分行召开了全行员工大会，主题就是“奋战50天，再夺金紫荆，向行庆两周年献礼”。行长室在业务发展、质量安全、自身素质、精神面貌这四大方面，定下了业务竞赛的目标。

这一活动，就是扣着“加薪”这个敏感问题量体裁衣设计的。

对于平庸者，“敏感问题”是一个火山口，而对于能者，它恰恰是一个资源。

金海腾哪壶不开提哪壶，在会上，他一语捅开了敏感问题：

“在这个活动之前，我们每个人都没有加薪，但在活动之后，情况将大不一样，可能你会加薪，可能不会，也有可能别人加的比你多，同志们，一切全看你们自己的努力了。”

活动像一股旋风，50天一晃而过。

9月13日，杭州广发正式公布了员工的“差别化加薪方案”，成了1999年杭城第一家加薪的银行。

杭州广发明明白白地加薪了。

不仅仅是加薪，这是制度创新的力量。

杭州广发的高明就在于，他们立刻意识到，新机制是一个生命体，它有萌生、发展、成熟的历史，如果不加培育，它也可能死亡。

加薪后员工的心态在悄悄发生着变化，这正是加温催熟的时候。行长室以“加薪”为题，继续将这篇文章做下去，做透。

于是，9月15日的《广发杭州》发表了行长室的文章：《打造自己的金饭碗》。

> 加薪是一件大事，如何正确看待？心态非常重要。
>
> 首先，我们要以一颗平常心去对待这个问题，切忌相互攀比。平常心是要我们宠辱不惊，得之坦然，失之泰然。以积极的态度去工作、去追求，不因一时的得失而影响了大局，更不能相互攀比，比出一些消极的、不健康的情绪。要做到这一点，关键是要克服东方式的嫉妒，要有一种我要比你更强的精神，通过公平的竞争超越对方。
>
> 其次，要坚持广发舞台论，在自己的岗位上扮演好自己的角色。广发是个舞台，在舞台上没有大小之别。各个岗位都能出最优秀的演员，关键在于“努力”二字。因此，每位员工都要有危机感。市场竞争是残酷的，因此，我们必须置之死地而后生，必须坚持不懈，这样我们才会赢得更加出色。
>
> 第三，要坚持广发理念，大团结，干事业，立行为公。广发这个大家庭是我们赖以生存的基础，个人的进步与发展离不开广发事业的繁荣，“行兴我荣”，面对竞争，只有团结才有我们的成功，“人心齐，泰山移”，命运把握在我们自己的手中。世上没有白吃的午餐，只有将个人的努力融入到集体的奋斗中去，我们才会有更美好的明天，我们要用辛勤的汗水和集体的力量去打造一只属于自己的“金饭碗”。

好一个“打造自己的金饭碗”。他借着银行“金饭碗”的俗称，因势利导地做起了文章。

杭州广发在塑造着自己的主流意识形态。一个民族、一个国家、一个地域、一个单位……凡是有人群的地方，主流意识形态永远是它组织形态的灵魂。

杭州广发在塑造着自己的灵魂。

“加薪风波”就这样过去了。加薪的、没加薪的，加得多的、加得少的，都心悦诚服。

那些“等着天上掉馅饼”的观望心态和由此引发的不良工作作风，也就慢慢得到了纠正。

习惯的力量经常催化着薪酬欲望的萌动，这并不是件坏事，没有欲望就没有希望。然而关键恰恰在于，如何引导这种欲望。

发放作为福利的过节费，是当地所有中国企业的惯例。2000 年的中秋节夹着国庆，“双节”更是福利的由头。这一次，杭州广发突然决定给员工们发放过节费，这在这个银行是第一次。

任何第一次，都可能是以后惯例的基础。

杭州广发的这一次过节费，只是一个名义，他们真正想做的，是借这个由头，把“打造金饭碗”的理念再作一次深化。

在每作出一个重大决定前，杭州广发总会听一下员工们的意见。

发过节费当然不会有反对的意见，要讨论的是该以什么标准来发？当时有两种方案可选：一是按照职级发放不同金额的过节费；二是一视同仁，每个人拿同样金额的过节费。

财会部的经理级员工汪美英极力推崇每个人发同样的金额，她觉得这样体现了一视同仁的精神，她的理由是，每个人都是杭州广发的一员。而可贵的是，如果以汪美英的职级来测算，按职级的差别化发放她能拿得更多。

金海腾淡淡地笑了一下，抖出了行长室的观点：“我们不赞成普降细雨，即所谓的一视同仁，这并不是真正的公平。真正的公平要体现出每个人价值的差异，贡献的多少。你们想一想，如果每个人都发 1 万元公平呢，还是给表现最好的人发 10 万元，表现最差的人只发 1 000 元公平？希望大家都能够明白，‘金饭碗’是要靠自己来打造的，如果只寄希望于‘平均主义’，这个公平我们已经体验过了，改革开放前的‘平均主义大锅饭’，走的就是这条路子。”

一语拨亮众人心。

谁不想自己有丰厚的收入？丰厚的收入，只能由自己来创造。

一种被扭正过来的薪酬观正在杭州广发潜移默化地形成。

这次讨论的结果，不是这一次过节费发得是否公平，而是跟进了一连串缄默的行动。

——信用卡部为了打响贷记卡的牌子，走单位、跑商场，靠着仅有的几名员工一家家去作宣传，一点点争取业务，一步步在浙江市场上树立起了广发卡的形象。

——国际业务部为了能以优质快捷的服务争取客户，为行里多增存款，毫无怨言地连夜审核和赶制单证、报表。

——营业部面对一天天加厚的传票和一天天加重的现金，付出了与日俱增的辛劳，牺牲了多少休息的时光，起早贪黑了多少日子，他们谁也没有计较。

——风险管理部的人员上北京下广州进湖南，冒着被暗杀的危险死死追讨原中银信债务，配合公安追捕隐姓埋名的犯罪分子，毫不顾及个人生命。

——信贷员为了给行里多争揽业务，风里来，雨里去，不知碰了多少回壁，从没有人叫过苦叫过累。

——科技部上至总经理下至普通员工，日复一日与电脑为伴，处理数据、制作报表、安装设备，默默无闻、勤勤恳恳，以技术保障着前方的安全。

"广发是我赖以生存的基础，金饭碗需要自己来打造"，这就是员工们的共识。渐渐地，每个人都自觉地把自身价值的实现与杭州广发的发展紧密联系在一起。

人心齐，泰山移。靠什么来"齐"众人之心？杭州广发的回答是，形成自己的主流价值观。

拎钱箱的省长女儿

1999年的夏天，杭州广发来了一位特殊人物，刘芳（化名），中国某省省长的女儿，大学毕业来到了杭州广发。小姑娘的父亲是金海腾的一位朋友，出于对金海腾的信任和了解，省长想让自己的女儿得到现实的指导和培养。

这之前，金海腾曾与刘省长商量过如何培养刘芳的话题。

金海腾当时就直言相告："我可以让刘芳当一个无关痛痒的小领导，但这样做对她的成长没有好处。我不想你的女儿成为除了靠关系什么都不懂的小领导，而想她真正成为一个懂行的金融工作者。我们行对每一个员工都是公平的，至今没有什么人例外，所以我不想为刘芳开特例。从银行最基本的工作做起吧，一步一个脚印地成长。"

刘省长非常赞同金海腾的意见。

按规定经过一系列的笔试、面试程序后，刘芳成了广发的员工，被安排在清泰支行，但刘芳的身份谁也不知道，他们得到的指示是：让她从最基础的工作做起。

清泰支行行长乔立江安排刘芳做上门收款的工作，通俗地讲，就是拎着钱箱到存款客户那里收现金。银行是与钱打交道的，这的确是一项最基础的工作。

就这样，刘芳在杭州广发做了8个多月上门收款的工作，没有人知道她是一个省长的女儿。

母亲心疼了。

在刘芳母亲的理解中，这样干下去女儿还有什么前途？她不愿意女儿这么辛苦，坚决不让她继续在广发干下去。

母亲有她理解的权利，也有她选择培养女儿方式的权利。正如杭州广发有选择培养员工的方式一样。

于是，刘芳很顺利地离开广发去了一家财务公司。她在那里得到了一份轻松的工作。

小姑娘倒是个没什么想法和奢望的人，几年后，她仍旧在那家财务公司做着平平静静的工作。

金海腾倒惋惜了："如果刘芳还在我们行里，一定不会像现在这样。"

金海腾的惋惜是有他的道理的。与刘芳形成鲜明对比的，是几乎同时进广发的另一个小姑娘，她叫应丹丹。应丹丹中专毕业也分到清泰支行，从一名普通员工做起，在短短几年时间里，经历了行政秘书、分行科技部、信用卡部、办公室的工作，直到挑起分行资金部资金调度的重任。

这件事，刘芳的父亲也耳闻了，他深感遗憾。

类似的例子在杭州广发比比皆是。金海腾说过："我们对员工从不轻易承诺，但是表现好的员工，他一定能获得肯定。"

一把手和"技术官员"

杭州广发从成立之初就形成了一个强势的游戏规则：在处理正职与副职的关系时，不管是一个部门还是一个支行，杭州广发的原则就是"坚决支持一把手"，即支持正职工作。一个人一旦被任命为正职，他就被列入了行长室的"绝对支持"名单。

因为在中国式的管理中，正职和副职之间往往存在着难以调和的矛盾，而这种矛盾必然大大削弱组织的战斗力。

杭州广发追求的，是以共同价值观为基础的组织文化。他们认为，任何权力钳制必然导致相互扯皮甚至权力腐败，这只是旧官场的把戏，于现代企业毫无意义。他们需要的，是任何一个层级的正职真正成为第一责任人，因而必须绝对支持他的工作。

这种支持，首先体现在用人制度上完全扯下了温情脉脉的面纱。如果一个支行没有经营好，那么行长就会被降职或调走，但有意思的是，它的副行长一定不会被提拔为行长。如果一个支行经营得很好，那么行长将会得到提拔或者得到新的发展空间，那么它的副行长既可能被提拔为这家支行的行长，也可能得到其他更好的发展机会。

信不信？请看一个实例：杭州广发的文三支行连续免掉两任行长，副行长陈妩虽然表现较好，仍然得不到“扶正”和提拔。后来，章伟良接任了文三支行，业绩大幅度增长，于是，当章伟良晋升为分行信贷管理部总经理后，陈妩就接任了文三支行行长一职。

这不是个案，而是制度。

这个制度的优点就在于，无论在分行的各部门还是各支行，二把手、三把手们唯有全力支持一把手工作，才能使自己得到更好的发展机会。在杭州广发，10年来确实杜绝了副职意欲排挤、顶撞、反对正职来达到自己升迁目的的行为。

这个制度的精妙之处就在于，副职不是权力的分享者，而是“技术官员”，协助正级完成目标的技术助手。“技术官员”不分享权力，也不以权力作为奖励的手段。只有当他的技术很好地支撑了正职——任务的责任人——完成任务，他才有可能取得作为任务责任人的资格。一句话，副职只是处于资格考察中的正职预备人选。

权利与义务是一致的。分行处罚一个部门或者支行，也只处罚正职。

杭州广发“支持一把手工作”的另一招，就是“连坐摔打”。当一个支行发生差错时，杭州广发规定，除了处罚经办人员外，这个支行的行长也必须“连坐”处罚，但不会处罚副行长。这样做的目的，就在于让一把手能够承受更多的摔打，从而具有承担更大责任的能力。对于这一做法，曾经有支行行长表示过异议，金海腾说：“一把手不能把荣誉全占了，而坏事却往外推。一个部门、一个支行出任何问题，说到底都是一把手的疏忽，只有当一把手承担起更大的责任时，才可能产生更大的影响力，才可能更有效地带领员工们前进。”

也可以这样理解，这一制度从另一个侧面杜绝了正副职形成腐败小团伙的可能。因为没有一个傻瓜会自己背着风险去结伙谋私，他犯不着。于是杭州广发用不着权力钳制，权力钳制只有在权利责任没有到位的机制下，才成为无奈的补充手段，但是他们的权利到位了，责任也到位了，权利与责任全在一把手身上。

“支持一把手工作”不是一句口号，尤其当正职遇到困难的时候，这个机制就开始发挥效力了。现任分行营业部总经理吴郡，在其担任清泰支行行长期间曾遭遇过一次员工的信任危机。2003 年年初，由于部分客户经理不适应吴郡的管理方法，陆续选择了离开广发。问题是严重的，清泰支行信贷部总共 6 位客户经理，一时竟走了 4 位，只剩下两名新手。清泰支行的公司信贷业务，面临空前的危机。行长室经过分析认为，吴郡是“广发理念”最忠实的执行者和捍卫者，只是在工作方法上稍过严厉，而离开的员工也有一时冲动“从众”起哄的情绪在起作用。工作方法可以商榷，但“文化不认同”却不能姑息。行长室丝毫没有责怪吴郡，而是迅速从其他支行、部门选调更加优秀的客户经理到清泰支行。金海腾说：“我们相信吴郡是立行为公的，行长室会坚决支持她的工作，客户经理走一个我补一个，走一双我调两个，而且在第一时间到位。”

这就是真正的支持。时至今日，吴郡回忆起当时的情景还是感慨万分：“我真的非常感谢行长室能够这样不遗余力地支持我，那次事件也让我悟到了不少道理，我因此改善了自己的一些工作方法。”现在，吴郡已是杭州广发最优秀的中层干部之一，困境时刻的支持比任何事情都更能催人成长。

配角也精彩

作为副职，该如何做好自己的工作？当时在分行国际业务部担任副职的蒋骊军，用实际行动为所有的副职树立了典型。

1997 年开行之初，年仅 31 岁的蒋骊军作为首批员工从中国投资银行国际业务科（现国家开发银行）加盟杭州广发，当时行长室让其负责国际业务部的工作。1998 年年底，工作经验更加丰富的程强从中国银行来到了杭州广发，于是行长室商量考虑由程强担当国际业务部总经理一职，而由蒋骊军改任副职。

对于这一决定，原本行长室还是有些顾虑的。从常人的思维方式看，由正职变为副职，肯定是难以接受的，在工作上配合不好也很正常。但是蒋骊军的态度和工作表现却与“常人”相反，当时她曾以《心底无私天地宽》为题，写了自己当副职的体会，说出了行长室想说的心里话。

从正职到副职的角色转换对于我来说并没有太多的困难。在广发理念的宗旨下，一切都是立行为公，只要对国际业务部，对行里有益处的，个人的名利及面子又何足挂齿。我认为个人在整个人类社会中的地位是极其渺小的，无论多么显赫的个人，相比人类历史的进程来说，都只是极其微小的一部分，只有集体的力量才可以创造出永恒的魅力。

作为国际业务部的副职，我在工作中感觉到以下五点体会：

一、充分尊重正职，处处维护正职的威信，在一些重大的问题上要与正职取得一致意见，保持统一的口径。

二、做好正职与行长室和下属之间的润滑剂。尤其是当正职和上下级之间有矛盾和意见不一致时，要做好细致的工作，充当好润滑剂。同时要注意方式方法，尤其在细节和日常的工作处理中。

三、要摆正自己的位置。我深信配角同样可以演得很精彩，但配角永远只是配角，不能站错自己的位置。

四、要发挥自己的特长，大胆积极地工作，勇敢地冲在第一线，做好正职的参谋和助手。

五、要多一些宽厚通达的品格，能够学会推功揽过，忍辱负重。

所谓心底无私天地宽，只要是以大局出发，不以私人利益为重，当好副职并不是一件难事。正职副职犹如两条永远的平行线，副职永远可以保持和正职向同一方向前进，到位却不越位，不能盲目地越线。

正是这种心地无私成就了蒋骊军，使她后来成为杭州广发最为出类拔萃的中层干部之一。

奥斯卡的最佳配角奖，总是授予那些在烘托主角完成表演任务而又充分表现自己艺术个性的优秀演员。

对于这样的同仁，杭州广发的奖励也是特殊的。分行没有奖励金钱，也没有奖励官位，而是送她出国深造。2005年，蒋骊军通过努力，被英国牛津大学和剑桥大学双双录取，她最后选择了牛津大学，成为牛津大学2005级攻读工商管理硕士学位班中唯一的一位中国女性。目前，她已学成归来，担任杭州广发企业财务顾问部总经理。

而对于杭州广发来说，只有把本钱花在这样的员工身上，才可能获得长线投资的效益。

第六章
给银行一个定位

如何寻找商业银行的定位？如何针对市场特点实施定位？如何深化、强化市场定位？

1981 年，特劳特和里斯写了一本改变传播营销的书——《定位》（*Positioning*），20 多年过去了，“定位”一词已成为使用最广泛、最频繁的战略术语之一。有意思的是，直到 20 世纪末，脱胎于国有体制的各个银行却鲜有定位，甚至时至今日，有明确市场定位的银行也并不多。

这时，中国的银行业有一个怪现象，业务雷同到了几乎毫无差异可言，区别仅仅是名称的不同。有人开玩笑说：“把一家银行换上另外一家银行的牌子照样能经营，人们感觉不到它的变化。”

中国第一家有明确市场定位的银行

“不克隆一家银行”的杭州广发决定改变这一现状。1999 年 3 月，一个名为“可持续发展研讨会”的重要会议在杭州广发召开，后来的事实证明，正是这一次会议，为杭州广发作了一次战略奠基，成为战略发展的转折点。

这次会议的重大决策之一，就是杭州广发明确提出“以中小企业为基础，努力争取优质大型客户”的市场定位。我们一定还记得 20 个月前的“种芝麻，抱西瓜”，是的，当时广发人作了一次极有价值的尝试，与中小企业的合作经过近 20 个月的摸索后，终于在这时有了定论。

翻开当时的会议纪要，可发现这么一段文字：

> 要加强与中小企业合作，首先要在疑难问题上敢于突破。特别是在防范和控制风险的问题上，要进一步解放思想。信贷审查人员要有计划、有选择地介入贷前调查。针对中小企业假报表的普遍现象，既要重视会计报表的技术信息，又不能唯报表论，要充分重视对活性情况的把握。要善于总结经验教训，活用典型案例。在担保问题上我们要大胆突破，可以积极推广动产质押并尝试新的方式解决中小企业担保难这一老大难问题。

与20个月前相比，杭州广发明显专业了，也有了实践的底气。更为重要的是，在这段专业化的表述中，我们看到了辩证的思想光辉。

这时候，中小企业融资难的问题已经是学术界和金融界公认的难题。这也说明他们此举并非以哗众取宠来博取关注度，而是真正的“实事求是”。“是”就是规律，浙江经济的大规律就是民营经济。金海腾说：“中小企业市场迫切需要银行的金融支持，而银行又恰恰在这个市场上是最无所作为的。”

市场定位的确定，标志着杭州广发将竞争从简单的产品与业务的层面，提升到了战略的层面。

虽然先前的“种芝麻”已经让大家在中小企业的问题上有了一些认识，但是当它升华为市场定位的时候，还是有人表示了质疑。金海腾没有退让，行长室也没有退让。

会议的作用除了集思广益之外，更在于统一思想。

杭州广发成了当时中国银行界第一家明确提出市场定位的银行。这对中国的银行业具有一种象征意义，它宣告了中国的银行从简单的“圈地运动”进入了细分市场的竞争阶段。

象征的意义，在当时并不引人关注，它要等到数年后，当浙江的民营经济蓬勃发展以后才表现出它的价值。现在，杭州广发只是一个先行者。

先行者是孤独的。

一票通天下

所谓战略，只是锋芒所向的目标，而目标的攻取，需要有效的手段来支持。

1999年年底的一个电话，带来了杭州广发此后几年经营模式上的创新。

那是一个周五的下午，从北京开完会的金海腾，想借周末偷闲到郑州广发去看看。郑州广发早于杭州广发一年开业。

郑州广发的张庆修行长告诉金海腾说，他们的票据业务做得不错，估计当年能有几百万元的利润。金海腾的眼睛不由得倏然一亮。

一刻钟后，杭州广发信贷管理部总经理和营业部总经理都接到了郑州的电话，通知他们必须坐第二天的第一班飞机赶到郑州，去学习票据业务。

当年年底，杭州广发就把票据业务开办起来了。

他们找到的是一个新兴的市场。金融市场按照期限划分可分为货币市场和资本市场，票据市场是货币市场中历史最悠久的子市场之一。1981 年 2 月，中国人民银行上海分行杨浦办事处和黄浦办事处合作试办了第一笔同城商业承兑汇票的贴现，从此中国票据市场开始起步。在经过一段曲折的发展过程后，1995 年《中华人民共和国票据法》颁布实施，票据业务市场才逐步走入正规。

从郑州取经回来，杭州广发又经过了一番琢磨。当很多银行还只是将票据贴现作为银行资金周转的一种手段时，杭州广发却决定把它做成自己发展框架中的一个重要主业。

这是一个具有什么样意义的决定呢？

请比较这样一个事实。2000 年年初，专门负责分行票据业务开展和管理的杭州广发票据中心成立，到当年 11 月 9 日，第一家全国性的票据专营机构——中国工商银行票据营业部才成立，杭州广发比全国整个票据市场几乎整整早了一年，这一年，使他们有充分的准备来迎接中国票据业务的春天。

就在 2000 年的一年里，杭州广发累计办理了票据贴现 24.97 亿元，办理转贴现业务 19.64 亿元。这时候，杭州银行业的票据业务还只是零星的操作，杭州广发的票据贴现量在杭州银行同业市场上占到了 77.80%。

这一比例，对一家中小商业银行来说，简直是一个奇迹。

孤独的先行者，以它先行的孤独获得了领先一步的优势。领先，就是一种强大的竞争优势，它的另一种表达即是：落后就要挨打。

2000 年，杭州广发实现票据贴现利差收入 1 008.50 万元，而当年他们的总利润还只有 5 458.60 万元，票据业务的利润贡献度达到了 18.48%。

请从非专业的角度来解读上述的两组数字。改革开放后的中国经济，使用频率最高的词汇中，有一个词叫“抓住机遇”。的确，百废俱兴的形势使机会充斥于整个经济空间，谁都在抓机遇，整个经济仿佛进入了一个机会主义时代。然而与此同时，我们也不乏听到大多数企业的抱怨，机遇总是像经过精心化妆，让你根本看不到它的存在，机遇在哪里？这简直是一场高级迷藏，当你还没有觉察的时候，它已经擦肩而过。杭州广发恰恰在这场高级迷藏中悟到了一段宋词的意境："众里寻他千百度，蓦然回首，那人却在灯火阑珊处。"

是的，机遇往往是"待到山花烂漫时，她在丛中笑"，就看谁有慧眼。

机会是有准备的人的机会。正因为"不克隆一家银行"，杭州广发才在"非克隆"的业务领域里发现了票据的价值。这一发现，表明了他们并不跟着别人做，他们放眼的是整个金融空间。

只有不紧跟别人，才可能超越别人。

在世界的金融市场上，票据早已是常规业务，只是在当时的中国还是新生事物，杭州广发之所以慧眼独具，正在于他们所具有的世界眼光。

杭州广发并没有将票据业务停留在创利的手段上，他们决定把它打造成又一个撬动分行战略性突破的阿基米德杠杆。

写到这里，我们得让不懂银行业务的读者也看得懂，到底什么是"票据贴现"？我们还得简单地从承兑汇票说起，再说说贴现的原理，也许由此普及一点金融知识。

比如甲企业需要向银行贷100万元，它有两种做法，一是直接贷款，然后支付银行利息；二是因为信用好，它先向银行交付30万元的保证金，然后银行开出一张100万元6个月的承兑汇票——出票银行以自己的信用承诺6个月后凭票可直接兑换成100万元现金。在经营活动中，甲企业用这张承兑汇票支付给乙企业，权当已经付清了100万元的费用。6个月后，乙企业就凭此票向发票银行兑现100万元。这样一来，在这6个月里，银行和甲企业其实都没有支出100万元，但是生意却做成了，只是乙企业要到6个月后才能真正收到这100万元。同样在6个月到期时，甲企业把余下的70万元支付给银行，它只需再付出一笔大大少于利息的手续费就可以了。那么银行赚什么？就赚运用30万元保证金所带来的利息差收入。

好，现在我们来解释贴现。还是上一个例子，如果乙企业急于在这6个月里用钱，它可以将这张100万元的承兑汇票以97万的价值"卖"给另外的某银行，某银行支出97万元现金，这就叫"贴现"。6个月后，某银行就可凭这张汇票向发票银行换取100万元的现金，这样，“贴现”的某银行就有了3万元的收益。

简单的道理大致就是这样。

票据业务有很多优点。从企业需求考虑，票据融资成本低于银行贷款，企业签发、贴现票据的积极性较高，容易激发企业的需求。特别是杭州广发定位的中小企业市场，通过票据业务将银行信用嫁接到商业中，更有利于中小企业开拓市场。在民营经济和中小企业比较集中的地区，票据业务往往是重要的、不可替代的信用工具和融资手段。此后的几年中，杭州广发也以票据为载体创造出一系列创新型的金融服务，而对于银行自身的经营，票据业务也具有效益好、周转快、安全性高的特点，有助于改善银行资产结构、降低资产风险、加速资金周转。

票据业务，好像就是为杭州广发这样决定以中小企业为基础的中小银行量身定做的金融业务，他们找到了一个新的生长点。

于是，从1999年到2004年，“资产带动负债，票据拉动存款”的经营模式，为杭州广发带来了快速发展的局面。在2005年后由于广发总行重组使各分行的经营面临考验的时刻，杭州广发的票据业务凸显了它极为重要的调控作用。

中小企业成长贷款计划

三年过去了，当年种下的“芝麻”，有些已经成为“西瓜”，但有些却依然还是“芝麻”。他们的账户里只有几百元或几千元，合作效益明显不佳。

客户群体需要优选。无论从风险还是业务发展的规模和效益出发，进入业务高速发展时期的杭州广发，客观要求必须进行客户筛选，择优而为之。2000年年底，在总结三年多实践经验的基础上，他们开始细分客户，正式向社会推出了GP贷款计划（Growing Point，中小企业成长贷款计划）。

值得我们注意的，是他们在制定GP客户标准时的独特依据。

GP客户标准分为定量指标和定性指标。根据行业和市场环境不同，定量指标有所区别，这是可以理解的。然而在定性指标上，杭州广发除了将企业的市场前景、主业状况、公司治理、内部管理等常规的指标作为评判标准外，尤其注重公司法定代表人的综合素质、诚信程度、有否清晰的发展思路和公司的企业文化，也就是说，他们特别关注了非经济因素，并以此作为重要的考察内容。

对于非经济因素与企业的关系，金海腾解释说：“在一个企业的经营初期，法定代表人的思路和素质在很大程度上决定了企业能否获得优于同行业同类型竞争对手的发展速度，而当企业进入了高速发展期后，这个企业能否保持快速成长，则往往取决于企业文化。”

这一见解纠正了当时业务开展中的两种不正确倾向。一种是过分重管理轻业务，过分强调风险，看不到企业的发展态势，因此丧失合作机会，使优良客户成为“漏网之鱼”；另一种是过分重业务轻管理，风险防范意识明显不足，片面地以初始合作成果作为选择客户的标准。

非经济因素的更大意义在于，杭州广发已经将银行的战略定位，深化为可持续发展的具体操作。

当时，有些支行为了短期内获得更快的业务增长，渐渐偏离了分行“以中小企业为基础”的市场定位，不愿意去做中小企业。趁着GP贷款计划的提出，分行强势扭转这一不良倾向。杭州广发要求支行和业务经营部门认真分析与企业的现实合作和未来合作可能达到的目标，在注重争取现实合作的情况下，更要重视企业未来合作和银行未来效益的分析。当短期利益与长期利益矛盾时，要用发展的眼光去审视企业和银行的未来合作和未来效益，培养本行未来的核心客户群，只有这样，才可能有可持续的发展。

一句话，新标准更着眼未来。

任何银行在经历了初始阶段上升到发展阶段时，都绝不会放过任何可能赢利的客户。杭州广发的可贵之处就在于，他们的新标准将可能把一部分与此理念不合的客户坚决地筛选掉。正如当初“种芝麻”需要魄力一样，这一次筛选也同样需要魄力。筛选不仅淘汰小型的劣质企业，同样也冷静而坚决地淘汰一些大型的但不符合杭州广发市场定位、风险较大的企业。

这冷静以痛苦为代价，它甚至必须放弃到手的“西瓜”。

一家婴童用品企业，当初“种芝麻”的时候，它是佼佼者。不论法人代表的个人素质，还是清晰的发展思路，都属于典型的中小型成长性企业。因此在发展的关键时刻，杭州广发给了它积极的支持。慢慢地，它发展了，借贷银行有了五六家，它投资的行业也蔓延到了其他领域。老板的心态发生了微妙的变化：与广发银行“恋爱”了这么些年，我是否太痴情了？更深层的问题在于，它的跨领域经营已经表现出力不从心的疲惫。杭州广发敏感地发现了这些，虽然表面上看它还没有进入危机，但已经背离了广发的信贷文化，不再是GP的发展对象，在它顺利发展的背后，潜藏着巨大的风险，尤其是一种由忠诚度导致的道德风险。杭州广发决定，不再扩大对其授信。

未来的风险，已经纳入到今天的防范之中。杭州广发更需要一个健康发展的未来市场。他们需要客户的忠诚度，也培养着客户的忠诚度。

GP贷款计划是杭州广发的一份信贷文化宣言，它告诉社会各界，什么是杭州广发的价值取向，他们在做什么，不做什么；支持什么，反对什么。

文化是企业人格的法则。

GP贷款计划的另一个含义，是在它的实施过程中必须将客户与金融产品对号入座，能对上的，可以做，对不上的，只能舍弃。因为在杭州广发的信贷文化中，为客户量身定做是第一原则，也是开发GP客户的有力手段。这个信贷文化决定了杭州广发要在信贷中实施一种"没有定式的定式"，他们只有方向和原则，其余的都是量体裁衣。

杭州华欣家具厂是一家台资企业，产品全部外销，具有较好的成长性，符合杭州广发GP客户的标准，也是各家商业银行的竞争对象。精明的台湾老板对上门寻求合作的银行总是先提一个问题："你们银行能够提供最低的结汇汇率是多少？"就这么简单一个问题，不知吓退了多少银行的客户经理。

时任广发杭州分行国际部副总经理的章伟良得知这家企业后，只说了一句"没有不想赚钱的企业"，就主动约见了这位老总。交流中，很快找到这家企业的症结所在——应付账款明显偏大，占企业负债的60%以上，并呈季节性变化。章伟良把住了对方的脉搏，提出了杭州广发的合作方案："我们可以给你2 000万元商票，利率2.79‰，帮助你完成销售链接，这样做可以降低贵企业的应付账款；再给你1 500元万银行承兑汇票，保证金30%，又可以确保你的支付能力。"

台湾老板眼睛一亮，精神为之振奋。

章伟良因势利导："我们可以保证，在最短的时间内提高贵企业的信用度和形象。"此时他已经基本确认，这位台湾老板认可了这套方案，于是他最后抛出了合作条件，"但我们银行的结汇汇率只能是中间价加100个点，因为我们是小银行，成本相对较高，希望您能理解。"

话到这里，台湾老板立刻拍板："就这么定了。我在大陆办公司这么久，终于找到了真正能为我们客户考虑的银行。"

章伟良在方案中所用的金融产品，其他银行并不是没有，他的独特性恰恰在于，他设计了符合对方企业特性的合作模式，既满足了企业的需求，又达到了银行的赢利目的，互惠互利。

金融之道，常常在金融之外。

正是在这样的努力下，一大批GP客户成了杭州广发的忠诚客户。

532信贷计划

随着实践的深入，GP计划开始呈现出可以量化控制的趋势。杭州广发在此基础上，于2002年年末提出了532信贷计划。

关于532信贷计划，杭州广发是这样解释的：

“5”是指贷款总量的50%，构成这一比例的，是大批受到支持的中小企业的集合，它们是支撑杭州广发发展的基本客户群，也是优质客户的后备军。

“3”是指贷款总量的30%，包含两块，一是个人中长期贷款，这是银行的高赢利资产，主要以发展住房按揭贷款为主，占贷款总量的15%。其余总量的15%，主要用于支持GP客户，可以是已经长大的“芝麻”。

“2”是占贷款总量20%的优质大型客户，这些客户所从事的行业正处于上升期，产品的技术成熟先进，有市场有效益。这些客户属杭州广发的赢利大户，为其提供的金融服务应该是全方位的，如果有10~20家像尼奥普兰、龙翔化纤、飞跃股份这样的客户，那么每年至少可以带来1亿元以上的利润。

532信贷计划的实施，设计为一个动态的过程，即按照杭州广发已有的资产结构，以532计划为先导，实现第一步战略目标，以后逐步过渡到442或者343。

532信贷计划的目的就是调整杭州广发的信贷结构。一家银行的信贷结构，反映了这家银行整体抗风险的能力，也是这家银行未来几年的发展形态。

这不仅仅是一组数据，它让我们看到的形象，是“口里衔一个，手里拿一个，眼里看一个”。杭州广发已经到了可以主动控制自身的阶段了，它不再被市场牵着鼻子走，而是反过来牵动市场。

这是一个质的变化。

具体地说，532信贷计划不仅是在明确的市场定位前提下逐步调整资产结构、达到有限信贷资源优化配置的产物，而且也是培养核心客户群体的需要。它对于更有效地控制系统性信贷风险、寻找利润的增长点、培育客户经理的经营理念、实现可持续发展的根本目标，都是一个理性的手段。

532信贷计划，是杭州广发在经营策略上的一次深度定位，是为“以中小企业为基础，努力争取优质大型客户”的市场定位制作的一个数学模型。它是在一定量的基础上一次质的提升，是对客户资源的梳理和优化，是从被动吸收客户资源到主动优化管理的飞跃。

俗话说：心中有数。科学管理的特点之一，就是量化管理。

打造专业经营支行

中小企业只是一个规模的概念，真正运作起来，就会发现，具体的市场客户不但数量多、差别大、行业分布广泛，而且发展阶段不同、质量参差不齐。银行与企业对接的是资金流量，不同行业的资金流量都有各自的行业特点，如何在实际经营中对不同行业、不同区域的客户实施有针对性的经营，一个“行业化管理”的课题就自然地提出来了。

在宏观经济的运行中，有专业银行来承担这一任务，然而对于一个规模并不太大的地方银行，“行业化”的运行有可能吗？

有效的方法来自于对实际经营环境的有效把握。

著名经济学家钟朋荣，在多年来对浙江经济进行考察和研究后，提出了著名的“小狗经济”模式。所谓“小狗经济”，是一个形象的说法，钟先生指出，在现实的动物世界里，三条小狼狗可以把一匹大斑马吞吃了。三条小狗如何做到这一点呢？他描绘了大致的过程：三条小狗一起扑上去，第一条小狗一上去就咬住斑马的鼻子，死死不放，第二条小狗上去就咬住斑马的尾巴，第三条小狗则咬住斑马的腿。这样，咬了很久，斑马终于被置之死地。这位经济大师说，三条小狗之所以能吃掉一匹大斑马，其秘诀在于8个字：分工明确，合作紧密。正因为分工明确，各司其职，绝不动摇，才产生了分工的优势。

浙江经济的发展道路，正是无数条“小狼狗”分工合作的格局。

经济大师讲述的显然是一个现代寓言。寓言对于无心者只是一个茶余饭后的笑话，而对于有心者，则会发现朴素故事背后的深邃奥义。

大师的寓言，引发了有心的杭州广发人的深思。

“小狗经济”的基本要素是什么？那就是在特定区域形成产业集聚的格局，并在这个区域内进行精密的产业分工，同时辅之以上规模的专业市场。这样，整个区域的某一产业就既获得了专业化分工的效益，也因企业的集聚和市场的高效运作而降低了交易成本，于是最终获取了低成本的优势。

不是吗？台州有上千家摩托车零部件生产企业，每个企业规模都不大，一个企业甚至一个家庭只生产一种螺丝钉，专业化分工非常明确，这就使这个地区摩托车零部件生产形成了相当高的专业化水平。在温州，鞋业生产形成了类似的分工体系：温州属下的乐清白石形成了鞋底生产基地，而在永嘉黄田，则是鞋饰的生产基地，同时，河通桥是鞋料市场，苍南是生皮市场，瓯北是皮革机械市场。同样，嘉兴的服装业也集聚了一群"小狗"，形成了海宁皮革、平湖服装、桐乡羊毛衫、秀洲丝织等块状经济为特色的纺织业产业群。这一现象在诸暨的大唐镇也表现得淋漓尽致，那里是全国的袜子生产基地，小小一双袜子，会用到上百种的原料，厂家间的分工也就达到了非常精细的程度，光棉袜就有精梳棉、丝光棉、普梳棉等好几个系列。

金融是经济形态的直接反映。

身处"小狗经济"高度发达的浙江，杭州广发以一行之力能不能形成"小狗金融"——在自己内部，也形成与"小狗经济"相配套的经营格局？

杭州广发作出了回答，提出了"专业经营"和"区域经营"两种经营方式。

专业经营就是强调各个支行在拓展业务的时候要有所侧重，根据所在地的经济特点，专注于将某一个行业做深做透，这样既有利于开发针对行业特色的金融产品，又能够减少信息不对称，降低经营风险。

广发清泰支行致力于钢材贸易行业的深度开发，做成钢材贸易的专业支行。几年下来，这个支行80%的客户都属于钢材贸易业，所服务的客户年销售总额已超过了200亿元，在浙江整个钢材销售市场上占据了举足轻重的地位。专业经营促进了银行职员对此项专业的深刻了解，他们也因此专业化了，最终的结果是：清泰支行从未发生过一笔不良贷款。

专业银行是一定要有专业人才作为支撑的。在支行专业经营方向的选择上，杭州广发特别注重根据支行人员的特点进行合理的安排。西湖支行能不能像清泰支行那样再做钢材？这个问题当然是一句废话。那么，西湖支行的专业出路怎样确定？西湖支行行长斯卫新，原来是分行房地产信贷部的总经理，房地产正是他的撒手锏。于是就把分行的房地产信贷部归并到西湖支行，让他们在房地产领域里露一手。这样，西湖支行就形成了房地产的专业银行，其房地产贷款项目占到杭州广发房地产贷款总量的80%。

专业经营如此，区域经营又将如何？

杭州广发的区域经营，首先是针对“小狗经济”的区域特色，对每个支行业务经营的目标区域进行了明确的划分。比如西湖支行，可以开拓杭州市区的客户，但是在目标区域的划分中，它还应该开拓市郊的富阳客户，这是它的“势力范围”，其他支行不能染指。因为富阳有成熟发达的造纸行业，所以西湖支行不但是房地产专业支行，它同时又是造纸行业的专业支行。

这就是“小狗银行”，你是咬腿的，他是咬脖子的，分工明确，各行其专。

之所以能够有明确的分工，正是因为他们准确地看清了浙江经济的区域特色和专业特色，看到了“小狗经济”对金融方式的特殊需求。一切从“主打客户”的需求设计。

杭州广发的这一招，打在了穴道上了，出手可谓准而狠。

真正打在穴道上的出手，才称得上是“神来之功”。

设立余杭支行和萧东支行，就是杭州广发区域经营的神来之功。

在无法大跨度地开设更多异地支行的情况下，2000年，杭州广发在杭州北部的余杭区设立了广发余杭支行，以此来撬动浙江北部市场。2003年，广发又在杭州的萧山区瓜沥镇设立了广发萧东支行，以此来开发毗邻的绍兴市场。

瓜沥镇地处杭州萧山区东部，毗邻绍兴。萧山和绍兴，堪称浙江经济的“双璧”。当年全国排行“百强县”时，这两地都入围前十名。当时，杭州广发已经在萧山城区设立了一家支行，再在20公里外的瓜沥镇开设一家支行，理论上是说不通的。况且一家支行的运营成本，远比让客户经理往返40公里跑业务高得多。这多少让我们想到了深圳和珠海，想到瑞丽、黑河、绥芬河那些边境贸易的基地城市。行政地理和经济地理在空间上往往并不重合，经济地理讲究的是经济力的辐射和凝聚，讲究的是控制力。

就像军事地理。刘备借荆州，意在控制长江中下游。孙中山在日本建立同盟会，革命的渗透方向却在中国。毛泽东把革命的大本营放在陕北，但他的眼睛盯着的正是中原局势。

项庄舞剑，意在沛公。

萧东支行，其实是“广发绍兴支行”。日后的发展证实，绍兴的业务是萧东支行的主体业务。俗话说："隔壁做官，大家喜欢。"毗邻绍兴的地理优势，使它创造了杭州广发新设支行发展速度的最快纪录，2004 年 12 月 26 日，在它开业满一周年的时候，萧东支行仅人民币存款就达到了 13 亿元。

从市场营销和管理的角度看，我们就有理由担心，在萧山区设置两个支行，会不会一山难容二虎？如何避免客户资源的争夺？杭州广发采用了一种巧妙的考核方式。在萧东支行设立的前两年，它的业绩纳入萧山支行合并考核，即萧山支行的业绩为本支行业绩加上萧东支行的业绩。在以存款规模作为奖金基数的考核制度下，萧山支行因为有萧东支行的加入，反而获得了一笔额外的奖金，天上掉下来的馅饼，傻瓜才不愿意呢。于是，萧山支行对萧东支行的支持，成了自己的分内事。

广发萧东支行的成功引起了银行同业的关注，2005 年，又有两家股份制商业银行和一家城市商业银行接踵来到瓜沥镇，都在那里设立了"萧东支行"。

他山之石，可以攻玉。

第七章
银行经营的是信用

银行如何经营信用？如何实现银行信用与商业信用的嫁接？探询杭州广发金融创新的源泉——信用链接创造……

根据货币银行学的传统定义，银行是经营货币的特殊企业。杭州广发在自己的探索中发现，银行更应该是经营信用的企业。一个正确的理念常常会获得意想不到的收获。杭州广发在不断深化完善“以中小企业为基础”的市场定位，突破一个个难题的时候，将银行的“信用经营”发挥得淋漓尽致，创造了许多中国金融的经典个案。

让我们先咬文嚼字一番：什么叫信用？

狭义的信用，是指经济活动中的资金借贷行为和商品赊销行为，属于经济学范畴。对于狭义的信用，也可以理解为能力，即一种建立在信任基础上的，不用立即付款就可获取资金、物资、服务的能力；或是一种受信方向授信方在特定时间内所作的付款或还款承诺的兑现能力，也包括对各类经济合同的履约能力。狭义的信用按主体不同可分为：个人信用、商业信用、银行信用、国家信用。

这完全是从经济学书上抄下来的定义，我们完全可以简单地理解为，那是一种被对方完全相信的兑现能力。

杭州广发正是在“中小企业”这一特殊领域里，通过银行信用的链接，创造、延伸、强化商业信用和个人信用，达到超越货币功能的更大经济效益。

开创“信用链接”先河

突破从破解恒生电子的融资难题开始。

杭州恒生电子股份有限公司成立于1997年8月，2003年12月在上海证券交易所挂牌上市。这是中国著名的软件开发商和系统集成商，开发着金融、证券、基金、CTI、交通等行业的计算机软件，以及电信、期货、电子政务和安全软件。它是国内最早获得“计算机信息系统集成国家一级资质”的18家IT企业之一，也是国内为数不多的拥有自主知识产权的软件企业，2002年位居中国软件百强前列，2001~2004年连续四年位列浙江省软件业十强之首。

1999年，为了发展规模的迅速扩大，恒生公司想购买杭州文三路的昌地火炬大厦用做新的办公楼。处于成长期的恒生公司，一时还难以拿出上千万元的购楼资金，找银行贷款吧，谁都知道，软件行业没有多少固定资产可以抵押。又是这个“先有鸡还是先有蛋”的怪圈，让恒生钻也不是，不钻也不是。

多方寻求贷款无果，最后只剩下杭州广发与其继续探讨合作方案。

杭州广发的判断是，恒生公司具有非常好的成长性，财务状况也非常良好，只是在快速成长期碰到了一时的资金瓶颈，但这家公司是完全有能力按时归还贷款的。

杭州广发想到了以“按揭购买”的方式来解决贷款问题。

但问题就出在当时恒生公司要购买的房子还没开始建，也没有房产证，这样的房子按揭，其实是一个在建工程的按揭。公司法人按揭与个人按揭之间，存在着很大区别，在这样的情况下作按揭还是存在一定的风险，而且当时国内的银行还很少做过类似公司法人的按揭业务。最后商谈的关键，落到了如何使银行的贷款能够得到有效的保全上。

杭州广发想到了循环连保。他们提出的方案是，“杭州广发给恒生公司发放公司法人按揭贷款，并由昌地房产承诺在恒生公司不能归还贷款时，全额回购办公楼”。也就是说，由杭州广发借一个“蛋”给恒生，让它去孵出一只“鸡”来，然后这只“鸡”再生一个“蛋”还给广发。万一恒生孵不出“鸡”，把“蛋”孵臭了，那么由昌地负责把“臭蛋”收回来，再修复成一个“好蛋”还给广发。

这本来只是恒生与广发的事情，把昌地拉进来，它能干吗？

昌地房产的心态恰恰是：“我们很欢迎像恒生公司这样的一流软件公司入驻，

这样也有利于提升昌地火炬大厦的形象和知名度。”而且，昌地当然愿意提前销售，实现资金的快速回笼。这就是杭州广发敢于把这个方案抛出来的理由。

出于对恒生公司和杭州广发的信任，昌地愿意就范。

这就是信用。杭州广发的“银行信用”和恒生公司的“商业信用”，使昌地愿意冒一次风险。或者说，由于两家的信用，让昌地获得了一次著名企业入驻它们大厦的机会。

这一案例并没有什么神奇之处，说穿了，它只是将银行信用嫁接到商业信用中，使商业行为得到更加顺利的开展。我们再说得白一点，如果广发不介入谈判，在广发、恒生和昌地这三者之间，它们都是两两对应的信用。恒生向广发贷款，是两者之间的信用，因此必须以房产为抵押；在恒生与昌地的购房中，它们之间的信用是买方全额支付现金和卖方的优质房产。现在的情况则完全不一样了，它们都获得了两对一的信用。恒生获得广发的贷款和昌地的房产；昌地获得了广发贷款转化的购房金和恒生入驻的声誉以及恒生不可能还不出贷款的信用；而广发不但有恒生承诺还贷的企业信用，还获得了出现“万一”时昌地全额回购的信用。

这就是杭州广发的“信用链接”。银行经营的是信用，他们说。并由此衍生出了一系列的创新金融业务，成为业内关注的焦点。

应收账款质押授信之“杭州广发模式”

新花样层出不穷，关键在于开动脑筋。

2006 年 1 月 12 日，《第一财经日报》刊登了一篇题为《“爱立信事件”刺激中资银行贷款方式——广发行“杭州模式”成业内典范》的文章，为杭州广发的这项业务创新作了最好的注解。

这篇文章的开头是这样写的：

> 2001 年，在南京发生了震动整个金融业界的“爱立信倒戈事件”。由于中行、工行和交行无法做近 20 亿元的无追索权的保理业务，爱立信公司在还足这些银行的贷款之后，转向花旗等外资银行进行贷款。

也就是说，在企业与银行之间，你不想念我的信用，我就也不想念你的信用。爱立信跑了，跑到花旗银行去了，外资银行当然高兴。对于中资银行来说，原先的大客户成了大“叛徒”。没办法，银行信用与商业信用不对称，就这么回事。

报道的原文继续说：

“如果我们不在贷款创新上有所突破，那么在与外资银行的竞争中肯定还会败下阵来。”日前，中国人民银行杭州中心支行金融研究处处长尤瑞章面对国内外顶尖金融专家，提起广东发展银行杭州分行在应收账款融资方面的创新显得极为自信。

尤瑞章表示：“几年前的南京‘爱立信倒戈事件’刺激了内地的商业银行。外资银行能提供这些创新业务，而内地的银行却不能，2007 年向外资银行全面放开后，内地银行怎么办？”据他介绍，广东发展银行杭州分行从 2001 年开始应收账款的贷款创新业务，是杭州各个商业银行中做得最好的。

应收账款贷款创新的关键是风险控制。“虽然目前在我国动产登记、公示和优先权的实现等方面都还存在很大欠缺，但是广东发展银行照样能通过自己的风险控制办法回避风险。”

据了解，尤瑞章所说的“自己的办法”实则包括：杭州广发要真实了解应收、应付客户的信用记录；并且对应收账款权利的质押或转让须得到债务人的确认；银行和应收账款债权人应共同向账款债务人发出质押或转让确认书，并得到确认；贷款银行在融资比例方面进行控制，一般质押担保的比例为 70%，回购保理担保为 80% 等。另外，杭州广发让贷款企业开立应收账款担保融资保理专户，专门汇划用做质押担保或保理担保的资金进出。杭州广发同时不仅要关注已担保应收账款的回流情况，而且还通过事先分析或事后跟踪企业是否有其他现金流量可以补充还款。

其实这篇报道中有一个错误，那就是，杭州广发开展这一业务不是 2001 年，而是 2000 年。当时，杭州广发根据一些客户的应收账款周转的特点和融资需求，率先推出了“应收账款质押业务”，并以此衍生出一系列新的贷款方式。

这家专业报纸继续很专业地写道：

杭州广发应收账款质押融资业务的类别包括：

第一类是存量应收账款担保融资。商业银行根据应收企业与应付企业间应收账款的流动稳定最高余额，给予最高总量担保融资授信额度，根据一定时期应收账款实际存量余额进行担保融资贷款，并在该时期内可追加或调减实际担保的余额。

第二类则针对流量应收账款，提供担保贷款。商业银行根据应收企业与众多应付企业已形成的不同应收账款流动数量，审查给予不同应付企业逐户逐笔应收账款担保贷款。

第三类则根据未来应收账款进行担保贷款。商业银行根据应收企业与应付企业已签订的贸易交易合同项下未来可确定的付款时间、金额、无争议的应收账款，银行给予最高金额账款，并分期收回应收账款金额，分次归还已放贷款，逐次减少贷款余额。

没干过银行的读者已经看得一头雾水了。不用急，我们来简单地解释一下，看看杭州广发的脑筋到底好在什么地方。这里的一个关键词就是“时间差”。

我们打一个简单的比方。甲企业欠乙企业100万元，现在乙企业急于用钱，而甲企业一时还不出，因为它的钱只是一些应收账款，可能是丙企业和丁企业欠了甲企业100万元。杭州广发经过调查，确认甲企业信用很好，而且丙企业和丁企业合同约定几个月后一定能够归还甲企业的债务。于是杭州广发就以甲企业对丙、丁企业的两笔应收账款作为担保，向乙企业发放100万元的贷款。到时候，甲企业应当将丙、丁企业的应收账款收回后直接归还杭州广发。这不是为甲、乙两企业都解了套吗？

另有一种情况，如果A企业有几笔应收账款要到几个月后才能收回，为了关账等技术性操作的需要，A企业先向银行贷一笔款子抵上去，然后在应收账款收回后归还银行。如果经调查后确认A企业信用好，杭州广发就可以用A企业的这几笔应收账款为抵押，为A企业发放贷款。

还有一种情况，如果应收账款回收完全可能，就由银行直接买断这笔应收款。

杭州广发是在客户的“时间差”中创造需求和提供服务。当然，银行这么做，也是有利息可图的，而这一做法更大的意义在于，它把其他银行的客户的客户，变成了自己的客户。因为所有现实的金融客户，都是在金融需求和金融活动中形成的。

这些做法，在国外银行其实已经是“临床”业务，但国内银行却从没有做过。杭州广发又一次成了“第一个吃螃蟹的人”。

物流银行

到这个时候，我们大概已经看出，杭州广发是一家不断创新的银行，他们创新的源泉在哪里？他们的一个理念也许对许多人都有启示：客户的难题，往往就是金融创新的源泉。

商贸型企业处在商品流通的中间环节，他们从生产商手中购买商品，然后销售给零售商或者终端客户。在经营的过程中，上游厂商在商品供给和付款等方面往往提出苛刻的要求，而下游客户因为货款拖欠又常常造成资金回收的困难，这是双重的压力。

如何帮助这类企业通畅资金流？杭州广发原先创造的“动产质押”和“应收账款质押”等授信方式，已经显得有些力不从心了。从动产质押考虑，商贸型企业周转飞快，为了节约成本，常常只保留较少的库存量，因此动产质押的方式所能解决的贷款金额十分有限。如果从应收账款质押考虑，由于下游客户大小不一，资信难以得到充分认可，能够用来质押的有效应收账款的数量也是有限的。那么，这篇文章该从何处下手？

杭州广发培养了一批喜好琢磨、喜好折腾的人，他们的信念就是：世界上没有解不开的死结。解死结，就是创新的开始。

通过调查发现，这些企业的上游厂家往往实力雄厚，是不是能从这里打开一个突破口？

信用链接再一次发挥了作用。

2000 年，时任庆春支行行长王永刚分析了浙江一大批商贸型企业在经营过程中所面临的资金压力，率先设计出“三方保理”业务。

所谓“三方保理”，是指由生产商、经销商和银行之间签订三方协议，银行向经销商提供授信，用于向生产商提前支付预付款，同时由生产商承担连带保证责任。这种连带保证通过一定的供货责任、一定的回购责任、一定的付款责任和一定的担保责任等四方面的责任来锁定担保风险。简单地说，生产商要把产品卖给“有钱的”经销商，事实上许多经销商并没有大把的现金，现在由生产商给经销商担保，让银行向“没钱的”经销商放贷款。于是经销商成了“有钱的”经销商，它与生产商之间的买卖就实现了。“没钱的”经销商本来没有金融信用，现在富裕的生产商把自己的信用嫁接给经销商，银行的风险就有了现实的承担者。

这让我们想到了一个古老的故事。

故事说，父亲有17只羊，要分给三个儿子，大儿子可得二分之一，二儿子得三分之一，小儿子得九分之一。但是父亲的一条“死规定”把整个分配卡住了：所有人分到的羊必须是整只活羊。这时候，一位带着一只羊赶路的智者路过此地，他听到了这件事，就对三个儿子说：“把我的那只羊也加入到你们分配的羊群里，你们就按父亲规定的比例去分吧。”现在他们有了18只羊，按规定的比例，老大分到一半即9只，老二分到三分之一，就是6只，老三是九分之一，他分到了2只。大家高高兴兴地得到了自己的分配后，发现还有一只羊没有被分掉。智者说：“那只羊是我的，现在我就牵回去了。”

这是一个启智的故事，它的意义就在于，有时候因为“间接因素”的积极干预，就可能“解开死结”。

杭州广发让生产商的信用，成了那只最后并没有被分配掉的羊。

“恒生购房”信用链接的个案原理，在这里转化为一种普遍实用的可操作原则。

这是一个“三赢”的方案。经销商以上游生产商的信用资源得到融资，通过预付款方式进行优惠订购，生产商由于预先收到货款便于安排生产，保证产品销售，银行在整个合作过程中将生产商与经销商的资源进行了有效链接，从而达到三方共赢的目的。“三方保理”的操作要点，就是保证保理范围内的资金流、物流、信息流，始终都在银行、生产商和经销商三方的共同监控之下，实行一种“和平共处”式的管理。

杭州广发是一个智者，他们始终在积极帮助别人的同时，让自己有效地规避风险。

三方保理业务解决了那些上游厂家实力较强、销售大宗商品的贸易商的融资问题，杭州广发将这种方式从钢材行业开始，逐步应用到了家电、手机、化纤等各类大宗商品的贸易商，迅速占领浙江的各大专业市场。

王永刚所率领的庆春支行，也借此得到了快速的发展。他带着十几个人，白手起家，没日没夜地找客户、拓市场，并在家电市场、手机市场领域里取得了爆发式的突破，开业一年，存款就超过了9亿元，创造了杭州广发人尽皆知的“庆春速度”。庆春支行也成了当时杭州广发所有支行中的佼佼者，并在2003年被广发总行评为“明星支行”。

王永刚成了杭州广发第二个里程碑式的人物。

创新的意义在于可能引发出一系列的良性结果。此后，杭州广发与广发总行在总结“动产质押”、“三方保理”的基础上，在国内第一个提出了“物流银行”的经营模式，根据企业物资流、资金流、信息流的运作特点，整合企业内部的物资流、现金流和企业外部的上下游渠道，在物流融资和银行综合服务方面进行再次的整合创新。

众所周知，银行是融通货币的，而它服务的对象却始终在融通物资，只是在评估和结算的环节才运用“作为一般等价物”的货币。如果银行坚持非货币不予介入，那么等于是自己把自己排斥在了社会的经营活动之外。杭州广发的思路是，当商业活动还在物流的形态时，就直接介入，以一种“货币中介”的方式介入物流。

请看“物流银行”的三种主要运作模式：

一是单个企业静态物流融资模式。这是以企业现有的库存物资为质押担保，按照一定的折扣率给企业提供融资，具体有存货质押物流融资业务、仓单质押物流融资业务和提单质押物流融资业务等创新品种。这多少让我们想到传统的“典当”方式。

二是多个企业动态物流融资模式。这是针对企业原料采购或产品销售物资流动过程中的物流融资模式，具体的做法又有“厂·商·银”融资模式、“厂·商·商·银”融资模式等。这又多少让我们想到了信用联保的民间草根金融“摇会”。

三是物流公司参与物流融资模式，这是对质押的物资采用物流仓储公司统一集中库存监管，监管物资存量的模式。这更像是现代西方的“第三方物流”。

一切都可能为我所用，不管是传统的、草根的，还是舶来的。

值得我们注意的是杭州广发的创新过程。因为金融创新的成果是金融的专业成果，而它的过程却有着普遍的启示。

“创新”的对称概念即是“破旧”。破旧是一种批判，一种否定，而在杭州广发，创新就不仅仅是批判和否定，它更是一种“有目的的活动”。在那里，创新和改革都不是时髦的名词，而是一种思想方法和工作方法。何谓创新？何谓改革？很简单，那就是寻找更合适的办法。

信用链接下的发散营销

三方保理业务的最大意义，就在于奠定了一种新的营销模式。循着客户的商业信用链，地域的界限打破了，杭州广发的业务自然地做到了全国。因为它链接的信用链通到了全国各地。于是便出现本书开头所提到的“一群在全国到处飞的人”，确实，有的客户经理，早上还在杭州办事，中午就到北京做业务，下午再到广州签合同，晚上则又飞回杭州加班。

信用链接的拓展也造就了一种新的营销方式——“发散营销”的诞生，即通过金融手段和客户的商业链，由点到面，从一个客户变成一个客户群，最终形成了客户系统的网状辐射。

有几个很有意思的经营方式自然就产生了。

方式一：客户上下游渠道的发散

企业既是一个经济的概念，又是一个社会的概念。每一个企业都不是单一的、隔绝的，它是整个经济社会的组成体。经济社会是物流、信息流、资金流的组合，企业只是这些巨大的社会流动中的一个节点。于是对于银行来说，一个客户的周围，就往往若明若暗地链接着许多潜在的优质客户，抓住了他们的商业链，就可能找到他们的需求点，银行也就有了服务的切入点。

有一个例子堪称经典，杭州广发通过浙江各钢材经销商，打通了它们的上下游渠道，于是在我国钢铁基地唐山，杭州广发成了各大钢铁厂耳熟能详的名字。

案例：唐山某制管公司商票贴现 5 000 万元的项目

唐山公司的下游厂商是杭州广发的授信客户杭州某物资公司，与杭州广发有着较长时间的合作。杭州公司希望杭州广发能与其上游厂商通过三方保理业务的操作，来帮助其扩大经营规模。这是理所当然的事。于是杭州广发派出专人与杭州公司一起北上唐山考察唐山公司。故事就这样开始了。

杭州广发的调查专员很快发现，唐山公司作为某一大型集团公司的下属子公司，虽然实力较强，年销售额在10亿元以上，但是它在当地的融资成本却比较高。调查专员在为杭州公司做融资方案的同时，也捎带着为唐山公司做了一个商业承兑汇票贴现的融资方案。

奇怪的是，有着这么大销售规模的公司，居然从来没有想到过这样一个简单的降低融资成本的金融手法，杭州广发小试牛刀，就让它们一下领教了“浙江式的精明”。于是，杭州广发顺藤摸瓜，一一找到唐山公司在浙江的销售下游公司，做成了对唐山公司5 000万元的商品贴现授信项目。

这是一次成功的双向合作，在唐山公司的客户中，杭州公司的地位大幅上升，经营更具优势，唐山公司也获得了杭州广发的融资支持，公司的发展有了更大的潜力。

从这个“发散营销”的经典案例中，我们看到杭州广发只是顺着信用链自然就跨越了地域的限制，它的“发散”，只是有着这一理念的员工的举手之劳。

上下游渠道的联动操作，还能有效控制风险，通过分别了解双方的情况，信息对称了，也全面了。这以后，杭州广发通过对合作者唐山公司的了解，又从源头更加深入地了解了杭州公司的进货情况，也就进一步把握了杭州公司的潜在风险。

市场一部总经理谌福民对这个案例的评说是：“发散营销，发散的不仅是客户链，同时也发散了我们的思维。没有发散的思维，就没有发散的客户链。一句话，凡事多留一个心眼。”

凡事多留一个心眼，就这么一句朴素的话，已经把传统管理中挡在决策与执行之间的那堵高墙给拆平了。什么叫员工的能动性，什么叫人力资源的潜力，这句话说得还不够透彻吗？

方式二：客户关联公司的发散

公司的集团化趋势，使银行逐渐拥有了一批集团型的客户。这些集团公司都有下属公司或关联公司，包括同系统公司、同股东公司，这又是一种可以“发散”的客户资源。循着关联公司的脉络，就能形成一个客户群。

案例：某建筑公司和某服装公司

某建筑公司是杭州广发的客户，业务员在与老板拉家常时了解到他的弟弟经营了一家服装公司。这家服装公司经营情况良好，也有很好的信用。于是，服装公司就成了杭州广发新的“猎取”目标。通过建筑公司的介绍，并以与建筑公司合作的成功案例，杭州广发很快就说服了服装公司，一个新的合作关系就这样建立了。

这个案例算不上经典，甚至根本就算不上是什么案例。不就是通过朋友介绍认识新朋友吗？值得关注的，却是其中的意识，一种强烈的“发散”意识。还是听听谌福民的评说：“我们的每一个客户都有一张关系网，凭着这张网，就能找到我们要找的客户对象，这确实是一个值得好好研究的问题。做好了其中的文章，一个客户就不仅仅只是一个客户，而是一个新的资源，一个新的客户群。”

杭州广发有一套选择关联企业的心得，在他们看来，关联关系太近未必就好，因为关联太近容易“一荣俱荣，一损俱损”。所以他们常常选择关联相对较远、资金往来不密切、有各自的主业、具备一定抗风险能力的企业。在家族型企业中，杭州广发就会选择那些独立经营的企业，而不选择实际经营者为同一人的企业。

到了这时候，我们看到，杭州广发已经不再处于在外部硬攻瞎碰的初始阶段了，他们已经走入了企业经营的内部，成为与客户浑然共生的成熟银行。就像一个生命体，它不但形成了灵活的肢体，而且开始形成灵敏的神经末梢。

只有形成神经末梢，才可能敏锐地感觉外部世界。这时候，生命开始进入高级形态。

以银行信用打造商业诚信

市场的需求总是银行创新的源泉。近年来，家庭装修行业发展飞速，杭州广发的目光自然会盯上这个行业。

谁都知道，大部分家装企业都有一段低起点的粗放经营历史。业内的不良竞争导致规范失效，投诉频频，新兴的行业面临着诚信危机。分析认为，有三个环节导致家装行业的诚信缺失。一是房屋装修合同陷阱多，施工偷工减料、以次充好；二是环保指标不达标；三是装修工人无证上岗违规操作。一方面是行业的市场前景越来越看好，一方面是报价的不透明、工程量计算不透明、隐蔽工程不透明、工艺不透明、材料不透明，一连串的不透明成为大量投诉的由头。

所有的问题，都归咎于“诚信”二字。

杭州广发的服务进不进入这个行业？回答是肯定的，因为中小企业是他们的市场定位。在诚信危机中的家装行业，以什么来启动？杭州广发亮出的撒手锏是，把银行的信用，嫁接到诚信危机中的家装行业里去。

2001 年 12 月 5 日，杭州广发联合杭州几家优秀家装公司，组成了“诚信家装联盟”。这个联盟要启动的，是全国首创的“诚信家装”模式。

他们决定做一件“狗撵耗子”的事。

这个联盟所有企业每一个工程的装修资金都由杭州广发实行全程监管，即客户把工程款先汇入银行，规定整体工程未竣工、工程验收不合格，银行不支付任何工程款。银行不懂质量，这无妨，杭州广发委托杭州市质量计量监测中心对施工过程进行监控，并对施工结果进行测定。说他们“狗撵耗子”，是因为从工程一开始，银行就充当了双重角色，既是客户的代理人，又是行业联盟的组织者。他们“强行出头”，要扭转家装行业的不正之风。

这真是一桩劳民伤财的事。杭州广发却说，这是企业的社会责任。

联盟还成立了浙江省首家工程质量保障基金会。联盟的各企业出资 100 万元，存入杭州广发专用质保金监管账户，由银行受理工程中各类问题的理赔事宜，而联盟成员实行全过程全额垫资装修，等全部工程竣工验收合格后，再与银行结算工程款。

这种“阳光下的装修”推出两个月，就有 23 家客户前来签约，同时带动了这些客户的信贷需求。客户某公司总经理雷建伟在实施了这种“省心工程”后，说：“诚信家装业务很好。不但装修公司负责，质量不错，我们也挺省心。有了广发银行的参与和监督，心里真的踏实了很多。”

雷建伟从此也成了杭州广发忠实的个人理财客户。

以诚信经营为前提，以优质服务为核心，以银行信用为担保，以监督机制为保障的“诚信家装”模式得到了社会的认可。然而它更大的意义却在于，以中小企业为市场定位的杭州广发，真正成了中小企业的市场伙伴。

什么叫伙伴？就是相互提携。

当然银行干的毕竟是金融行业。一个庞大的家装市场，正蕴藏着同样庞大的金融业务。

我们的方案，就是没有方案

外部的经济环境在不断成熟，信用链接的创新在不断深入，杭州广发就像孙悟空，不断玩着它的“七十二变”。

从本地到异地，创新业务在延伸着。

2001年，正是金华尼奥普兰车辆有限公司的创业初期，它们找到了杭州广发，两家企业一拍即合。尼奥普兰是中国高档客车市场的领头羊，市场占有率遥遥领先。大厂与小银行合作，是否有“下嫁”之嫌？不，尼奥普兰盯住杭州广发，正是看中了这是一家不断创新的银行。

只有创新，才能适应花样翻新的市场。

听到这话，你就能判断，尼奥普兰一定是遇到了难题。

是的，当时它们正面临如何有效开拓异地市场的问题，这是关系到尼奥普兰能否向全国市场全面扩张的重要环节。

尼奥普兰所生产的高档客车价值不菲，最低配置的车辆，价格也接近100万元。它们的主要购买客户是各地的客运公司。问题在于，并不是所有客运公司，都能一下子拿出大量的现金来采购车辆。这就是它们销量一直不能迅速增长的“瓶颈”所在。

它们想到了“汽车按揭”。

当时，国内的汽车按揭贷款仅仅针对个人客户，还很少听说有法人客户的汽车按揭业务，更不用说外地的法人客户。

“别人没有做的，我们为什么不能做？”杭州广发认的常常就是这个死理。

他们专门为尼奥普兰公司创新设计了一套名为“异地法人按揭业务”的方案。

这个方案的细节太专业，听起来会让业外的读者乏味，我们不说也罢。反正通过一系列的方案创新，尼奥普兰公司的下游购买商由杭州广发提供融资，这就帮助尼奥普兰实现了销售量的大幅度增长，不到三年，销售额就从几亿元迅速增长到20亿元。尼奥普兰公司的董事长庞青年有一段真诚的诉说，他说：“杭州广发为我们专门设计的方案，不仅解决了融资问题，还帮助我们打通了供、产、销的每个环节，推动了企业的快速发展。我们能够一跃成为国内高档客车领域最知名的厂家，杭州广发功不可没。让我们印象尤其深刻的是，杭州广发的探索创新精神和敬业精神，为我们赢得了重要的商机，在竞争中占据了主动。”

我们知道，所谓“打通了供、产、销的每个环节”，正是杭州广发“物流银行”的拿手好戏。

再讲个故事给你听听：企业的无形资产也能成为创新资源。

2001年，发展中的温州庄吉集团遇到了资金瓶颈。它们需要加大融资规模，可是可以用于抵质押和担保的资源都已经用完，企业一筹莫展。

杭州广发作为后来者介入这桩服务。这时候，庄吉集团“JUDGER庄吉”的品牌刚刚获得“中国驰名商标”的称号。杭州广发温州支行的眼睛为之一亮：“商标是企业的无形资产，国外很多著名企业的商标价值高达数百亿美元。既然商标是有价值的，那么作为中国驰名商标的‘JUDGER庄吉’，能不能成为担保品？”

这个想法虽然在理论上具备可行性，但是国内尚未有应用的先例。说白了，别人没有做过。

温州支行并没有放弃这一想法。经多次分析多方求证后，他们将问题的关键梳理出来了，这就是“如何落实抵押登记”。

这只是一个技术性的问题。

他们马上飞赴北京，到国家工商行政管理总局求证。

国家工商行政管理总局也是“和尚娶媳妇”——第一次碰到这样的事情。国家机关是认真的，他们首先对温州支行的这一创新想法给予了肯定，然后让一批专家用权威的法律手段从操作上帮助解决了一系列的技术问题。于是，又一项创新的业务——“品牌质押贷款业务”在杭州广发的不懈努力下诞生了。

庄吉集团总裁郑元忠对此赞赏有加：“作为金融机构，杭州广发银行是最具开拓意识的。在温州，他们和庄吉合作推出的品牌质押贷款形式，既为企业融资开辟了新的渠道，也为银行经营机制的改革作出了大胆探索。”

是的，杭州广发的创新探索一直贯穿于10年的发展过程中。他们在公司信贷业务方面所创新的产品和业务品种达到了35项，其中，动产质押、三方保理、品牌质押、仓单质押等都是全国首创。

请再一次回味杭州广发初创时夸下的那一句海口：“不克隆一家银行”，这注定他们必须付出10年的呕心沥血。10年，对置身于浙江的杭州广发具有什么样的含义？

金海腾说过：星星之火，可以燎原。——当然，他是借伟人之词述自己之怀。

星火燎原，真不知当初他们有什么样的“燎原方案”？杭州广发的公司业务专员戴恩成有一句话足以回答：“我们的方案，就是没有方案。”

没有方案并不是缺少方案，而是真正的方案，完全取意于客户的需求，随客户而变，应需求而创新。

第八章
驱赶阴影

如何寻找有效的风险控制手段？如何培育商业银行的风险文化？如何对待风险？如何年年保持1%以下的不良贷款率？

老银行都说："风险是利润的影子。"追求利润和防范风险是银行经营的两项基本工作。

杭州广发想追求一种境界："赤道之日，其影无踪。"

这一境界基于一个前提："如果把握得当。"因为把握得当，利润便如日中天，影子则微乎其微。这一前提在杭州广发全员的努力下成了现实。在核销极少的情况下，历年仅有平均千分之几的不良贷款率，这在中国的银行业中，是一个奇迹。

于是，我们就会对杭州广发"得当"的把握发生兴趣。

管理上的分水岭

2000年1月8日，杭州广发召开了"1999年度员工大会"，金海腾总结了过去两年半时间杭州广发所走过的路程后，慎重地宣布：杭州广发已经走出了生存期，进入发展期。

他用三个标志来描述从生存期到发展期的转变：

第一个标志，经营业绩达到并超过了预期的效果，在广发系统的省外分行中脱颖而出。到1999年年底，杭州广发全辖总资产40.15亿元，人民币一般性存款26.67亿元，全年日均存款17.9亿元，实现利润2 872万元，超额完成了总行下达的年度计划，这些业绩已经奠定了我行生存的基础。

第二个标志，一支特别能战斗的广发员工队伍正在逐步形成，经过两年半的广发理念的熏陶，员工传统的办银行思想得到扬弃，个别人的陋习得到摒弃，尽管人数不多，但这支队伍已在浙江大地的金融领域内，走在了商业银行市场化的前列，我们已经有了发展的基础。

第三个标志，分支机构数量的增加，宣告了杭州广发发展期的到来，1999 年，我们分支机构的发展规划得到了总行和中国人民银行上海分行的批准，按照这个规划，到 2001 年年底，杭州广发在浙江大地上将有近 20 个网点，这些分支机构的建立，为广发在浙江大地上的发展创造了良好的条件，发展的需求已经到来。

一番豪言让员工们热血沸腾。

想不到半年后，杭州广发却面临了开行以来最为严峻的一次考验。

2000 年的开局并没有让人太沮丧，但是，杭州广发的逾期贷款额，第一次突破了总行下达的 3 000 万元的指标。虽然当时的不良贷款率仅为 1%，但还是有一种不祥的阴影在管理高层的心头掠过。

自建行以来，杭州广发一直把控制风险摆在十分重要的位置，强调内部管理和业务发展齐头并进，因而他们还是很有信心的："只要我们足够重视就可以了。"

这年的上半年，香港毕马威会计师事务所对杭州分行的各项管理和业务经营进行了为期三个月的审计，审计报告使全行人员大吃一惊。

按杭州分行自己的报表统计，不良资产率不到 1%，但是毕马威按照国际标准审计的结果，不良资产率却为 5%。

这对刚刚宣布进入发展期的杭州广发，可谓是当头一棒。

怎么会是这样？大家都懵了。

毕马威一板一眼开列的原因，看起来都是些"鸡毛蒜皮"的小事。

比如当时的浙江某集团公司，在杭州分行贷款 800 万元，质押方式为由某证券公司托管的无纸化国债。毕马威的审计师指出，无纸化国债质押方式，在香港也有，但值得注意的是，无纸化国债掌握在券商手中，资金随时会有被挪用的风险，保全的手段并不完全可靠。即使是质押，也必须贷后检查和跟踪。

是不是太小题大做了，你的风险预警还是建立在假设之上的。

但这笔贷款后来果然出现了风险。尽管后来动用了权威机构得以追回，但是教训深刻。管理上的漏洞和业务发展上的缺陷，使杭州广发开始重新审视自我。

“赚的是利息，亏的却是血本。”金海腾说。

毕马威审计之后，金海腾在全行员工大会作了题为《彻彻底底洗个澡，跨过管理上的分水岭》的讲话，他动情地说：

> 最近，总行在北京召开分行行长会议，下发了毕马威会计师事务所的稽核审计报告，责成每个分行的行长针对审计报告中指出的问题，回去立即进行整改，并于9月下旬到总行汇报。我们行刚成立不久，就出现了这么多的问题，而所有这些，都是我的责任。我自己反思了一下，广发杭州分行1997年6月18日开业至今，作为一行之长的我，大概是过去行政长官当惯了，一直存在着重发展、轻管理，或者说重现场管理、轻层次管理的思想，对大家要求不严格，甚至心慈手软，在处理某些问题上不得力，不果断；而且我又轻信人，不依靠有关制度，重使用，轻考核。我现在很后悔，我感到非常愧对大家，如果还有机会让我再去筹建一家银行的话，我想我会避免很多问题。
>
> 我们都自认为管理水平还是不错的，我们也经常在总行的各种大小会议上受到表扬；我们的各项业务，包括国际业务、信贷业务、信用卡业务等等，在全系统比比，都名列前茅。但正如虽然信用卡部背回来红旗，我却宣布部门全体员工下岗一样，我现在面对表扬和成绩，心里实在有点怕了，总感到忐忑不安，而且真的是到了如惊弓之鸟的地步。所以今天，我更多的是自责。
>
> 今天，是广发杭州分行整个管理上的分水岭，请大家彻彻底底洗个澡。今天以前发生的事情都是我的错，是由于对管理抓得不严造成的，我们画个句号作为结束。我们现在的逾期贷款是4 200万元，我们还有多大的风险，都让它暴露出来！从今以后，在座的各位如果还希望与我共事，对广发还多多少少有一点感情的话，那么让我们认认真真、非常严肃地把已经做歪的事情做正，把已经做错的事情改正过来，这样的话，我们整个分行才会有希望。

金海腾的每一次讲话都倾注着他的全部感情。今天，他说得特别沉重，员工们的心情也随之变得非常沉重。

在毕马威的报告中，杭州广发的检查结果在广发各家分行中还属较好的一类，当时的总行行长李若虹对金海腾还说过：“老金，你们的情况，我还是比较放心的。”

金海腾自己却坚决要和自己过不去。

“是呀，从1997年开业至今，我们确实将风险控制放在首要地位，为什么还会出现这一结果呢？”金海腾寻思着，杭州广发的高层都在寻思着。

“我们确实创造了一些有效的风险控制手段，但那些手段还是像一些散落的珍珠，没有系统地进行过整理，没有串成一串珍珠项链。”金海腾的一席话，立刻成了杭州广发建立“风险文化”的动员令，也成了杭州广发“风险机制系统化”的起点。

真正的改变，总是从理念的改变开始的。

杭州广发首先反思了自己的管理准则。建行初期他们确定的“以现场管理为主，以层次管理为辅”，在这次“彻彻底底的洗澡”中，成了讨论的焦点。风险的防范不是一蹴而就的事情，我们的薄弱环节正是出在这个“为辅”的层次管理上。这就是最后的结论。

层次管理注重的是制度管理和流程管理，而现场管理则是注重现场的调控和应变。从1997年到1999年，现场管理作为一项重要的管理理念，为杭州广发初期的发展起到了至关重要的作用。在规模不大、人员不多、管理半径不大的情况下，现场管理能够避免层级管理中最可能出现的官僚问题，杭州广发的管理才可能非常高效。特别是对于中小企业市场，由于这个市场尚未形成一整套成熟的操作模式，现场管理就更有助于开拓，因为现场管理的最大特点，就是顺势而变。但是，现在的情况已经不再是“规模不大、人员不多、管理半径不大”，仅仅强调现场管理，已经不能主动地掌控全局了。正如解放军进城后，他们的任务已经不只是战争，也需要管理城市了。

管理方式与企业的发展是需要匹配的。于是，杭州广发的管理准则就及时地转变为“以层次管理为主，以现场管理为责任”。

松下幸之助说过：“当我的员工有100名时，我要站在员工最前面指挥部属；当员工增加到1 000人时，我必须站在员工的中间，恳求员工鼎力相助；当员工达到万人时，我只要站在员工后面，心存感激即可。”

是的，杭州广发的规模，已经到了需要一系列规范化操作模式的时候了。

他们需要批量化的处理管理问题。正是层次管理，可以减少现场管理的不一致性，增加管理的缜密性。

“以层次管理为主，以现场管理为责任”，这句话读起来有些拗口，可是管用。

真正的命令是不需要修饰的。

层次管理的规范性和一致性，并没有否定根据现场的实际情况顺势而为，杭州广发不做忽左忽右的事情。他们只是强调层次管理作为一个主要的管理体系，但现场管理依旧是责任所在。简单地说，他们采用的是“叠加法”，原来的现场责任继续强化，同时补上层次管理的完整体系。

辩证法总是强调在继承中变化，在扬弃中否定。这才是清醒者的思维。

在这里，我们用浓缩的方法，重复一次当初杭州广发的讨论，那是挺有意思的事情。

清醒者首先肯定了“现场管理”是自己的管理特色，这个特色只能升华不能放弃。因为层次管理在各个组织都是类似的，真正有效的现场管理却很难做到，它需要文化的支撑。

他们继续分析，现场管理是最有效的扁平化管理。扁平化管理要求上级授权、放权，以提高效率。但真正实现这种效率的，是在管理现场的经办人员。杭州广发将“现场管理”作为每一位中层管理人员和员工的责任，要求他们时刻关注现场的变化，顺势而为，及时地调整策略。杭州广发“值班行长制”的领导机制，就是为了让中层管理人员有更大的自主权，这就为有效的现场管理的实现提供了最根本的制度保障。仅仅组织结构上的扁平化并不是真正的扁平化管理，关键在于管理过程中的沟通、解决问题等流程是否高效。

他们又分析，现场管理犹如单兵作战，它强调单兵的战斗能力，是支撑战略实现的战术要素，然而真正的战役胜利仅仅靠单兵突进是不够的，它更需要战略指挥，有指挥的组织才是协调的组织。因而，单兵的能力只有在严谨的组织框架中才是有效的，严谨的组织管理，就是分工细化的层次管理。现场管理求的是“锐”，层次管理求的是“密”，锐而可取，密而不漏，这才是我们要采取的方法。

杭州广发的“彻彻底底的洗澡”，并不是往缺口上糊泥巴，而是利用原先坚实的墙基，再重新筑一道坚实之墙。

“以层次管理为主，以现场管理为责任”，成为杭州广发管理史上的一座分水岭。

骗你的可能是你最好的朋友

风险防范不能仅靠一种制度，更需要一种文化。

什么是文化？打一个形象的比方，为了禁止踩踏草坪，人们在草坪的边上构筑一道篱笆。篱笆的作用是防范人的践踏。以后，人们就知道了篱笆的用意，当有一天拆除了篱笆，也不会有人再踩进那一片草坪，因为他们的心里已经有了一道篱笆。那道现实的篱笆是制度，那道心里的篱笆就是文化。文化，就是建在人们心中并自觉奉为制度的规则。

因而文化首先就是清晰的理念，清晰的价值观。

按一般的道理，风险理念的深刻建立往往是痛定思痛的结果，正如“一朝被蛇咬，十年怕井绳”，那是需要付出代价的。另一种方法，就是借他山之石攻玉，把别人的教训作为自己的警示。

金海腾想到了讲故事。

一天早晨，金海腾风风火火地告诉大家一件事，他说他接到香港朋友朱先生的电话，朱先生也是大家的一位熟人。朱先生在电话的那头说：“金总，我出事了，合作了 17 年的美国公司突然宣布破产倒闭，欠我的 2 000 多万港币无处着落。我上当了！”

朱先生是个谨小慎微的生意人。一件小事足以说明他的那种谨慎，他的堂弟爱上了公司里的会计，朱先生的小会计身份一变就可能引出意想不到的事情，这就是风险。于是他当机立断地给了他们一笔钱，在祝福他们白头偕老的同时，不再录用那位作为自己未来弟媳的会计小姐。

这样小心翼翼的人还是上当了，骗他的居然是他最好的朋友。

行长看似聊天，但大家都知道，他无非是想向大家传达一个他自己认识到的风险观念，他常常用这样的方式传达他已经形成的思想。

“骗你的可能是你最好的朋友”，这件事立刻在行里引起了种种议论。

有的说，他朋友的初衷也许并不是想骗他，但在陷入危机而不能摆脱的时候，只能骗自己的好朋友，因为好朋友是最容易上当的。

有的说，或许这笔骗去的钱会使那朋友翻本，如果成功帮助他脱离了困境，他们还是朋友；如果失败了，大家破产，同病相怜，大家也还是朋友。

各种议论在当时只是议论，但是金海腾传达的“风险意识”却深深地植入了大家的心里。

从某种意义上来说，做银行的都是朱先生。

市场经济风起云涌、变幻莫测，每每小心提防，但稍一闪失，仍会酿成大祸。

商场上永远有商机也永远有陷阱，信誉再好的企业也有可能明天就倒闭。因此，面对风险，做银行的人就不能不始终战战兢兢，如履薄冰，保持“居安思危，临事而惧”的精神状态。“一念之差，终生后悔”，这一杭州广发在立行之初就提出的行训，让员工们再一次体会到了它的现实意义。

在铺垫充分之后，金海腾开始做文章了。他给全行员工总结了关于风险的六个警示：

第一个警示，骗你的可能是你最好的朋友。

第二个警示，别人成功时不一定你会成功，别人失败时不一定你会失败，凡事都要具体情况具体分析。

第三个警示，不熟的不做，控制不住的不做，这也是判断企业法人代表的很重要的方法。

第四个警示，在上升时期、顶峰时期，我们选择前者。

第五个警示，信誉再好的企业都有可能明天倒闭。

第六个警示，商场上永远有机遇，也永远有陷阱。

说不上是至理名言，却是对行业反复咀嚼后提炼出来的忠告。

理念一旦建立，就会深入骨髓，比千万条规章制度还管用。

首笔谈话制

如果说上述的还仅仅是意识到的风险，那么事实的风险却常常在巧妙的伪装下潜伏着，就像定时炸弹，不知道会在什么时候被引爆。

1999 年，杭州广发的一笔小额贷款出现了逾期。贷款的是梵灵工艺，一家从事出口工艺品制作的小公司，产品出口东南亚、印度，有国际业务结算。在当初受理时判断，这确实不失为一笔好业务，然而贷款到期了，却出现了问题，企业还不了钱，怎么讨也讨不回。唯一的办法就是动用法律手段。

法律程序启动的时候，一个谁也没有想到的问题出现了。

当起诉状送达时，“法人代表”竟然是浙江仙居县山区的一个老太太。老太太是个文盲，她居住的地方，坐汽车后还得步行几十公里。

这笔贷款最终当然无从追索，成了一笔死账。

那时，浙江民营经济才具雏形，社会信用意识薄弱，且工商登记、税务制度、信用体系都尚未完善，企业法人的素质在很大程度上决定了贷款的风险。“梵灵事件”是足可引起深思的经典案例。

分行决定，对于向本行首笔授信的企业，在以往分行贷审会或总行评审同意后，还须增加一个重要的手续，那就是在正式出款前，必须由分行行长或其委托人与企业的法人代表当面会谈，要求通过谈话，了解企业法人的个人阅历、经营思路等，以进一步判断企业的经营状况和发展前景，最后才决定是否行使行长“一票否决”的权力。

这就是杭州广发特有的贷款“首笔谈话制”。

这一制度不但弥补了现场责任制可能出现的疏忽，而且还从流程控制上杜绝了“关系贷款”的发生。在国内银行界，从业人员因为私人利益滥用职权发放“关系贷款”的事例屡有发生，其风险率在不良贷款中占据了相当比例。

“首笔谈话制”为杭州广发增加了一道风险的防火墙。

很多企业也在首笔谈话后，进一步加深了对杭州广发的了解，也增加了更多的合作空间，对杭州广发来说，更是创造了二次营销的意外收获。

把客户变成“自己人”

显性风险可以通过谈话、调查觉察到，而隐性风险就让人头痛了。看上去好好的一笔业务，却可能在未来受经济或非经济因素的影响，节外生枝，这种情况也是有的，因为企业毕竟都是动态的。

比如在当时，浙江的大部分非民营企业正在逐步改制，由于改制不充分，有些企业财务制度相对不够健全、产权不够明晰，银行一时就很难从财务数据中对其作出准确评价。对于这些企业，放弃，可能会失去一次机遇；支持，也可能会因为隐藏的不可考察的因素而造成风险。

杭州广发曾经贷款给一家私营企业——环球铝型材有限公司。但由于投资扩张太快，流动资金跟不上，且又遇上市场有大的变化，它最终破产了。根据法律，企业仅以其股本金承担有限责任，银行无法追索其所持股本金额以外的其他个人资产，贷款当然全额泡汤了。

这些风险如何来防范？

1999年，吸取环球铝型材的教训，杭州广发推出了“个人无限责任担保制度”，即除对其所持股份承担有限责任外，企业法人还需对该笔贷款承担无限连带责任——这是对中小企业这一特殊企业阶层的特殊办法。它以《民法》规定的“事先约定”作为日后法律适用的依据，解释的理由是：如果一个企业的法人代表对自己运作的项目都没有信心，不敢以身家性命担保，那这笔贷款的风险也就可想而知了。

虽然并不是所有的授信者都十分愿意接受这个新制度，但是融资机遇毕竟具有强大的诱惑力，它关系到更多的发展空间。由此，杭州广发打开了又一片资金富矿，尤其是启动了专业市场中那些私营业主们的融资热情，在杭州物资城、钢材市场、化工市场，私营业主往往都是将身家性命与事业捆绑在一起的人，对于市场博弈，他们义无反顾。

杭州广发后来还将财务总监和财务部经理都追加了“个人无限责任担保”，因为他们是最直接掌控财务信息和进行资金调度的人。

“个人无限责任担保”，就相当于银行在企业内部安插了一个可靠的“自己人”，比任何公关都灵。

这一招，他们用得炉火纯青。

走出阴影

小公司杭州科林电子向杭州广发贷款200万元，由日盛环保担保。贷款到期后，科林的法人代表消失了。听到这个消息，日盛的老板如五雷轰顶，谁都知道，这一下他完了。将日盛现有的资产全部变卖，充其量也只能抵偿这200万元的债务。十几年的心血，因为这场担保将付之东流。

追究日盛的连带责任，是天经地义的事。

这时候，杭州广发反而显得很冷静。

姚非非，一个出身律师之家的杭州广发贷款审查员在仔细分析了“科林事件”后，提出日盛的土地为农村集体所有制，并不属于公司资产，厂房是承租的，处理起来也有难度。作为环保企业，日盛生产正常，赢利尚可观，而且销售对象是秦山核电站、三峡工程、金山石化、宝钢股份这样的大型知名企业和国家重点工程，虽然应收账款占用时间长一些，但是资产质量比较好。

姚非非无疑说到这样一个核心问题：与其跟企业拼个鱼死网破，不如放企业一条生路，改“杀鸡取卵”为“养羊剪毛”。

杭州广发作出了一个大胆的决定：让日盛用应收账款作质押，进一步扩大其授信，支持它继续发展，以其生产赢利的一部分逐年归还科林的贷款。

一句话，把它养大养肥，才能创利还贷两不误。

以姚非非为主，一个全新的方案形成了。

事后证明这一决策的正确性：三年半过去了，原先200万元逾期贷款的本金和几十万元欠息全部结清。

日盛因祸得福。在日盛十周年厂庆刚结束，又和武汉钢厂签订了数百万元的合同，企业需要资金周转之际，老板开始担心了：科林的贷款还清了，广发会不会杀一个“回马枪”，接着就收回日盛的贷款？

分行贷审会一致通过决议：继续合作，扩大合作。

这使我们联想到大禹治水和鲧治水。鲧堵截，禹疏导，同样的目的，不同的手段，大禹取得了治水的成功。

帮助客户走出阴影，这就是杭州广发的胸怀。

一笔不良贷款，可能将一个银行的客户经理“一棍子打死”，这是所有客户经理难与人说的心理阴影。杭州广发既然能帮助客户走出阴影，当然也能帮助自己的员工走出心理阴影。

杭州广发说，“不能让员工承受不能承受之重”。

当风险产生时，杭州广发的行长室和风险管理部会在第一时间介入，共同分析风险产生的原因，寻找化解风险的对策，由专业部门帮助一线支行和客户经理处理风险，而不是让员工独自承受，只要这个风险并不是由于员工的道德问题而产生的。

由此引申出一条重要的用人准则：“既使功，也使过。”既使用有功劳的，也使用有过错的，因道德犯错的除外。

金海腾说：“由于银行本身的经营特点，风险是不可完全避免的。假如因为一次风险的产生而影响了员工的一生，这不公平。产生不良贷款，银行已经损失了一次，如果再失去一名员工，这个代价就太大了。”

一念之差，斩立决

银行的风险无处不在，除了信贷上的风险，政策调整、结算差错、经济环境变化、企业决策失误，都可能在倏然间转化为银行的资金风险。在所有的风险中，员工的道德风险是最为致命的。近些年，一些基层银行机构大案要案频发，金额巨大，情节恶劣，不但使国家蒙受了巨大的经济损失，也给金融业信誉带来了负面影响。据中国银行业监督管理委员会统计，2005 年银行业机构共发生内部案件 1 272 起，涉案金额 54.1 亿元。

杭州广发也是一家银行，凡是银行可能发生的，他们也都可能发生。

2000 年，信用卡部的“恶意透支事件”震惊全行。

当时杭州广发的信用卡部刚刚起步，人员紧张，且多为新手。其中张某是为数不多的几个专业出身的人才，作为业务骨干身兼数职。慢慢地，他的行为举止开始表现异常，出入娱乐场所、购买高档电器，消费明显超出收入水平。一个不祥的名词出现在杭州广发高层的脑海：贪污。

绝密的调查悄悄地进行。

真相在不久后浮出水面。据调查，张某利用兼职的便利，盗用他人身份证办理信用卡，采用恶意透支挪用的手段，贪污金额竟达 10 万元之巨。张某显然触犯了刑法，被判处 10 年徒刑。

“恶意透支事件”给杭州广发敲响了第一声警钟。

杭州广发认真清查了信用卡的所有资料，潜在的风险一一暴露，风险额竟达 350 万元。金海腾在第一时间向总行郭小平副行长报告后，立刻组织全分行上下，共同出发追讨不良透支款，并在一年后，将 350 万元损失全部追回。

“恶意透支事件”的漏洞出在兼岗、混岗，这是制度的漏洞。

他们认真梳理了制度，坚决杜绝了兼岗、混岗，同时建立了每日监督检查机制。此后，他们的信用卡新增不良透支率一直远远低于广发总行下达的控制指标，也远远低于国内信用卡行业的平均不良率。

风险并不是防不胜防，而是看你怎么防。

而让杭州广发高层深思的却是，“一念之差，终身后悔”的行训在最初的《给全体员工的一封信》中就已经明确提出，行长室也在各种场合不断强调，但这些都只是停留在文字上。行训需要制度的配套。

行长室立刻补充了一条规定："对于任何员工因为道德原因所犯的任何错误，杭州广发绝不会包庇，处理方式只有一个——'斩立决'。"

"斩立决"，见一个"斩"一个，没什么说的。

既成的道德犯错如此，挨着边的也不行。

分行信贷管理部的一位员工向信贷客户的担保单位提出个人借款。这个单位为谨慎起见，向西湖支行行长求证，询问是否可以借款给这位员工。行长坚决予以回绝，声明这是杭州广发明令禁止的。

这一行为暗含了一个潜在的风险，起码会影响在信贷审查时的公正性。

虽然借款没有成功，杭州广发还是对这位员工下达了"驱逐令"。不然，还有什么防患于未然？

道德风险不仅仅只涉及金钱。2006年员工专业化考试中出现的"作弊事件"，在处理中更表现出杭州广发的认真。

在第一次考试中，有一位曾经获得杭州广发最高荣誉——"广发理念标兵"的员工"助人为乐"代人考试，被当场发现。行长室立刻通报取消了这一称号，并处以降薪降级。第二次考试中，又有员工"顶风作案"，这一次的处罚是连降两级。

金海腾说："假如再有第三次，唯一的处分就是开除。对任何不良道德风险的苗头，我们绝不姑息，一定要让员工明白'一念之差，终身后悔'。"

宁可损失业务，不可制度让步

2000年9月，某企业在杭州广发开了一个专项账户，存款2 000万元，并委托银行代为监管资金的用途。杭州广发受理了这笔业务。数日后，这个企业突然递交了一份要求支取此笔资金的指令，又到柜台要求更换留存的印鉴。临柜人员按要求办理了印鉴更换和专项账户支取手续。

不料半年后，一纸诉状把杭州广发推上了被告席。

这家企业提出，此账户支取未经其同意，现在资金被挪作他用，要求银行承担赔偿责任。

这个状告得莫名其妙。

细细地核实后，杭州广发发现，那份要求支取资金的指令，上面的公司印章与原委托监管申请书的印章不符，临柜人员未能审核出破绽。在内部检查中，又发现这单操作未按印鉴更换后24小时方得支取的规定，仅凭信贷员的确认就办理了资金的支取。

要么是金融诈骗，要么是企业内部两派绞脑子。

虽然经多方调解，化解了这单风险，但结算上小小的疏漏，险些造成了2 000万元的巨额损失。

惊魂初定的杭州广发，又一次真切地认识到制度的重要性。

银行的每一个制度，都是以1 000万元、2 000万元，乃至上亿元的教训为代价换来的。老银行都知道，做银行的“左手不能相信右手”，也就是说，制度大于天，即使是行长，也必须不折不扣照章办事，谨防风险发生。

行长室又补充了一条管理准则：“宁可损失业务，不可制度让步。”

制度大于天。

2001年的一次“越权事件”，让金海腾再次用自己的行动强化了执行制度、严肃管理的决心。

国际业务部的一位客户经理在贷款利率未经审批的情况下，就擅自发放贷款。这是越权行为，具体的责任在国际业务部和经办的客户经理。事情既发，按规处罚。但是金海腾还增加了一项：他自罚一万元。

员工犯错，行长自罚一万元，这件事引起了员工们的思考。

确实，这种处罚方式在其他银行从未看到过，他们由此体会到了行长室的良苦用心。

金海腾解释说：“员工犯错，领导当然有责任。自罚是律己，是先正其身。身正，不令自行。我们分行的管理层和中层干部们，首先要严于律己，起到模范表率作用，这样才能自上而下地规范操作行为。”

从行长开始，杭州广发把自己逼到了绝处。

没有退路，才有“三千越甲可吞吴”。只有破釜沉舟，才有决胜的气概。

构筑一道坚不可摧的防火墙

风险存在于银行经营管理的每一个环节，风险并不可怕，关键是如何去面对、防范、控制、化解。风险意识，不是谨小慎微。

银行不是风险消防队，如果成天找风险，那银行如何发展？

风险如星火，不加防范当然燃成烛天大火，如果有一道风险防火墙，就可以把最大的精力用于发展。发展毕竟是硬道理。

什么是风险防火墙？那是一种方法，更是一个体系。杭州广发追求的就是这种整体防范的风险防御体系。

工作在统一的思路下扎实地展开。

在内部管理方面，杭州广发成立了独立的事后监督中心，负责同城支行所有结算业务的审核和监督；主办会计直接对分行财会部负责，由财会部统一委派、考核，有效地把握结算风险；分行稽核部负责包括异地支行在内的全辖稽核工作；资产保全由风险管理部专职处理，业务部门以市场开拓为主……

将传统的层级扭转 90°，就变成了条状的垂直监督。横向的层级责任，加上纵向的垂直监督，就构成了一个管理矩阵。

矩阵管理，是一种严谨的经典管理方式。

在信贷风险控制上，杭州广发又设置了六道防线。

第一道防线是客户经理的“双人调查”制度，在强调第一责任人的风险意识的同时，双人组合本身就是一种监督机制，何况还配套了相应的处罚办法，并通过“个人无限责任担保”等追加手段加以利益约束。

第二道防线是本外币所有授信业务“一个口子对外”，并且采取支行“审查岗下派制”，直接对分行信贷资产质量负责。

第三道防线除了严格执行贷款联审、贷审会制度和行长一票否决权外，实行“贷审会主任轮流坐庄”。值班行长同时也是该季度贷审会主任，全权主持贷审会工作。非值班行长则根据业务情况参与企业或项目调查，也同时对前期贷款项目运作情况进行监测。

第四道防线是“首笔谈话制”和“行长一票否决”制度。“首笔谈话制”在事前对信贷风险进行了有效的防范，实施以来，经谈话最后否决的项目占上报项目的 1%左右。

第五道防线是分行建立“放款中心”。即使贷款审批通过了，在出款前仍然存在很多风险隐患，诸如抵押手续不全、合同填写不规范、抵押保险单据不合规定等，可能因技术因素造成日后银行败诉，导致最终风险。放款中心负责审核所有贷款文件的法律有效性，核对贷审会项目审批书的放款条件，检查贷款用途，起到了最后一道关卡的作用。

第六道防线是每月的贷后检查制度和专项稽核制度。

六道防线，三十六般武艺，全部的要旨不在权力钳制，而在操作透明，在全景式的监控。说穿了，同一笔信贷，总会有不同的人从不同的角度、不同的流程、不同的技术要求中，一遍又一遍地过滤，即使一个人疏忽了，一个滤网破残了，还有许多人能够发现，许多程序能够拦截。

风险毕竟不是既成的损失，它只是可能的损失。

风险与收益如影随形，一味地追求风险最小化，必然会带来收益的最小化，并由此丧失很多的发展机会。这就是风险辩证法。

杭州广发的对策是“风险可控原则”，而不是风险最小化。

风险可控，就要求全面整体地评判客户的风险，而不仅仅靠技术手段作简单判断。风险可控原则是动态的风险管理理念，要预见性地对不同的风险情况做出针对性的控制对策，而不是静态地逃避风险。

金海腾说：“我们的市场定位是中小企业，国内中小企业的报表很不规范，如果仅仅通过财务技术来判断这个企业能否贷款，那么绝大多数的企业都是过不了关的。等到这个企业所有的东西都规范了，我们作为相对弱势的股份制商业银行，也就没有机会在竞争中胜出了。”

犹如医生之于病人，不能全依赖于药力，还有赖于病人自身的抵抗力和免疫力。从“带菌”的报表中读出其“免疫”的能力，加上“对症下药”的措施，那么这笔“可能有病”的贷款，就是可控的。

这就是风险可控原则。

所有动态的事物，都具有失控的风险。所有动态的管理，关键都在于可控制性。《控制论》这么说。

毕马威在 5 年后又一次来到杭州广发。

这一次，是为广发总行重组而来。2005 年，毕马威再次对杭州广发进行了全面的审计，这一次的审计结果，与杭州广发自己评估的数据几乎一致。

毕马威评价说：“杭州广发的信贷客户主要以中小优质企业为主，风险较小，不良贷款率很低。”

让严格的毕马威说出这个评价，是很不容易的。

第三篇

第一梯队（2001~2002 年）

弱势的市场后来者，何以能成为第一梯队的一分子？

2000 年 12 月 31 日晚上，杭州最为繁华的武林广场边上的杭州剧院，正上演着一场精彩的音乐会。这场名为“新世纪曙光——2001 杭州新年音乐会”的演出，是杭州广发免费奉送给杭城市民的艺术大餐。这一活动日后成了杭州的一个文化惯例。这以前，杭州城从未举办过类似的新年音乐会。

杭州广发在每个新年来临的时候举办音乐会有它的用意，除了回报社会外，这种大型文艺活动也会给全行员工带来一段时间的兴奋，因为在年终的时候，绝大多数企业的员工都有“船到码头车到站”的感觉，“忙碌了一年也该歇歇了”。要重新把精神调整到工作状态，那得到元宵节以后。两个月的时间里，心理状态不能振奋，那可是一段无形的群体大怠工。

必须振奋起来，在美妙的音乐声中让员工们轻松地跨过新年的门槛。

何况那一年，媒体还在争论着，到底 2001 年是不是新世纪的第一年。

杭州广发给音乐会加了一个前缀——“新世纪曙光”，这就使这个新年音乐会具有了一种特殊的象征意义。新世纪，越过这一伟大的时间坐标，杭州广发有新的姿态和新的业态？

他们要在“新”字上做文章。一个坚忍不拔的团队，会把每一个时间节点，都作为重新开始的里程碑。

第九章
三新活动

如何检阅员工队伍的战斗力？如何完成“不可能的任务”？何为全方位赢利？

新世纪，新广发，新起点

平心而论，从1997年到1999年，在这两年多的时间里，杭州广发算是初步站稳了脚跟。不论是经营业绩、员工队伍建设，还是网点布局，各方面都取得了长足的进步。2000年的1月8日，他们曾经宣布渡过了生存期，但从这一年全年的业绩来看，增长的绝对数并不如人们预计的那么乐观。

金海腾坐在行长室里，与几位行领导探讨一组数字。行长室的“大办公”方式可以简化好多会议程序，只要一个人起个头，行长办公会议就进入议题。

他们讨论的这组数字，是杭州广发数年来的“人民币日均存款增长”。这是银行业绩的主要指标。金海腾掰着手指头说：“1998年，我们增加了7.60亿元，1999年，又增加了9.30亿元，可是2000年，同志们，才增加了10.99亿元。可能有各种外部因素的影响，各家股份制商业银行的发展速度也都差不多。但是单从这个指标来看，2000年仍然是我们的困难年。”

对本行的发展态势，行长的心里显然很不满意。他是那样的一类人，不以“活着”为目的，认为“活着”并不是“生活”。他憧憬生活，属于到这个世界来“潇洒走一回”的人。

万物复苏，大地回春，他的银行必须潇洒地迈开大步。

也许是新年音乐会唤醒了员工的热情，2001 年的一季度开局大喜，杭州广发全行人民币日均存款比 2000 年四季度增加了 6.40 亿元，这个增长速度几乎是 2000 年一季度的 3 倍。业内把某一时期存款最低时的点数称为“存款底部”，这时候，底部推高了 7.59 亿元。

2001 年，杭州广发在迎来新世纪的同时，也迎来发展的第一个高峰，前几年培育客户市场、打造员工队伍、完善风险控制的不懈努力，现在到了厚积薄发的时机。新年开始的各项业务一直处在持续、快速的发展中，到 8 月底，完成利润 4 653 万元，占总行下达的年度指标的 87.5%。这个发展，无论在广发系统内还是省内同期建立的股份制商业银行内，都明显地脱颖而出。

形势大好。经历了整整四年艰难困苦的员工，终于“多年媳妇熬成婆”了，大家情不自禁地轻舒了一口气，“啊，我们现在该歇歇了”。

真正的危机，是精神状态的危机。行长室看到了这一点。

就像一台机器，刚刚走顺了，歇一下，汽缸一冷也许就再也提不起速度了。

行长室一个决定，全行立即开展了为期四个月的“加油活动”。这个活动以“新世纪、新广发、新起点”为主题，提出“管理上台阶，利润创一亿”的要求。

没有给员工以任何喘息的机会，行长室显然在员工灿烂如花的笑脸上，浇下了一盆凉水。

员工们都暗自倒吸了一口凉气。

有几个“小诸葛”开始测算，以现在的态势，全年完成 8 500 万元利润是有把握的，努力一下，通过增收节支，再拿 500 万元，达到 9 000 万元也是有可能的。现在要求再上一个台阶，实现 1 个亿，这可能吗？

这一消息立刻成了浙江金融界的关注焦点。

“杭州广发疯了？”人们怀疑着。

更有内行人评说道：“是不是把前几年藏起来的利润拿出来充胖子？”

还有摸不到底的干脆说：“好大喜功，哗众取宠！”

没有人相信杭州广发会成功。

行长室里十分安宁。他们的意见很统一：“一支过硬的队伍是摔打出来的，现在正是摔打队伍的时候。”

当然，股份制商业银行的分行实现“利润创一亿”是一个标志，也是一道发展的坎。就像鲤鱼跳龙门，跳过去了，成了龙；跳不过去，也许从此就成了一条虫。一个亿，正是小银行的龙门。

也有保守的声音："这个时候跳龙门，是不是早了一些，因为按常规来说……"

金海腾坚决地说："如果决策上没有一点超常规的方式，工作上没有一股拼劲，我们不但可能在股份制商业银行中掉队，而且会被无情的市场竞争所淘汰。"

金海腾决心发起一场攻坚战。

2001 年 9 月 10 日，杭州广发召开了全行员工大会，广发总行董事长李若虹专程从苏州赶来。一份保存在档案室里的方案，记录了当时的行动大纲：

"新世纪 · 新广发 · 新起点"竞赛活动

时间：2001 年 9 月 1 日至 12 月 31 日

目标：管理上台阶 利润创一亿

方法：全行动员 人人参与 指标细化 措施明确 责任到人

竞赛口号：Try Harder and Harder（努力再努力）

强烈的创利意识，来源于强烈的忧患意识。这不是竞争的时代吗？什么叫竞争，一句话：落后就要挨打。

不仅仅是这些，行长室更清醒地意识到，要让每一位员工认真地思考风险忧患，重新审视在工作中存在的问题、隐患和管理上的薄弱环节，向管理要效益，向强烈的创利意识要效益，这就是当时杭州广发面临的现实。

金海腾在会上作了动员：

今年以来，分行各项业务一直是处于持续、快速、健康的发展之中，在这样的大好形势下，我们此次开展以"管理上台阶，利润创一亿"为目标的"三新活动"，不是好大喜功、争强好胜，而是时不我待、刻不容缓，这确实是杭州广发发展的必然要求！目前，我们在管理上的不到位已经开始影响到全行的业务发展，而且整体赢利能力在全行系统内也只处于中等偏上的水平。创利的机会是靠"争"来的，稍纵即逝，关键就在于我们的员工有没有这种强烈的创利意识，有没有王者之气、霸者之气、舍我其谁的思想境界，有没有一种当仁不让的气概。杭州广发今天的局面是靠大家拼出来的，如果决策上没有一点超常规的方式，工作上没有一股拼劲，我们不但可能在股份制商业银行中掉队，而且会被无情的市场竞争所淘汰。

开展“三新活动”就是要把我们这一股气调动起来，在这场活动中，鉴别我们每一个人是不是都站到了为广发作贡献的立场上。我们要双手打造“金饭碗”！广发没有大锅饭可吃，广发倡导的是“舞台论”，广发需要每一个人都努力拼搏！这次“三新活动”，每个人都站在了同一起跑线上，但是最后的结果将是不一样的，多劳可以多得，完全在于你的贡献。

从9月1日到今年年底，新世纪第一年只留给我们四个月的时间，我们一定要抓住这关键的机会，最后的一拍，集中火力，后发制人，发扬“铁人精神”，“拼”字当先，全面、理性地审视自我，剖析自我，勇攀高峰。

通过这次活动，我们不仅要在浙江同类同期成立的商业银行中做领头羊，而且要与早于我们成立的商业银行相比肩，为明年乃至更长时期的发展创造一个新的起点，向创建一流商业银行的目标迈进。

金海腾说出了“三新活动”的意义。

这是男儿的血性，是事业者对生命价值的深刻感悟。

兵书说：不谋万世者，不足以谋一时；不谋天下者，不足以谋一域。

一亿元利润的目标不仅仅是量的积累，它象征着杭州广发要全面超越同期成立的其他股份制商业银行，要力争进入早于杭州广发近五年成立的中信银行杭州分行、浦发银行杭州分行所组成的浙江股份制商业银行第一梯队。

“三千越甲可吞吴”，他们必须跻身于第一梯队。

就像战士的出征，杭州广发举行了隆重的誓师会。

誓师是一种精神的洗礼，它给人以奋进的悲壮感，让人只想到前景而忘却既有的成就。“风萧萧兮易水寒”，一种更为深刻的忧患意识在誓师中化为动员的力量。

在这样的关键时刻，猛将乔立江却得了急性重病。听到“三新活动”誓师会的消息，他兴奋不已，拖着大病初愈的身体赶到会场。他参加了誓师，并代表清泰支行慷慨激昂地发言：“想到过成功，想到过失败，但是从来没有想到过放弃。”这句话，一时成了全体杭州广发人的行动口号。

杭州广发，用整支队伍编成了向前突击的敢死队。没有预备队，他们破釜沉舟。

战斗的号角吹响了，离2001年年底只剩四个月时间，不管目标能否实现，行动是第一位的。

捷报立刻传来，宁波支行用两场以速度制胜的战役，将活动一下子推上了高潮。

雅戈尔战役

2001 年 9 月 20 日，宁波支行和分行营业部分别得到信息：宁波雅戈尔服装公司拟发行的可转换债券担保，由于原定的主担保行宁波农行向总行报批程序拖泥带水而暂告搁浅。

担保事宜暂时处于“真空”，这正是一个可以插入的缺口。

雅戈尔是一个实力强大的企业，也是杭州广发一直想争取的目标。由于历史原因，其他行占领了这个制高点。

这一次，机会不期而至。

“抓住机遇，用最快的速度，一举拿下雅戈尔。”分行下达了战斗命令。

一场由支行、分行、总行三级联动的“雅戈尔战役”打响了。

其实也不能怪宁波农行拖沓，像可转换债券担保这样的重大事件，需要一系列十分复杂的把关和审批手续，光是基础材料就要做一大叠，并且还要总行的贷审会最后审定，才能由总行发出正式批文，也就是说，以总行的名义履行担保。这是国家的金融制度规定的纪律，支行和分行无权擅自决定。

每个银行都有一套完整的程序，现在就看哪一家上下联动的意识强、速度快和效率高了。

杭州广发唯一的自信就是，他们没有其他银行的“官僚”习惯。他们知道，这时候，股份制商业银行的商业反应敏锐性，正受到一次考验。

广发的三级联动程序进入“读秒”。

支行的行动——20 日，宁波支行介入雅戈尔，这时候，宁波的招商银行已经先期介入，而宁波农行还在作最后的努力。三个银行针锋相对，剑拔弩张，煞有一番恶斗。

看谁先拿出方案。

一切在遵循古老的竞争原则：“先下手为强”，速度决定一切。

分行的行动——21 日，现杭州广发分行副行长，当时任宁波支行行长的陈张芳带着当时的主要业务骨干、现广发佛山分行副行长罗沧海赶到杭州汇报。当晚，根据分行的意见，支行就在杭州编制报批材料。他们连续工作了近 10 个小时，厚达一尺多的报批材料终于在凌晨 4 点完成，然后，分行立即派员飞赴广州总行。

21 日，就在支行编制报批材料的同时，听完汇报的金海腾当即与广州总行的李若虹董事长通话，请求总行支援。22 日，分行信贷管理部人员赶到总行，继续准备材料。23 日下午，金海腾从杭州赶到宁波，约请雅戈尔公司董事长李如成，商谈进一步合作事宜。这时候，分行获得的信息是，宁波农行副行长已经赶赴北京，再次向农总行汇报，争取报批的速度。

总行的行动——22 日下午，在杭州分行的人员到达广州汇报后，总行信贷部总经理黄更青立即飞赴杭州，一直加班到晚上 10 点半。次日上午，黄更青在杭州指挥，广州那头，总行信贷部人员于下午 3 点全部到岗。杭州与广州的联络一直没有中断。24 日一早，总行有关部门全部动员起来，将准备好的材料在第一时间送达所有贷审会成员手中。上午 11 点，材料最后汇总到了董事长的办公桌上，董事长一锤定音正式签出。

24 日 11 点 50 分，金海腾在杭州收到了总行正式批文的传真件，当即将信息通告宁波支行，陈张芳立即赶到雅戈尔总部，开始进一步的实质性谈判。杭州的金海腾也于下午再杀“回马枪”，赶赴宁波谈判现场，加入了协谈的行列。

就在金海腾坐到谈判桌边的时候，宁波农行也拿到了总行的批文，但是广发已经抢先数小时进入程序。谈判一直持续到 25 日凌晨 2 点 15 分，取得了令人满意的成效。

25 日中午 11 点，双方正式签约。

而在这时候，招商银行才刚刚答复雅戈尔，他们总行的批文将在 26 日拿到。

一切木已成舟，广发大功告成。

这是一场没有硝烟的激战，从 20 日到 25 日，广发行最晚介入而最早得到批文，三级联动、协同作战的优势使他们成为最后的胜利者。

这一合作项目的谈成，使杭州广发由局外人一跃成为占据总担保额 22%的主担保行之一。

这是漂亮的一役，杭州广发厚积薄发，初露了“三千越甲可吞吴”的气概。

竞争是无情的，回首宁波农行，由于这一着从先手的主动变为后手的被动，只差了几个小时，这笔关键性的业务拱手让出，由原来 43%的担保比例下降为 29%。而招商银行更以一天之差，痛失市场机会。

更为重要的是，这一合作是一场双方都极为满意的“双赢”。在为宁波支行带来 300 万元利润的同时，也为雅戈尔上报项目争取了宝贵的时间。

没有硝烟的“雅戈尔战役”打得惊心动魄，杭州广发人创造了时间的奇迹。

紧接着，10 月 11 日~16 日，杭州广发再次上演了时间的奇迹，在短短的 5 天时间内，又一举拿下了浙江富润股份有限公司的一个重大项目。

从 2003 年至 2006 年，杭州广发相继完成了邯郸钢铁、南山实业、凯诺科技等一系列可转换债券担保业务。此项业务，不但成为杭州广发的一项拳头业务，也为他们带来了更多慕名前来的上市公司合作者。

北仑战役

业内人都知道，筹建一家支行需要多长时间。营业场所的选择和装修、人民银行的批文、工商营业执照的办理、开业典礼筹备、广告宣传等等，用半年时间也不嫌慢。2001 年 9 月 6 日~27 日，誓师上阵的广发宁波支行，用他们奇迹般的行动刷新了纪录：20 天，这是浙江银行界支行筹建的最快纪录。

支行的筹建，相当于抢占滩头阵地的战斗，直接影响战役的进展。这时候，杭州广发确实在发起一个战役。

至今保存着的一份宁波支行当年的“战斗记录”，会让人读出当时杭州广发人的豪情：

> 如果这 20 天我们的工作有一点疏忽、失误，如果我们还差一点点坚持、努力，那么北仑分理处恐怕现在还在筹备当中。自助者，天助也。We try harder and harder，we do the best。
>
> **战斗一：场地篇**
>
> 由于原业主的原因，筹备小组直到 9 月 5 日才拿到营业场所的钥匙，初定开业之日 9 月 28 日迫在眉睫！现宁波支行行长、当时任支行副行长的王天云率领筹备小组成员徐雅菊、孔允康、包若夫连轴转，仅用了一天时间就完成了装修设计方案的审选，并连夜审定和编制了施工预算及施工进度表，将原定 20 天的装修时间压缩到了 10 天。
>
> 9 月 6 日，装修工程公司正式进驻场地，9 月 8 日开始装修，一天变一样，五天大变样。9 月 17 日，一个崭新的北仑分理处（当时尚未升格为支行）已奇迹般地展现在众人面前了，18 日、19 日，在多次走访协调下，筹备小组“五上消防，六访公安”，以最快的速度完成了公安、消防验收。

战斗二：批文篇

在装修开始的同时，负责开业申请材料的支行办公室夏昱强已着手联系和准备，9月20日验收通过后，要拿到金融许可证还须经过开发区人民银行拟文上报、人民银行宁波中心支行审批等多个环节，而时间只留给我们6个工作日。诚意和努力终于打动了开发区人民银行的经办人员，答应急事急办，并在9月21日完成了验收。22日、23日是周末。24日下午，终于等到了出差回来的开发区人民银行行长，文件经签发后正式上报人民银行宁波中心支行股份制银行处和办公室。此时，距开业只有3天时间了，宁波支行行长陈张芳亲自赶到人民银行催批。26日下午16点30分，人民银行宁波中心支行的批文送到了开发区，27日上午，开发区人民银行发文同意北仑分理处开业。下午15点45分，夏昱强在人民银行宁波中心支行拿到营业许可证后赶到北仑，在离工商局下班只有15分钟的时候拿到了工商营业执照。

战斗三：开业篇

在筹建工作的后期，筹建小组成员和分理处全体人员同时集中精力筹办开业庆典。从人民银行批复同意、领出营业执照到完成客户邀请、会场布置、议程安排、广告宣传，全体人员既分工又合作，仅用了短短两天时间。

终于开业了！ 9月28日的北仑新矸，彩球当空，彩带飞扬，大街上插满了广发的旗帜，布满了广发的横幅，开业庆典热闹而隆重。

开业第三天，北仑分理处存款突破8 000万元。

新世纪、新广发、新起点。真的，我们，很努力！

是的，他们很努力，整个杭州广发的队伍都很努力，要知道，在短短四个月的时间里，他们要创造“利润一个亿”的神话，一个现实的神话，难道不需要拼命吗，难道不值得拼命吗？

拼命的价值并不在于一个亿的利润，而在于摔打出一支特别能战斗的队伍。有了这样的队伍，一个亿，那只是“小儿科”。

打一场“全民战争”

以“利润争一亿”为目标的“三新活动”，利润只是一个量化的目标，这个目标的背后，是市场的拓展、管理的提升、队伍的锻炼，是杭州广发希冀在每一位员工心中都要树立的重要理念——赢利意识。

赢利意识，正是具体化了的效率观。

使自己的全部工作，都成为“创造利润”的有效工作，这正是股份制商业银行的基本要求。

效率观，行长室的真正用意就在这里。

“三新活动”体现了这一有效性，成了杭州广发业务发展的一个新起点。

不说全面业务的大幅度推进，光作为新的利润增长点的几项新业务，也在效率的氛围中击节突进。

房地产信贷部是刚成立的新部门，当时的总经理斯卫新带领着三四个人，拉起了一支崭新的队伍，迅速展开了住房按揭业务。在不到一个月的时间里，房地产信贷部就办理按揭贷款超过 2 000 万元，存款超过了 1 亿元，成为杭州广发一个崭新的发展亮点。

都说隔行如隔山，做了几十年财务的宝善支行副行长汪美英，这时候却毅然担起了新业务开拓的重任，杭州广发的汽车按揭业务就这样隆重登场了。财务有算计的优势，算计的结果是量化的效率和速度，还有资金的安全性。宝善支行因为汽车按揭业务，一下成了浙江银行同业中的一个明星，在各个银行的汽车按揭贷款不良率普遍超过 15% 的情况下，杭州广发的汽车按揭贷款不良率始终保持在 1% 以下。

广发信用卡业务也在“三新活动”的推动下实现了突破，着实为这一业务提供了新的宣传亮点。信用卡部提出了“新消费主义”的口号，推出“喜洋洋”消费信贷系列，将信用卡业务更加深入到市民生活的方方面面。广发卡于 1999 年率先在浙江推出的特约商户，经过几年的持续积累，形成了 200 多户的规模，并且直接引发了广发卡“发卡的春天”——2001 年，全年发卡 35 221 张，超过了前四年的总量，累计达到了 65 562 张。仅仅四个月的“三新活动”期间，发卡量就相当于 2001 年全年总发卡量的 40%，超过了 2000 年全年的发卡量。

曾在 2000 年贡献过 1 035 万元利润，在其他银行仅仅作为一项辅助业务的票据业务，也在“三新活动”中扮演了重要的角色。票据中心有一句朴实无华的提示：“今天你做票据了吗？”虽然直接改用了当时最著名的一句洗发液的广告词，但是却赋予了新的含义。今天，你，做票据了吗？时间、对象、中心任务都表述到位了，是提示，是监督，更是行动口号。它的真正意义，是把这项辅助业务演化成一项日常业务，做成了整个杭州广发深入全面展开的热门业务。

……

杭州广发人把“三新活动”称为“全民战争”，不仅仅因为它的紧张激烈，也在于它的战线协同。当一线在奋力开拓市场的时候，二线也积极为一线提供保障。当大量的项目短时间内呈报到分行信贷管理部时，这个部门一时因人手紧张，几乎成了业务发展的“瓶颈”。于是，他们马上着手对现有的业务流程进行改进，分流了零风险业务和低风险业务的审批权限，工作岗位也进行了重组和调整，即使这样，有限的人手仍然满足不了业务的爆发式增长，信贷管理部许国荣等审查人员干脆带了铺盖，晚上睡在办公室，工作连轴转，他们说：“为一线提供支持，我们心里高兴。”

一场“全民战争”造就了一个奇迹。2001 年，杭州广发最终实现了货真价实的 10 169 万元的利润，由此跻身浙江股份制商业银行的第一梯队。

同时，在广发总行 2001 年度综合考核中，杭州广发排名第三，首次进入前三甲。

全方位赢利

“三新活动”在提升士气、实现业务突破的同时，更大的收获还在于，它实质上对前期的经营思路作了一次反思与总结，最终形成了杭州广发“全方位赢利”的经营策略。效果是明显的，从 2001 年利润突破 1 亿元大关后，杭州广发的利润以年均增长率超过 70% 的惊人速度快速增长，总资产利润率也在不断提高，2005 年达到了浙江所有银行中最高的 2.4%。

有时候，进展是意想不到的，原本以战术练兵为重点的“三新活动”，却引发了一次战略检讨。因为到了“三新活动”结束的时候，杭州广发的整支队伍，已经有了讨论战略的底气。

于是，对于“全方位赢利”策略，杭州广发形成了自己独到的认识。这个认识是以“四大观点”的方式表达的。

观点一：做合适的业务和客户，掌握议价的主动权。

银行是要有品牌的，银行的品牌代表着它的实力和信誉。对杭州广发来说，他们总行的品牌和规模在全国金融市场上占不了优势，说穿了，总行就是一个弱势银行。那么，他们的唯一出路，只能是“穷人的孩子早当家”。当家，在中国的语境里，意思就是算计和筹谋，就是“一个铜钱掰做两个用”，就是“吃着碗里的，想着锅里的”，就是“打来，骂来，吃亏不来”。两个字：精明。合情合理的精明。

正因为这样，杭州广发如果单凭传统简单的竞争手法，很难在与其他银行的竞争中胜出，特别是在与大企业客户的议价过程中很难获得优势。也因为如此，这个“穷人的孩子”其实早有了筹谋，他们之所以“不克隆一家银行”，现在我们已经不难看出真正的原因：他们不能克隆。他们的母行很弱，他们不是“富人的孩子”，他们是一竿子的买卖，亏不起，他们必须每一次都成功。因为这样，他们就不能像部分银行那样“打一枪换一个地方”，见好就收，杭州广发只能专注于建立自己的客户群。“种芝麻，抱西瓜”，涉足中小企业融资市场，“以中小企业为基础”定位市场的基调，一系列创新金融业务的推出，旨在抢得先机。他们说，为了“更长远的发展”，什么叫更长远？就是为了在中小企业融资市场上，以先发优势拥有与客户进行平等谈判的地位和权利，拥有在这一特定目标客户市场上的利率定价能力。

看准了才能做得好。杭州广发发展的10年中，中小企业贷款金额和中小企业客户数的占比都超过了80%。这一稳定客户群体的培养和建立，使他们的贷款收益平均水平高于同业近0.5%。

观点二：苛刻而又灵活的利率定价管理。

控制银行经营的核心数据是利率，利率是直接决定利润的最关键系数。在国内，大多数商业银行采用的都是利润考核方法，而将利率的定价权下放给支行和一线信贷客户经理。打一个不恰当的比方，利润考核只是“死后验尸”，它无法保证利润的最大化。而利率把握，即杭州广发要采取的，则是“不见兔子不撒鹰”，一个个项目求证利润的最大化。

利润把握和利率把握，在管理的精细化程度上，是两个境界。

我们说过，杭州广发必须精明，精明就是必须用有限的金融资源创造最大的利润价值，因而它就必须牢牢地把握利率。

那么，杭州广发如何做到在利率控制上“不见兔子不撒鹰”？

他们的立足是“苛刻”，方法则是在苛刻的框架中“灵活”。具体的做法分三步：

第一步，采取利率集中定价管理。杭州广发先确定一个标准利率，杭、甬、温三地的支行，在经营中低于标准利率的优惠利率审批都必须由金海腾签字同意。金海腾说："优惠利率审批只能由我本人审批，即使出差也不授权给副行长，而是通过电话或短信进行审批。这样做的目的，完全是为了防止那些没有必要或者带有人情味的利率优惠，我要对整个银行负责。"是的，经营的首长负责制是首长真正负责的表现，因为经营活动是不可逆的，不可能坏了还可以重新来一遍，经营就是经营。

第二步，杭州广发又制定了灵活的利率定价管理制度，以保证支行业务的灵活开拓。他们采取一种"信誉度竞争"，杭州广发每季度都会对支行的利率情况进行分析，排位前三名的支行或经营部门，可以获得下一季度利率审批的豁免权，即支行可以根据自身业务发展需要进行自由定价，就像是"信得过免检单位"，但这种信誉授权并不是终身制的，它只是在一种竞争中动态存在，假如在下一季度的利率比较中，有"豁免权"的支行低于前三名的水平，那么其利率豁免权就自动消失。

第三步，特殊事情绿色通道制。对于下属支行经营中遇到的特殊情况，杭州广发设计了贷款利率绿色通道，即支行对于那些难以满足优惠条件，但业务开展迫切需要以较低利率进行介入的客户，可以采用此方法进行定价，分行会无条件让步。绿色通道是一种备案制度，每个支行每季度拥有四次开通贷款利率绿色通道的权利，也就是说，你可以有限度地"自作主张"，但必须说明做法的充分理由。

在这种既苛刻又灵活的利率管理制度下，杭州广发的利率执行水平明显高于银行同业，贷款利率在基准利率上浮10%以上的笔数占到了贷款总笔数的60.15%，而浙江省内其他股份制商业银行这一指标基本都在40%以下。

观点三：着手当前，着眼未来，注意培养未来的利润增长点。

"全方位赢利"策略在要求专注地作好重点目标市场的深度培养外，还要将业务做得足够"丰满"，不断培养新的利润增长点。

最能说明问题的例子就是信用卡业务。杭州广发从1997年起步，并在2001年率先在银行界实现信用卡业务赢利。正是当时把它作为"未来的利润增长点"，到2006年年底，杭州广发累计发行信用卡达48万张，拥有信用卡特惠商户600多家，已发展成为浙江省的信用卡第一品牌，2006年信用卡业务利润达到了5 670万元。

同类的例子，如在“三新活动”中开办的房产按揭业务和汽车按揭业务，也在杭州广发此后的利润增长中起到了很好的助推作用。另外如2002年起步的个人金融业务、2003年推出的企业财务顾问业务、2004年的资产转让和票据转贴等金融同业业务，这一系列新业务的推出，都成为杭州广发一个个新的利润增长点。

杭州广发作为一家新兴的中小型商业银行，受实力和规模的限制，通常在与大银行正面较量时，会明显地处在弱势地位，因而他们知道，“阵地战”和“消耗战”是他们必须回避的，他们需要通过战略上的领先优势和灵活优势，抢先两步，才可能赢得具有战略意义的领先竞争力。这就是杭州广发提出的“领先两步，步步为赢”的精髓所在。

观点四：集约化管理，严控跑冒滴漏。

增收是创造利润的源泉，节支也是增加利润的途径，杭州广发以各种方式从“角角落落”挖掘利润，聚沙成塔。

银行业的费用开支都有一个误区。每年年初，各总行都会给各个分行下达费用指标，以一定的比例控制费用。“比例控制”是一个有歧义的概念：可以理解为控制在此比例之下，也可以理解为在此比例之内“不花白不花”。而且年度考量，会让下属银行误认为当年的费用不用完，下一年可能就会减下来。对此，杭州广发强调在不影响业务开拓的前提下“能省则省”，所以仅费用节约一项，就相当于每年多创造了几千万元的利润。

“省钱”的最显著做法是曾经提到过的同城支行“费用报账制”，这个做法如同零售业的“同城连锁”，各同城支行所有员工的工资、奖金、福利由分行统一标准考核发放，其他一切费用也都必须经过分行审批。这种集约化的管理模式，使得分行能够全面地掌控成本的支出。

此外，杭州广发定位的中小企业市场的操作模式，也区别于其他银行大中型优质企业的目标客户群，小客户的排场也小，使得杭州广发的费用支出远远低于银行同业。2005年，杭州广发的收入成本比为31.22%，而全国股份制商业银行平均水平为61.4%。2006年，杭州广发的收入成本比更是降到29.59%。

其实控制费用是一个企业文化的问题。何谓文化？即是生存法则，通俗地讲就是“活法”，就是“家风”。家风常常是通过细节来达到和维持的。杭州广发如果以规模来度量，那绝对算是一个四代同堂的“大家族”了。细节的训诲，得由“族长”以身作则。貌似大大咧咧的金海腾深谙治家之道，在一些问题上常常“小题大做”。信用卡免年费，只不过几十元钱，必须行长签字。一个省级分行的行长亲自料理“鸡毛蒜皮”的小事，岂非笑话？

“不。”金海腾说，“行长室只是想表明一种态度，要求每位员工关注每一个细节的增收节支，不涓细流，无以成江河。”

领导带头倡导，是风气形成的开始。分行办公大楼装修，要购买窗帘，办公室将预算方案送行长签字。金海腾觉得总价有点偏高，一看好像不需要这么多窗帘布。于是拿起尺子，一个个窗户量了起来，结果不出所料，窗帘店的老板虚报了近五分之一的长度。办公室的经办人员羞愧难当。

意识是最自觉的原则。现任文三支行副行长的陶洁，1998~1999 年间担任分行营业部联行岗，负责杭州广发与银行同业之间的资金划付。由于“意识”，她发现资金划付的时间先后会影响资金利息收支，于是她认真匡算好每一笔资金划付的最佳时机，硬是比前任每年多节省了 400 万元的利息支出。不算不知道，一算吓一跳。杭州广发 1998 年的利润为 1 305 万元，1999 年的利润也仅为 2 872 万元，由于陶洁的“意识”，她两年所节省的支出，竟占到杭州广发两年利润总和的 19%。

第十章
有效的激励

> 如何进行有效的激励？如何构筑员工发展渠道？如何避免千军万马过独木桥？如何看待指标？如何制订有效的考核方案？

理念的感召在创业的初期是有效的，但当企业的形态正常了，单纯的感召就开始乏力了，激励的问题又提上了议事日程。激励就像饲料，想马跑得快，就得给好草。可是喂快了会噎着，喂慢了又会后劲不足。

杭州广发在三年前为激励员工，实施了全员经理制，打破了中国传统人事制度在科一级上的人数限制，按照杭州广发的职位序列，经理级的下面是经理助理级，进入中间管理层，这时候，中间管理层的岗位数量又一次限制了员工的晋升。

于是，杭州广发选择了提供技能纵深发展的机会。为那些技能水平较高，但尚不具备领导能力的优秀员工，设计了产品经理、客户经理、星级柜员等不同的发展序列。这样一来，一个多元发展的框架形成了。管理岗位员工可以在产品经理的序列上发展，业务岗位员工可以走客户经理序列，临柜员工可以往成为更高星级柜员的方向努力。这些新的发展序列不能提供职务，但它能够使员工随着技能的提高得到应有的回报。

这套特别的指标体系，就在“三新活动”的基础上产生了。

条条大路通罗马

以前，国内银行将从事信贷业务的人称为“信贷员”。这一名称多少表现了银行以自我为中心的设计。计划经济时代的“信贷员”是一个高薪高权力的代名词，企业要想取得贷款，就得想方设法巴结信贷员。在商业银行市场化的过程中，客户的金融需求由单一的存贷需求转变为多种需求，银行的客户关系也由单纯的存贷关系向多重性关系转变。于是，“客户”这一概念就应运而生了。

对于这一变化，杭州广发的反应是建立了“客户经理制”，这并不是他们的发明，这是现代商业银行广泛采用的一种以客户为中心，满足客户需求、营销银行产品、为客户提供一体化、全方位优质服务的经营管理模式。只是需要说明的是，当时国内还很少有银行采用这种模式。

用现在通俗的话来说，“客户经理”就是对某一具体客户进行专人“一条龙”服务的人。客户只要找到杭州广发的某个客户经理，就可以得到全面的金融服务，包括他所需要办理的信贷、本外币结算、各种代理、信息咨询、项目开发、市场调查等一揽子项目。“所有的事都由这个人搞定”，不必再找银行的其他部门。

这是一种完全以客户为中心的设计。

2001 年年初，杭州广发在浙江银行界中第一个全面推行客户经理制。包括所有下属机构的正副行长和业务部门的正副总经理在内的所有外勤业务人员，通过业务和业绩考核划分为四个层次：高级客户经理、一级客户经理、二级客户经理和三级客户经理。

杭州广发要借此实现一种经营思维方式的转变，即从以银行产品为中心转变为以客户需求为中心。为了实施这一制度，杭州广发改变了业务人员的结构方式，以 3~4 个客户经理组成一个团队对外开展业务。而且这一机制的一个重要措施是，所有的行长、副行长和业务部门的老总们，都必须作为高级客户经理出任团队长，带领信贷人员开拓业务。

创新制度的客车把所有人都带进了业务拓展的快车道，行长也是客户经理。

制度刚宣布，行内一片哗然。据理力争、坚决抵制者有之，默不作声、冷眼旁观者有之，但更多的还是跃跃欲试、赞同拥护者。

反对的意见是有道理的。因为客户经理制势必打破过去的管理架构，他们担心已经建立起来的管理秩序因此混乱。对于已成的秩序，行长室看到更多的是把管理者捆绑在写字台前的情形，形成了能说不能动的“文官机制”。而在当时，杭州广发需要的是孤胆深入的尖兵班长，是一大批在客户竞争中能刺刀见红的突击队员。

客户经理制就在全行认识并不一致的情况下推行了，只有行长室的认识是非常一致的。

新制度整合了队伍，每个员工都能在业务拓展的团队中找到自己的位置，发挥自己的比较优势。业务拓展能力强的，尽可以放心大胆地开辟市场，是团队的“长机”；而拓展能力相对较弱的，就重点做好后勤保障工作，控制住风险，是团队的“僚机”。杭州广发的“战斗机群”就可以一批批起飞了。

优秀的客户经理从日常繁杂的事务中解脱出来，带着市场营销的尖刀班杀出重围，人尽其才。一大批中层“文官”到了业务的第一线，业务人员的力量获得了显著的改变，工作接触面更加宽阔，业务量明显增加。

这是生产力的解放。

当初谁也没有料到，这个机制竟然让杭州广发的各项业务指标，特别是利润指标，以近乎每年翻番的惊人速度增长，连当初的反对者也不由得感叹道：“真是翻天覆地。”

如果说客户经理制培养的是敢打硬仗的尖刀班，那么星级柜员制则造就了一支坚强的后勤保障队伍。它以本外币会计、出纳、储蓄业务的员工组成，从服务质量、专业技能水平、差错率、业务水平和工作态度等五个方面，按年度综合考核结果划分为五个星级，星级的评定与收入直接挂钩。这样一来，“内当家”们坐不住了，行内也热气腾腾地开展了“大练兵”。

能跑外的冲向了外线，能镇内的镇住了内部，留下一批不擅长带兵打仗却在技术上有专攻的人，他们怎么办？

2003 年，杭州广发又创设了产品经理制，从纯业务和技术的角度推出了一级产品经理、副总工程师等一系列技术方面的职务，这让那些默默无闻，但在技术领域里学有专长、悉心贡献的员工，也有了实现自身抱负的舞台。

机制仅仅只是手段，重要的是杭州广发通过这些用人机制的有效运行，营造出了一种“百花齐放、百家争鸣”的工作氛围，一种员工成长的生态环境。

这正是杭州广发的用人之道。

赚明天的钱

通过“三新活动”实现利润上亿元，使杭州广发有了厚实的家底，于是，他们在完善员工薪酬机制上又进行了创新。

2002 年年初，杭州广发在国内银行中第一个推出了“远期工薪制”。

按照这一机制，杭州广发按月为员工提取当期不兑现而在工作满 5 年后支取的薪水，这使员工们在取得当期的工资、奖金和福利之外，又获得了一份远期收入。

“期薪”的某些功能类似于期权。国际上期权薪酬制已经是普遍的薪酬制度，企业通过给员工期权，将员工的收入与企业的发展捆绑在一起，成为留住人才的一种常见手段。然而国内银行尚未实行。

国内没有实行的，就不能试试吗？

杭州广发这就试上了。杭州广发的远期工薪制是有条件的期薪制。它要求每位员工每两年必须获得一次“广发理念奖”或“广发理念表扬奖”，才可以获得这两年的期薪，这就增加了期薪的激励作用。

好的机制总能带来综合的效应。杭州广发规定，假如员工因道德原因犯错，他就将失去此前积累的所有期薪，这大大增加了员工们的犯错成本，相应也就降低了员工道德犯错的动机。杭州广发在建行 10 年的时间里，从未因员工的道德风险而产生过损失，其中未遂事件也仅有两起。这里面，远期工薪制发挥的作用是不可小视的。

期薪的额度如何与整个银行的经营业绩挂钩？很简单，杭州广发设计的期薪总额度是动态的，它根据全行每年的利润来确定下一年度的期薪额度。这样，员工的个体利益与全行的整体利益就紧密地捆绑在一起了。

金海腾说：“杭州广发的核心团队比较稳定，中层干部基本上每年至多流失一个，这在浙江的银行中是很不多见的。期薪大大增加了他们的跳槽成本，因为假如他们离开了广发，他们所累积的期薪余额就将会全部取消。”

支行是尖刀班，任务是双百分

还记得建行之初金海腾老是“旧瓶装新酒”吗？有时候，一个老掉牙的方法，如果注入新的因素，就能化腐朽为神奇。

杭州广发的“双百分”就是又一个经典。

随着杭州广发营业网点的增加、业务的扩大和管理经验的积累，2001 年上半年，分行以原有的“滚动发展计划”为基础，推出了“双百分考核”办法。如果说 1998 年推出的“滚动发展计划”注重的是对目标的考核，那么“双百分”则更注重于目标和质量的完美结合。

何为“双百分”？简单地说，就是为工作目标和工作质量各制定一百分的指标，然后考核。可以说这种做法是毫无新意的，从生产队评工分，到车间记考勤，中国人的量化考核弄了多少年了。但杭州广发的立意不在旧瓶，而在新酒。

杭州广发的“双百分考核”，将工作目标指标和工作质量指标各以百分制设定，有意思的是以下的计算公式：两者得分的乘积，为当期被考核单位的工作业绩得分。请注意如下的数学等式：

$$A=BC\ (B\geqslant 0,\ C\geqslant 0)$$

如此简单的等式能说明什么呢？请注意如下三种情况：当B为常量，C为变量时，A的值取决于C的变化，A与C成正比；同理，当C为常量，B为变量时，A的值取决于B的变化，A与B成正比。如果B和C都为变量时，每一个变量的大小，都将直接决定A值的大小。只有当B和C都尽量地大时，A值才会更大。

什么意思？在杭州广发的算式里，A是一个支行最后的考核得分，它既取决于对工作目标指标B的评价，也取决于对工作质量指标C的评价。妙用之处就在乘积：目标完成再好，如果质量不好，得分也不高；反之，质量很好，而目标完成少了，最后得分还是不高。

都说数量和质量是一对矛盾，这不，杭州广发把它统一了。用乘的方法统一。

双百分的魔力还在于它的乘数效应。由于最后的得分是工作目标指标得分和工作质量指标得分的乘积，这就使得双百分能够放大激励，也能放大惩罚，使得好的更好，差的更差，从而从制度上激励支行和部门更全面地去做好这两项工作。

这是对量化管理的升华。

目标指标一百分的覆盖面很广，指标的子项及其具体分值，反映各阶段业务发展的重点，使指标真正成为“令旗”和“令箭”，起到引导发展和调节业务的全面性与均衡性的法宝作用。同样，质量指标也包括资产质量、工作质量、结果质量、服务质量、遵章守制等内容，或者以通俗的理解，这更偏向于平时不做计量的“软件”部分，这是以往考核中所没有的。质量考核的实行，规避了各支行和业务部门因盲目扩张业务、抢占市场而造成的忽视风险控制和违规操作现象的产生。

简言之，双百分考核使员工树立起“质量并重”的意识，也让支行真正学会了两条腿走路。

绝大多数银行都采用对支行考核利润的模式。金海腾说：“对支行考核利润是反动的。”为什么？杭州广发认为，在银行的实际经营中，一个支行也好，一个部门也好，都会根据自己的所长偏重某一方面，或抓大放小，或抓小放大，或暴饮暴食，或饥寒交迫，缺少系统，缺少全面。当所擅长的那一块业务畸形、萎缩的时候，这个支行、这个部门也就完结了。

利润考核太直取本质，常常导致杀鸡取卵。

“商业银行的业务经营范围非常广泛，银行打造金融超市是一个趋势，要既能做到特色经营又能为客户提供全方位的服务。”金海腾解释说，“利润是经营的最终结果，假如简单地以利润作为考核指标去考核，那么很可能会产生支行为了利润，而去选择性经营，就会造成整个行经营的不平衡。比如，如果以利润考核，信用卡业务在初期是不赚钱的，那么就没有支行愿意去做信用卡了。”

杭州广发要在经营的业务品种上，采取全赢的策略。

这就奇怪了。所有企业都在追求利润的最大化，为何杭州广发不强调利润？

其实，双百分考核是一种对过程式指标的考核，其设定的目标指标为银行的各种业务，虽然并不是直接的利润指标，但假如各项过程指标都完成好了，产生利润就是自然而然的结果。

让利润成为必然的结果，工夫就下在耕耘上。

这就让我们想到了另一个问题。利润考核本身就是改革的产物，因为改革放权，有人提出上级企业应该抓根本，根本就是赢利，于是有了利润考核。当时就有人指出，只有放权，没有统筹调控，会陷入无管理状态。但如何统筹和调控？人们对计划经济心有余悸，不敢调控。这是不懂辩证法。

杭州广发的过程式考核，在选择指标内容时有了更大的余地。他们可以兼顾近期赢利和长远发展。这就是统筹调控。统筹调控的结果，是以目标一百分和质量一百分为核心的“双百分”考核指标体系，并不是一个以利润为导向的“结果式管理”考核体系。

有趣的“反常”还在被杭州广发不断地创造出来。对支行不考核利润，但对分行内设部门却坚持考核利润。分行内设的专业经营部门，比如票据中心、信用卡部、国际业务部等专业经营部门，杭州广发采取了利润考核的方式，这是什么意思？杭州广发解释说，这是为了强化部门所属的各专业线的赢利能力，因为他们主要承担的是为杭州广发全辖内拓宽利润增长点的重任。

就这样，杭州广发在业务经营中构建了一个饱满的、极具层次感的业务发展节奏，造就了远远领先于浙江省内银行同业的赢利能力。请看：不采用利润考核管理的杭州广发，利润由2000年的5 458万元，到2001年的1.07亿元，到2002年的1.68亿元，到2003年的3.12亿元，到2004年的5.47亿元，再到2005年的8.17亿元和2006年的10.02亿元，利润始终在快速地增长。2005年2.54%的总资产利润率，高居浙江银行业的首位。

成功者，自有其独到之处。

"指标的激励"和"激励的指标"

如何制定指标？这是任何企业管理都无法绕过去的事情。指标的意义在于保障经营的可控制性，并在可控制的范围内达到激励的效果。可控制与激励，正是管理的两个核心命题。

杭州广发在刚推出"三新活动"的时候，行长室提出的一个控制性目标是"一亿利润"，许多人以为是不可能的，但结果1.07亿元利润的事实，却让人不得不佩服行长室决策的先见性。因为在行长室看来，它是可控的。

到底"指标"有何奥妙？

正如我们前面提及的，杭州广发是一家思考着的银行，因而他们在管理上有一个很好的传统，那就是经常作一些"务虚"讨论。务虚是思想的交流和交锋，它不以统一思想为出发点，却为统一思想做出破题。

2002年年初，金海腾在杭州广发务虚会上的一番话，解构了自己对指标的理解。

> 如果一个行长对整个大局把握不住的话，全行发展的战略意图就无从体现，指标也就变得毫无意义。要用发展的眼光看自己，用指标激励自己，这样你才会对整个大局了如指掌，才能积极地去把握整个行的发展趋势。
>
> "伟大的力量来自伟大的目标"，指标，从某种意义上讲，就是令旗、令箭。
>
> 目前，我行的市场占比不足1%，成立至今也不过四年半的时间，我们用一年的时间就干完了别人可能需要两年甚至三年才能完成的工作。我们没有时间的框框，也没有经验数据的束缚，过去那种基数确定法已经不能作为我们确定指标的唯一标准。
>
> 我们确定指标的标准如下：

1. 指标的可比性较差，与时间的相关度较低。

发展的不均衡性以及把握市场的成功与否，都会使各种结果变得大相径庭。特别是在导致指标值发生较大变化的过程中，时间将变得越来越不重要。中国民生银行和福建兴业银行是最晚落户杭州的银行，前者比后者早成立半年，存款反而落后，两者之间没有可比性；华夏银行早于我们三年开业，目前市场占比仅比我们高出不足0.1%。同行都认为广发在不久的将来超过华夏是一个不争的事实，那么这三年又有什么关系。因此，在银行业做你该做的，不要用别人的发展状况来制订自己的指标计划，这才不会委屈自己，也才不会失去机遇，而机遇在市场化时代是稍纵即逝的。

2. 指标确定的自由度较大。

历史的可参考性不应该束缚我们发展阶段中的目标确定。以我们的同城支行为例，相互之间就缺乏可比性。清泰支行作为我们的第一家支行，起到了冲锋陷阵的作用，为后来的支行试验铺平道路，避免了走弯路。如果仅看发展轨迹就断定孰快孰慢的话，显然是不公平的。拿清泰支行的历史数据来确定其他支行的指标，更加不公平。

3. 某一阶段的“滞胀”不能作为进行发展的基数。

杭州广发开业第一年，存款仅4个亿，而仅比我们早开业三个月的招商银行却有7个亿。而之后的两年多时间，我们的存款都一直领先于招商银行。发展速度的不均衡性，以及某一阶段的滞胀，不能成为我们确定指标的依据，偶然的落后更不能成为我们泄气的理由。我们要走自己的路，也要在偶然性中分析和提炼它的必然性，这样才能始终保持前进。

4. 正确估计广发员工满腔的工作热情。

这一点我相信大家都很自信。四年多的广发理念教育和坚持市场化，造就了一支可敬可爱的员工队伍，对于他们的工作，我们要给予正确的评价和激励。因此，指标体系的确立，应该是能够最大可能地调动每一个支行、每一个员工，为广发事业、为自己的明天而奋斗的积极性，自我加压，体现广发员工的潜力和能力。

金海腾说这段话的时候，中国的管理界都正在大力提倡“量化”的科学性，强调发展的线性规律，即有规律的持续性。幸好当时已经不再批判唯心主义，要不然，这段话正是一段经典的“先验论”。不是吗？历史的经验不足为凭，别人的样板不足为凭，客观的事实不足为凭，那么凭什么？就凭行长的先知先觉。这说得通吗？

说得通。在杭州广发，大家都认同了金海腾的这段话，认同的原因就是“实践是检验真理的唯一标准”。

金海腾把指标定义为一种伟大的自我激励，他相信蕴藏在群众中未经解放的伟大力量。

用一句老套的话来说，人的因素第一。这就是“三新活动”的真正意义。

于是，他继续说：

> 指标的确定与实施的过程，充分体现了全局与局部的关系。指标构成了全局的方向，最终由局部形成了浩浩荡荡之势。这正是我们指标形成的战略意义。
>
> 我们所设定的指标是杭州广发的形象发展需要。银行的规模大小和效益好坏还决定了我行在当地的形象，并成为广发在浙江形象的缩影，这对一家银行来讲是至关重要的。所以，我们要加快业务发展，特别是今年四季度的“三新活动”，提出利润创一个亿，当时有些同志不理解，要那么多利润干什么，但这就是提升广发行形象的需要，从更高意义上讲这是政治的需要。

传统意义上，很多银行都有一个计划部门负责制订下一个阶段、下一个年度的发展计划和考核指标。而在杭州广发，设计指标的就是金海腾自己。他曾经是牡丹江供销社的优秀统计员，所做的报表曾成为黑龙江省统计系统的范本。至今，他还保持着每天自己亲自作统计的习惯。他将分行以及各个分支机构一些主要的业务数据做成一个特有的报表，对于分行各项业务的发展情况了然于胸。他说：“一个企业的管理者要能够正确地把握企业在每个阶段的发展脉搏，这不是一蹴而就的，需要日常经营数据的积累，要能够解读数据背后的现实情况。”

在数字化时代来临的前夕，一个行长首先把自己的思维给数字化了。

在指标考核中有一种现象叫“鞭打快牛”，就是说，你业绩做得越好，指标完成得越好，那么你下一个阶段的指标也就会越高，于是做得越好也就将做得越累。这是计划经济时代不公平的考核办法，吃的是大锅饭。

杭州广发也理直气壮地倡导“鞭打快牛”，但他们做的是“鞭打快牛，还要给吃巧克力”，也就是说“鞭打快牛”，但快牛吃得比慢牛好。对此，金海腾有过如下解释。

> 我行倡导的是舞台论，我们的“鞭打快牛”主要是指尽最大的可能发挥潜在的优势。我们的“鞭打快牛”是有原则的：
>
> 1. “鞭打快牛”必须要有合理的机制。
>
> 目前我行实行的“双百分考核”机制，以人民币存款规模决定奖金基数，以其他业务的综合得分决定乘数，我们的奖金是开放的，你做多少就能够得到多少，体现的是多劳多得。在这种机制下，有可以利用的优势为什么不尽可能地去发挥呢？
>
> 2. 寸有所长，尺有所短，扬长避短，承担责任。
>
> 我们各家支行的各项业务发展都有先后，各有优势。比如，温州支行和宁波支行，一个是人民币业务增长得快，一个是国际业务发展得好，那么我们在制定指标时就要各有侧重，引导他们更好地发挥自己的优势，为分行承担力所能及的责任。
>
> 3. 不封顶的政策。
>
> 我们在有些指标的设置上，如中间业务、票据业务等，主要是以赢利为中心。指标超额完成，得分上不封顶，鼓励员工多创利润，这也是一种考核的手段。
>
> 4. 分行仍然承担对员工的业绩奖励。
>
> 目前我行的机制导向，有利于让大家吃上头一口草，而不是让我们的快牛吃不到草。像国际部、房信部等部门，本身没有基数，谁都有可能拔得头筹。
>
> 5. 我们的机制不允许有慢牛。
>
> 竞争的激烈和无情，容不得慢牛的存在，没有慢牛也就无所谓“鞭打快牛”，只能说是寸有所长，尺有所短；对于快牛，我们不仅要“鞭打”，而且还要给他吃巧克力！

消灭慢牛，就不需要“鞭打快牛”，何况各条牛都在向各自的维度上跑，金海腾说，没有可比性。

承认没有可比性，才是真正的实事求是。

挑动群众赛群众

目标需要执行才能实现，在督促目标执行上，杭州广发致力于营造一个良性的竞争环境，以此来激励员工们达成目标。中国的语言很丰富，竞争在良性的范围内叫竞赛。金海腾说，领导艺术就是挑动群众赛群众。

华山论剑，打得昏天黑地，金庸说，那不叫打，叫论。多斯文。

竞争的前提就是不平衡。金海腾说："我们需要各个支行、部门之间形成发展上的差异，有了差异才能产生发展上的你追我赶。"

是的，有电势差才能产生电流，有水位差才能形成瀑布。经营不需要整齐划一，邓小平理论放之四海皆准：让一部分人先富起来。有先富，才有后追。

创造差异，就是创造相生相克的局面，只有相生相克，才形成整体的和谐。没有生克，绝不是和谐，只是死水一潭。

有意思的是，杭州广发不但承认差异及由此产生的嫉妒，而且提倡"西方式的嫉妒"，反对"东方式的嫉妒"。怎么讲？西方式的嫉妒就是以提高自己来超越别人，把别人的领先作为激励自己的动力；而东方式的嫉妒则是以踩低别人来抬高自己，把别人的成功作为自己不满的因素。

他们很明白，利益是嫉妒的根源。所以，杭州广发从利益分配机制上保证了他们的嫉妒是西方式的而非东方式的。奖金是开放式的，只有水涨船高，不搞总量控制。这样就不会因为某一个支行、某一个员工拿得多了，另外的人就得少拿。因为他们的奖金是"大河涨水小河满"，收入的多寡完全取决于自身的努力。

不可计量的部门，又如何计量奖金？杭州广发规定，二线管理部门奖金的确定标准是一线支行、经营部门奖金的平均值。也就是说，只有一线拿得多了，二线才能水涨船高。这样一来，二线为一线服务就有了最基础的良性利益驱动，避免了很多二线与一线之间互相扯皮的现象发生。

杭州广发就是要挑起群众内部的良性斗争。在"双百分考核"体制下，严密的过程式考核保证了杭州广发各个支行之间的发展都是相对平衡的，不会因为规模的差距过大，而产生分配上的悬殊。

有个案为例。2005年，在"超级女声"红遍中国的同时，"PK"也成了点击率颇高的词汇。杭州广发也将PK机制引入了支行激励当中。他们将每两个发展规模相当的支行组成一对PK对手，各自进行业务竞赛。假如一家支行在"双百分考核”中分数高于PK对手，那么这家支行将获得原有考核体系外的一份额外奖金。这就促使支行在完成原有考核指标之外，尽力去PK对手。湖墅支行行长岑淼说：“PK能让我们更认真地去分析其他支行的经营管理，比较自己与他们的优劣，找到差距，并能够激发我们更好地努力。”

一个有效的考核指标能使局部去关注全局的发展。杭州广发的考核体系中，有一项贡献度考核，以某个支行的某个业务在全分行该业务中的占比，来衡量贡献度。贡献度考核既能使各支行都认真了解分析全行的发展情况，也能平抑考核中的增长性指标对于一些成立较早、规模较大的支行的不合理性。

从平衡到不平衡再到平衡，否定之否定，杭州广发的管理走向了哲学的层面。

第十一章
职业化教育

如何培养员工的职业精神？何以形成“工行的网点，招商的科技，广发的人”？如何规划员工职业生涯？

中国人事制度改革后的生动局面，不仅仅是大浪淘沙。从1997年开始，广发每年都会“吐故纳新”。读书热、出国热、择业热、跳槽热……热烈的表层是浮躁，浮躁的背后不仅仅是价值观的碰撞，还有莫名的心态波动。

浪淘沙，沙淘浪。运动是绝对的。

行长室分析了这一事实。虽然运动是绝对的，但应该有相对的静止。

“我们的员工，需要职业化的训练。”金海腾一针见血。

于是，杭州广发提出了员工的“职业化”理念。

什么是职业化？这个当时国外非常通俗的概念，对中国人来说却十分陌生。

职业化嘛，报上不是在说中国足球职业化了。职业化了的中国足球，除了在2002年日韩世界杯上“潇洒走一回”外，似乎并没有太大的起色。有人说，中国足球的职业化，只是将“年薪”职业化了。

那么杭州广发提出的职业化又是一个怎样的理念呢？

为张慧珍喝彩

有时候，形象能比理论诠释得更明晰。

员工们狐疑地问：“职业化离我们有多远？”行长室回答道：“职业化就在我们身边，你们看看张慧珍，她就是我们职业化的代表。”

张慧珍，广发杭州分行营业部的信贷员，也是杭州广发最优秀的客户经理，当时她的日均存款数近2亿元，贷记卡、国际结算量等业务也在全行名列前茅。她曾经在一个星期内做了三个大项目，经评审全部通过。她在客户的心目中，树起了广发“优质高效”的企业形象。

与张慧珍接触过的人都知道，她为项目付出了很多。她是带着感情开展每一个项目的，不是吗？有时候她会和信贷管理部争得面红耳赤，甚至热泪盈眶。但即使她带着低沉的情绪到企业去，只要一与老总接触，张慧珍就会一扫进门前的忧伤，满面春风侃侃而谈，迅速融入银企间的交流之中。争论的沮丧没有了，劳累后的疲惫感没有了，又是一副不达目的誓不罢休的架势。节假日大家都去探亲访友，张慧珍却还在走访客户，她说：“要利用可利用的每一天。”

一个仿佛在金融业务中走火入魔的人。

金海腾在杭州广发员工大会上作了专题发言，发言题目就叫《为张慧珍喝彩》。

“张慧珍有一句话，‘我吃广发的饭，我就得为广发干事’。多朴实的一句话，可是我们仔细地掂量掂量，这句话里包含了什么？同志们，这里面包含了很多很多。敬业不二，专注、认真地去做事，高度的责任心，履行岗位赋予自己的使命，不达目的誓不罢休等等，我们都能细细地咀嚼到。这不是职业化又是什么？”

他接着说：“我们能不能为张慧珍喝彩，敢不敢为她喝彩？这就是检验我们对于职业化理解的试金石。”

虽然他并没有用理论为职业化下一个定义，但是人们都已经理解了这个概念。

张慧珍为杭州广发的职业化教育树立了一个参照的样板。一时间，人们开始议论职业化的话题。

——职业化，首先要求每一位员工敬业爱岗，专注、用心，把本职岗位的工作做得最好。

——职业化，是建立在专业化基础上的职业化。银行业务是专业性很强的业务，要求业务精湛，技术全面，专业、敬业。

——职业化，要求在工作中讲究方法，要想方设法，达到工作目标。消极等待，被动防守，不是挨打，就是原地踏步。

——职业化，要求有团队精神。一个人的力量是很有限的，只有团队合作，握紧拳头，才能重拳出击。

——职业化，要求有开拓的精神。杭州广发要做到“不克隆一家银行”，没有开拓精神，谈何创新？

——职业化，还要求员工对广发事业忠诚，要有维护组织的自觉性和荣誉感。

又是一场无形的大讨论，讨论的结果，形成了杭州广发人职业化的六个标准。

这场讨论，对杭州广发员工的心理产生了一个很微妙的变化。这个变化来源于一组概念的重新排列组合。这组概念，就是“员工—工作—职业—岗位—职责”。

我们并不希望玩逻辑游戏，但事实确实如此。在以往的概念组合中，“员工”求业的结果是获得一份客观的“工作”，这个“工作”表现为一个具体的“岗位”，岗位的客观要求就是“责任”。所谓跳槽，就是离开“岗位”，于是也就离开了“责任”，他虽然失去了“工作”，也因此不必有“责任”，他可以轻松地再去寻找，直到某一天，“员工”又寻到一份客观的“工作”，一个新的逻辑循环又开始了。

这种就业姿态，永远不会产生“张慧珍”。

职业化概念的建立，把原有的逻辑打乱了，它将上述概念作了新的排列组合。首先，“员工”每天从事的是一项“职业”，而不是简单的“工作”，“职业”把“员工”从自然人变成了社会人，变成了一个“工作”者。因此，“职业”就是一个员工的社会价值。这个价值在一个“岗位”的平台上得以发挥，它的结果是“员工”表现出一种“责任”，这一“责任”就是员工价值的有形表现。因此，没有责任的员工是没有价值的员工，他因为不称职而无法很好地“工作”，也可能因此失去“职业”。一个失去“职业”属性的人只是一份廉价的劳动力，这就是为什么有些人老是跳槽从而老是不能安定，最终无法体现价值的原因。

职业化对于员工，就相当于武林中的武功，而责任会将这一武功锤炼得炉火纯青。因此，职业化程度越高，你就武功越高，也就可以纵横江湖。

职业化的六个条件，表达的就是这样一个原理。

有人说，人是理性的动物。人是理性的，这是毋庸置疑的，由于理性的建立，人的行为就发生了变化。

杭州广发因此涌现出许许多多的职业经理人。

庆春支行行长王永刚就是其中的一位。作为一名客户经理，他为企业度身定做金融产品，天南海北地奔赴在市场开拓的第一线。在他的带领下，庆春支行曾一度创造了杭州广发的支行最快发展速度——“庆春速度”，并且在2003年被广发总行评为“明星支行”。王永刚还培养出了像现中山分行副行长斯伟波、西湖支行行长斯卫新、宝善支行行长陈晓文等一大批优秀的客户经理。一个支行的行长可以“孵化”出如此多的支行行长，这是奇观。其中的奥秘，就是他的职业精神和职业标准的传播。培养，正是一种职业化要求与技术的传播。

把信送给加西亚

一本名为《致加西亚的信》的书，在2003年成为经济管理界的热销书。书中主人公安德鲁 · 罗文中尉有着绝对的勇气和不屈不挠的精神，他只身一人想方设法秘密登陆古巴岛，把信送到了加西亚将军手中。在书中，“送信”变成了一种具有象征意义的东西，变成了一种对职守的忠诚，一种承诺，一种敬业、服从和荣誉的象征。

对于杭州广发来说，这本书出版得太是时候了。他们立刻把它定为员工职业化教育的补充教材，人手一本，并组织学习讨论。

空谈无用，员工教育要与实际工作紧密结合。

在“三新活动”中尝到甜头后，行长室决定再次开展有关职业化的业务竞赛，活动名称就定为“把信送给加西亚”。

安德鲁 · 罗文的故事，让员工们体会到了职业化竞赛的内涵。

如果说“三新活动”中的员工们还是在一个宏大目标的压力下被动地完成行长室下达的任务的话，那么“把信送给加西亚”活动，则重在员工自我加压，主动提出自己新的目标。

余杭支行的吴立敏当时写下了这么一段文字：

> 8月31日，我们吹响了“把信送给加西亚”的冲锋号。一个任务就是一封信，一位员工就要承担一份责任。每一个人都是杭州广发的安德鲁 · 罗文，没有停留，没有迟疑，没有推诿，有的只是把信送给加西亚的决心和信心。起早、加班，再起早、再加班，眼睛红了，腿酸了，换来的是存款的不断上升。9月11日支行存款5.6亿元，9月24日飞跃为6.2亿元。望着跃升的阿拉伯数字，员工们脸上的笑意浓了，脚步也轻了。

《致加西亚的信》对于杭州广发的员工，相当于50年前的《钢铁是怎样炼成的》。这是文化具象的力量，是“第三方”说服力的力量。

这种借助外力推动内力的事情何乐而不为？此后，杭州广发又陆续选择了《没有任何借口》、《谁动了我的奶酪》、《自动自发》、《忠诚胜于能力》等优秀的畅销书组织全员学习。这些书，都是当时最畅销、最流行的管理类书籍，其中既有管理理念，更有励志作用。意想不到的效果是，通过这些书籍，员工们很快就了解了行长室的用意，比起老套路的动员报告，员工们觉得更有新鲜感。

相对于抽象倡导“学习型企业”，杭州广发显然实在得多。实际上，庞大的团队需要统一的语境。企业组织员工同读一本书，其结果不但促使了共同语境的形成，而且创造了许多公共话题，书中的好多观念一下子成了员工的流行语。听听杭州广发那些员工，不经意间说出的，都是“没有任何借口”、“自动自发”、“忠诚胜于能力”……这些字眼的背后，是一种深深印在他们心坎里的职业精神。

职业生涯规划

有人说，这是一个“个人”的时代。员工与职业的关系，即是“个人”与“发展空间”的关系。当发展空间与个人的命运紧密连接的时候，“职业”才完成“人与事的合一”。

不必讨论这一理论在哲学层面上的成立与否，它对杭州广发的启示则是，职业化可以理解成上述“合一”的时间效果，当这种“人事合一”的境界在时间的流程中展开以后，就成为员工的“职业生涯”。因此，职业化精神的培养，必须与员工未来职业发展轨迹的设计相结合，2003 年，杭州广发推出了“职业生涯规划”的活动。

杭州广发首先把“职业生涯规划”做成了一个正式的课题，认真制定了一份很专业的《职业分析表》，包括职业素养和职业倾向的自我分析，以及由纵向发展和横向发展构成的职业规划框架，纵向发展包括职位的提升、收入的增加等等，横向发展则是工作范围的扩大，多种技能的培育。纵与横的结合，则是实现的途径。

新兴的银行大多以高学历的年轻员工为主，他们的思维已经被现代管理理论格式化了，他们喜欢这种格式化的思维方式。

行长室让中层干部和每一位员工都参照《职业分析表》进行自我规划。杭州广发倡导的是“舞台论”，分析表就是一个很好的虚拟舞台。你想怎么表演，你自已说。这相当于升学考试后的“填志愿”，只是把它更具体化了。

“职业生涯规划”都认真地向杭州广发总部汇集。

对总部来说，这是一份再好不过的人力资源调查表，也是对于员工思想状况最好的问卷调查。

管理上的许多做法其实没什么新意，关键在于用对方法。

用对方法，前提是管理者与被管理者之间不能“捉迷藏”。如果你“从实招了”，我就可以“依实来判”。

根据需要与可能，杭州广发开始量才录用，对症下药。

方法都是常规的。比如轮岗，现在注入了“职业生涯”这个要素，用到了员工的“横向职业发展空间”上，这就有了常规轮岗、跨专业轮岗、核心人员轮岗等方式。要不然，轮岗就可能会把人轮得心惊肉跳，以为哪个地方做错了，被领导“开路”了。

常规轮岗是指在同类岗位之间互相轮换，比如规定支行财会经理每两年必须进行轮岗，由于各个支行的业务品种不尽相同，轮岗就能使财会经理们的工作经验和技能得到丰富和提高。跨专业轮岗是让员工在不同的岗位之间进行轮换，杭州广发的很多客户经理原来都是临柜的会计人员，轮岗使他们一专多能。核心人员的轮岗，则主要体现为中层干部的轮岗，让他们面对更多的实务案例，这使轮岗成了现实的MBA，许多人在频繁的轮岗中成了“全业务”的高手。现任清泰支行行长朱慧娣，曾经经历了9个岗位的轮岗，庆春支行行长梁华则经历了10个岗位的轮岗。多岗位多专业的经验使中层干部们具备了更强的业务经营和管理能力，成为能够独当一面的高级管理人才。说白了，在任何时候，这些高手派出去就能担任支行的行长。

现代管理学十分重视人才的培养和储备，然而难度就在于“空对空”培养不出真正的高手，而蓄养着一批暂时用不上的“储备人才”，企业花不起这笔冤枉钱，且大环境日新月异，“储备人才”们只说不练，最后也会“武功尽废”。

杭州广发在使用中培养，在培养中储备。一时用不上，可以继续轮岗，继续磨炼，啥时候需要建立一个新的支行，拉出来就是一支配套健全的队伍。

金海腾说：“我们在每一个岗位上常常都会备有多个候选，避免每一个岗位上的人变成‘独一无二’，这既可以应对人员流失时的紧急情况，也可以使每个员工不会因为现有岗位的束缚而得不到更大的发展空间。”

有案可鉴。杭州广发在2003年、2004年连续派出两个管理团队接管了广州分行麾下经营不善的佛山分行和中山分行，派出的人都是在其岗位上做得最优秀的，但这些优秀人才的派出，丝毫没有影响杭州广发的发展。

“职业生涯规划”为杭州广发创造了许多在其他银行看来不可思议的用人奇迹。

——胡超镛，庆春支行的普通临柜会计员，他为自己规划了从人民币会计到外汇会计再到外汇财会经理的职业发展线路。根据他的条件和才能，分行认为他的设计是合理的，于是被调到了国际业务部从事外汇会计工作，两年后，他成了国际业务会计组的主管。

——何薇，中专毕业进入杭州广发，当时只是一名普通的行政秘书，两年多的“按规划线路”磨炼，成了分行信贷管理综合岗副经理级的骨干员工。

当然，“自我规划”免不了有些不自量力，甚至“狂妄自大”的员工，杭州广发总是用包容之心来对待，对于那些难以在自己岗位上做出成绩的员工，行长室总是尽可能给他们新的岗位、新的机会，帮助他们去寻找自己的定位。

尽量帮助员工实现职业生涯的设计，是杭州广发的一项重要工作。

然而，企业若想发展，员工的优胜劣汰总是不可避免的。很多企业在胜汰的运作中，常常把末位淘汰制当做一种很科学的竞争机制。杭州广发却认为，末位淘汰制是反动的。

听听金海腾怎么说：“我觉得末位淘汰制并不合理，假如每一位员工都是尽心尽力工作的，那么即使是排名最后的员工也不应该被淘汰。而且如何评出末位的人，这个评分标准很难界定，很可能整个评分过程就是一张滋生不公平的温床。在国内，末位淘汰制往往会被异化，变成了领导推卸责任的借口。”

反对末位淘汰制的杭州广发，并不是没有淘汰机制。

杭州广发选择的是行长室直接进行考评的方式，对于那些不符合广发理念或者工作能力实在跟不上业务发展的员工，行长室会直接“请你下车”。

杭州广发某部门的一位总经理助理，由于在2005年工作表现较差，在年底的中层干部述职会之前，他就被行长室直接降职，连参加述职考评的机会都没有。“何必假惺惺地让他去走完中层考评的全部程序呢？”金海腾说，“‘请他下车’的决定已经在此之前作出了，再去折腾他那是不道德的。”

另一位中层干部，连续三年考评排名最后，都没有被行长室降职，因为他确实在努力，只是业绩没有其他人好。在2006年，他的业绩提升了，但由于没有遵守广发理念，给支行造成了较坏的影响，所以被直接降职。

对于人的使用，其实是很难量化考核的，决定能不能使用的，不仅仅是被使用者的素质和能力，还有使用者的意愿。就像经营中的行情判断，计算机都帮不上忙。那么就别折腾了，行长室直接操作。

行长室是杭州广发发展的第一责任人，他们有如何用人的权力。

不可或缺的人

2004年7月，杭州广发举办一次“不可或缺的人”评选，这个评选可以说是三年多职业化教育的一次总结，也是对员工进行的一次“广发理念”再教育。

何为“不可或缺的人”？

杭州广发对此的定义是：“不可或缺”并不是岗位的不可或缺，而是人的不可或缺，也就是说，你在这个岗位上做到的不可或缺的优秀，假如换别人来做，都做不到像你这么出色。

这就是员工的核心竞争力。

不可或缺的人，有你在一定可以把事情做好，少了你，别人无法取代，做不到你的境界。这样的人无往而不胜，才具有核心竞争力。

当然，从全行的角度看，并不是每一个不可或缺的人都是最优秀的，但他绝对是在其本职岗位上最尽心尽力的。从管理的角度讲，假如一个企业的管理是合理的，那么它所设定的每一个岗位都应该是必不可少的，因此杭州广发对不可或缺的人的评选并不是以岗位的重要性来判别的，而是以员工的工作表现作为评判标准。

简单地说，不可或缺并不是岗位的不可或缺，而是人的不可或缺。

杭州广发能把这种活动做到人人参与、共同学习，这是一种境界。

首先是候选人的产生。行长室确定了产生候选人的三种途径。

第一种途径：自我推荐。哪位员工认为自己是“不可或缺的人”，他就可以向行长室直接进行自我推荐。

第二种途径：他人推荐。如果你觉得某位员工称得上是“不可或缺的人”，那么你也可以推荐他成为候选人。

第三种途径：部门推荐。支行和部门也可以通过集体推荐的方式，推荐本支行、本部门的优秀员工参加评选。

三种途径并行不悖，避免了传统评选中因领导的个人好恶而影响公正性的弊端。

值得指出的是，这一活动之所以能够在杭州广发热烈开展，一个很重要的原因，是得益于这家银行长期以来从不“戏弄”员工的公信力。有公信力，才有组织领导的资格和前提。

行长室通过最后的审核，确定了64名“不可或缺的人”的候选人，那些自我推荐的员工，行长室让他们全部成为候选人。理由是，一个员工敢于自我推荐，说明他有自信心，即使他现在在同类岗位中表现并不是最出色的。

是的，一位自我推荐的员工在他的推荐词中表达了这层意思。他写道：“不是我在广发干得怎么样，而是我已经具备了这样的潜质，我是不是不可或缺的人，你们可以考虑。”他讲述了他在大学里的优秀表现和现在工作的努力情况。激励一个人的自信心，有时候比奖励他的既现有业绩还重要。

敢于挑战、不唯传统、不安于现状，这正是杭州广发所要倡导的气魄。

评选进入了最重要的全民选举阶段。一个问题产生了，一个杭州广发式的传奇故事也随之产生了。

当时，杭州广发有800多位员工，如何让全体员工认识候选人、用心去评选，并达到学习先进的目的？评选方式是让人甚为头疼的事情，稍不留神，就会使活动流于形式，行长室不想看到没有实效的结果。

于是行长室开始集思广益。有人提出，开个大会，每个候选人上去演讲，然后全体员工无记名投票。这显然是一个传统的经典做法，但这个方法基本上屡试屡败。到底有多少人会认真去听，认真投票，谁的心里也没有这个底。

而且，这很可能使活动成为“演讲比赛”，那就搞笑了。

金海腾否定了这个做法，他不愿意做任何没有实效的事情。这也是性格使然，他一直要求自己和员工，要“饶有兴趣地做每一件事情”，把每一件普通事情做出不普通的效果。

但是你有什么办法把它做成“饶有兴趣”的事？

在行长室里，大家望着愁眉不展的金海腾，多少有些同事式的幸灾乐祸：“老金，智力测试的第一关，挨上你了。”

“我想到了一个办法。”金海腾突然说，“哈哈，让你们拍案叫绝。要不要洗耳恭听？”

“知道你鬼点子多，别卖关子了。”

“知道中央电视台的春节联欢晚会吗？”金海腾说。

“去你的，春晚谁不知道。和盘托出吧。”

“知道春晚的明星如何评选吗？”金海腾说，“全国人民热烈参评，关键在于命中率。全国人民都可以热烈起来，何况我们区区800人？”

他的方法出来了。

——给候选人创造一个公平的展示平台，我们可以制作一本精美的画册，下发给全体员工。画册里，每位候选人以相同的版面，让他们放上自己最漂亮的照片和300个字左右的自我推荐词。这相当于一次春晚的演出。

——每位员工可以选择不多于50位的候选人进行投票，中选概率最高的员工，能够赢取澳大利亚新西兰12日游，二等奖则是马尔代夫9日游，这绝对是让人怦然心动的奖项。

好像天上掉下个大馅饼。

于是，“命中率”成了评选的要害。要提高命中率，就得真真切切地了解所有候选人的全部表现，就得分析评选的“行情”，就得比较候选人的各自特色，就得相互切磋、剖析、议论、评价。一句话，就得把众人信服的人评出来，只有众人信服的，得票率才高。

这，正是行长室需要的。

人人都行动起来了。众人的关注成了最高的荣誉，于是候选人们也动了真格。他们的自荐词都写得非常有感情，比如有一位写道：“我在广发度过了1 000个日子，干了2 000个日子的活，长了3 000个日子的见识，一句话：值得！”

一股“不可或缺热”迅速兴起。员工们首先得认真学习分行对“不可或缺的人”的定义，按照标准对每一个候选人进行仔细的研究。于是一项每个人都认真参与的评选，成了一次生动而充满乐趣的“广发理念”教育。

最后的评选结果反映了分行进行评选活动的初衷：给最平凡的人以最崇高的认可。在广发，只要你努力了就会得到认可。

这些“不可或缺的人”中有一位叫李伟忠，他是分行负责物业维护维修的员工，一个人承担了杭州同城11个支行（网点）的物业维修工作。他在自荐中写道：“你的空调、桌子坏了吗？请随时拨打19983，找我，小李。”在杭州广发，几乎每个人都认识他，从来都是随叫随到，从来没有因为多次叫他而烦躁。一个最平凡的岗位上的最平凡的人，为杭州广发的发展提供了最基础却最有效的保障。他不可或缺。

虽然他们不是叱咤风云的，但同样肩挑着发展杭州广发的重任。

“不可或缺的人”中，还有来自稽核部、事后监督中心这样专门挑别人“刺儿眼”的员工，他们平时的怪招最多，但是在全行员工的全民选举中，却得到了衷心的认可。这再一次证明了杭州广发“大团结，干事业，立行为公”的立行宗旨在发挥着作用。

“不可或缺的人”当选者中，甚至还有曾经因为犯错而被处罚过的员工，这并不影响他们通过努力而重新得到认可。因为杭州广发有一个用人准则——“我对你有意见，但不会对你有成见。”

有一位“不可或缺的人”在画册上写下了这么一句话：“广发没有论资排辈，没有永不翻身。在这个舞台上，只要你舞出精彩，一切皆有可能。”

认真投票的人也得到了丰厚的回报。中奖者的结果让所有人大跌眼镜，中奖人数最多的不是行长室，也不是某个接触支行比较多的管理部门，而是最普通的分行车队。车队驾驶员姚维刚获得一等奖，其他 3 人获得二等奖。杭州广发的车队管理模式是开放的，常常会根据某个支行、部门的出车要求随时调配驾驶员，因此车队员工基本上都能接触各个支行、各个部门的员工。他们对自己的这份工作非常珍惜，总会用心去留意分行里的人和事，即使你随便找一位车队的驾驶员，他也能说出个杭州广发的子丑寅卯来。对于这次评选活动，他们还认真开会研究过，这样的结果也就不足为奇了。

“不可或缺的人”的评选，使员工实实在在地重温了广发理念，而“不可或缺的人”也成了杭州广发对普通员工们的最高要求。

工行的网点，招商的科技，广发的人

不知从何时起，浙江的银行业中开始流传这么一句话：“工行的网点，招商的科技，广发的人。”这句话的意思是，在浙江的银行中，工行的网点是最多的，招商的科技相对领先，而广发的人则最受欢迎。有银行在浙江新设分行的时候，就公开宣布：“只要是杭州广发的人，我们都要。”

广发的人，代表着一个群体，一个极具市场意识和敬业精神的群体，虽然他们的学历并不一定是最高的，虽然他们也不一定有很多的客户资源，但他们能够给一个组织带来积极向上的朝气，他们最能适应市场的发展。

环境与人息息相关，一个人身上的特质，往往表现了他所处的环境。我们再一次以章伟良为例，他曾经在政府机关工作过10年，见过国内众多企业和其他银行的人间冷暖。他常常感慨于以前没有遇到像杭州广发这样的单位，说："世界本来不是这样的，杭州广发创造了一个世外桃源。在这里，你不用考虑领导对你怎么看，不用考虑逢年过节要给领导送什么，不用考虑去讨谁的好，只要你把自己的工作做好了，就能得到公正的回报。"

在杭州广发，员工可以和领导调侃，可以在很轻松的氛围中讨论工作；部门领导外出时会向员工请假，交代事由和离开时间。一位到杭州广发来参观学习的某银行中层管理者说："在我们那里，我们每天想的是如何讨好领导，而在这里，好像是领导在讨好员工。"

金海腾说："我们总是尽力创造一种最简洁的人事关系。我们不让员工经历任何'中国式'的失败。用广发理念作为行为准则，创造舞台来培养员工、造就员工。"

因为有了这种"简洁的人事关系"的目标，这家银行的员工就没有必要再去考虑所谓的"内部公关"，就没有必要挖空心思去设想"如何讨好领导"。不相信？是的，杭州广发毕竟也食人间烟火，"简洁的人事关系"不是说形成就能形成的，任何一种风气文化，必然是倡导和坚持的结果。

在杭州广发开业初期，曾经有一位员工也从俗给金海腾送过礼。金海腾一本正经地在大会上说了这件事，最后说："请这位送礼的员工会后来把送的礼品拿回去，否则第二天将会公布他的名字。"这就是一种倡导，一种规矩，坚持了，就成为一种文化。

规矩既定，就得认真，包括认真地对待"违反规矩"的行为。办法很简单，看你是不是能动真格。曾经有一位中层干部因为收了客户的一条烟，而被降级为普通员工。也曾经有一位信贷审查岗的员工，因为向客户经理索要东西而被降职。道理很简单，我们不是"不克隆一家银行"吗？当然也包括不克隆陈规陋俗和歪风邪气。

正是这样的氛围造就了这样"广发的人"。

第十二章
换位与错位

如何激发创新的源泉？组织变革的动力从何而来？

与众多中国企业一样，杭州广发将他们的中层管理者群体，即各个部门、支行的管理者，冠以极富中国特色的名称——中层干部。中层管理者在企业中处于非常重要的位置，他们是执行计划和推动变革的重要因素，是企业的中坚力量。因此，对中层管理者的管理与培养，是一个企业兴衰成败的关键之一。

杭州广发一直把员工教育视做经营管理的一项重要内容。他们倡导中层干部的思想交锋，希望以此作为不断发展的推动力。

2001 年，杭州广发召开了中层干部理性化分析会。所谓“理性化分析”，是全体中层干部真诚、坦率、客观地对自己的工作进行剖析，选择“向我开炮”。这为后来的“三新活动”奠定了坚实的基础。

2002 年 11 月，杭州广发再次召开中层建设会议，这一次的主题是“换位与错位思考”。相比于前一年的“自我批评”，这一次会议更加具有火药味，全体中层干部进行了客观、直接、尖锐的“他人批评”。每一个中层干部选择一个支行或部门为目标进行“开炮”，畅所欲言，不但实现了支行和分行部门老总的换位，而且也实现了上下级之间的错位，达到了十分震撼的效果。

中层在锤炼中不断成熟。

分行的科技部究竟有多大作为

钱平，杭州广发的一个传奇人物，2002 年担任分行的研究发展部负责人。此人个性鲜明，说话极具爆发力，曾经因为观点不同，争论不下，而在金海腾面前拍桌子走人。这个具有叛逆精神的奇人思维敏捷，善于一针见血地指出问题。在换位与错位思考会上，他对分行科技部一顿猛烈的“炮轰”，以其对杭州广发所面临的科技瓶颈的精辟分析，引发了管理部门的集体思考。

他的发言开门见山：

> 从分行历次的表彰名单和金行长的由衷赞扬声中，我们似乎觉得科技部应该是我行辛勤工作的典范，但我们的支行行长们、分行的管理部门、一线的员工们，你们认同吗？这个问题，恐怕很难简单地用是或否来回答了。因为，各部门、各支行在业务的发展中渴求科技的支持，但每每提出的需求都石沉大海，为此同事们在谈起科技对业务发展的制约时，都颇为愤怒，又十分无奈，因为询问科技部“为什么提出的需求那么久还没有反应”时，他们的回答总是那么的“专业”，大体能听懂的只有一句：“是总行的问题。”

科技是衡量银行服务水平的一个重要指标，也是提高员工工作效率的重要手段。目前，国内各个银行对科技都是采用总行集中管理的模式，分行科技部门的工作重心，通常只是系统的维护工作。

钱平继续说：

> 那么，对同一个部门会有截然不同的感觉，这种偏差从哪里来？我带着这个问题研究了我们的科技部。科技部在分行建行以来的五年中，工作严谨，尤其在主机的操作和维护中表现得一丝不苟，保证了业务系统的正常营运，就这一点，行长室是十分看重的。我采访了行长室，有关领导明示了他对科技部最关注的是系统在开业时间能否正常启动，在营业中会不会崩溃，再考虑系统功能的开发或新产品所需要的技术支持。而我们呢，对科技部的考虑则更多是系统的反应速度是否够快、系统的操作是否简洁、工作界面是否友善、系统的功能是否能满足客户多元化的需求，以及如何利用系统提高自身的工作效率。都是“e时代”了，我们不想也不愿再无休止地去做手工台账。由此看出，两个不同的角度，不同的侧重，导致了对同一个部门的评判反差竟如此之大。
>
> 理性地说，衡量一个部门应该以其部门的职责为依据，那么科技部的职

责是什么呢？科技部是全行科技工作的管理部门，是提供业务运行、技术创新和保障的部门，包括主机的正常运营、科技环境的维护管理、创新的技术支持等三大职能。然而我们听一听目前大家的反映，意见最集中最强烈的都在第三项职能，即创新的技术支持。从科技在发展中所占的重要性来看，大家的反应是自然的，毕竟市场没有时间来等我们！我们的竞争急需科技的支持。

那么，科技部难道就不明白这个浅显的道理吗，他们是否有难言之隐？

钱平放出这一炮，是有准备的。他曾带着这个疑惑，开展了进一步的调研，并请原先在科技部工作过的陈镭详细地描绘了科技部一天的工作。

为此，陈镭写了《科技部的一天》一文，作为证词，他在分析会上出示：

在科技部工作，每天你不必担心今天该做什么，有什么工作计划，因为一天所有的工作都会有电话来指导你，从上班开始到下班回家。

在科技部上班不能迟到，有些人还需要早到，这个人通常是我们的老总，一般情况下他会早晨7点半到单位，有时更早。每一天开始的时候，我们都坐在办公桌前处理一些日常工作，如数据备份、文件处理等。等到8点半左右，电话铃声开始响起，“我是××支行（部门），我们的电脑出现问题了”，于是从这个电话开始，你就陷入了排除电脑故障的紧张事务中。有很多问题你都无法在电话中指导解决，这就需要到故障现场去，这样一来二去就得花费至少两个小时，问题严重的要花去半天时间，如果像余杭、萧山支行出现问题，就需要花上一天时间。

我们行的电脑故障有个明显的特征，那就是几个部门几个支行会同时发生故障。虽然故障原因各不相同，但的确有这样的现象频繁出现。尽管我们一直认为这个问题很奇怪，但其潜在原因无从考证，也没有时间去考证。遇到这种情况，科技部几乎要全体出动去排除故障。当然，科技部也会有比较空闲的时候，可能一天只有几个申报故障的电话，但总体而言，这种情况全年也只有几个周。所以，每个科技部的员工早晨上班只要一坐到办公桌前，就能预感到今天会是怎样的一天了。至于偶尔的空闲时间也并不怎么好过，因为你总是惦记着为什么电话还不响！有时你会想要开发些程序以解决业务部门的强烈需要，但往往这些想法只是在脑中一掠而过，因为大家都知道开发软件需要专注、需要时间，而我们没有时间。

由此行长对我说，你要向老总学习，他做事从不挑三拣四的。我回答说是的，老总都不挑我更没有理由挑了。但我不清楚我这样说是否正确，这样做是否有利于科技部的发展，是否有利于我行业务的发展。事实告诉我每天只能做些小事，心不甘，但必须情愿。

在科技部工作你不会遇到什么挑战，每件事你肯定会做，只是在不断地重复。你不用担心职务问题，只要努力处理好每天的日常工作，两年肯定有一次升职的机会；你不用担心福利问题，老总会给我们争取；你不用担心外界的批评和压力，老总会维护我们的利益。所以我们的老总是很多人倾慕的好领导。

科技部的一天是疲惫的一天，科技部的一天是劳累的一天，但绝不是有挑战的一天。

来者不善。钱平以“现场当事人”的“呈堂供词”，给科技部做了一次透明的“CT”。

“科技部的一天是疲惫的一天，科技部的一天是劳累的一天，但绝不是有挑战的一天。”陈镭的这句话道出了每个企业中都可能存在的问题：员工只是机械地完成领导交代的问题，没有创造力去改进工作。虽然，整个杭州广发总是不断探索新的方法，也不断颠覆着传统的方式，但它的某些部门还是不可避免地出现了这样的通病。

“科技部为什么会造成这样繁忙的工作局面？”循着问题穷追不放，钱平继续将他的调研结果展示给大家：

——造成科技部疲于奔命的，主要是各单位的电脑故障。这些故障大约可分成几类：网络故障、硬件故障、软件故障、主机故障和操作不当，它们在整个故障中分别占40%、20%、15%、10%、10%。其中硬件故障又有两类：一类属于操作不当，如键盘进水、掉入大头针等，一类属于兼容性问题。而主机故障基本是在晚上，有些是硬件的问题，有些是软件的问题。在诸多故障中，由总行造成的占25%，主要集中在主机的系统软件上，时间是在晚上（主机在晚上处理账户中出错），那么剩下的频繁故障，则每天消耗着科技部员工们的正常工作时间和业务时间，也消耗着他们初进广发时，一个IT行业人员特有的创造激情。

——这些故障还有两个明显的特点：一是绝大部分属于简单故障，二是网络和硬件的故障，基本上是由当初网络铺设和设备选型时过分压价而造成的质量问题。

对此，钱平有他的观点：

如果我们建立科技培训制度，教会支行、部门一些简单的排除故障的方法，最保守估计各单位自行可以解决的故障占60%。在网络和硬件的建设上，如果我们更理性、更长远地考虑，而不仅仅静态地、机械地理解节约预算，那么，我们让富余的科技部人力资源，去解决大家迫切需要的、在对外竞争中所需要的技术支持，又可能会给我们带来多少利润。

惯于挑战常规的钱平，对增收节支也进行了思考。

对于科技部的实际工作表现，钱平的话锋直击当时的科技部总经理贺剑波：

深入的调研使我的心情颇感沉重。因为科技部在对待它的三项职能上，只有一项是到位的，我行从未发生过主机瘫痪，这可以很有力地说明这一点；第二项职能倾尽了全部的人力，虽然也基本保障了我行各部门局部正常的工作，但付出的代价是丧失了开发的时间，丧失了大家急需的技术支持；至于第三项职能，也就是大家意见最大的，表现得很不如人意。

“一个分行的科技部究竟能有多大的作为，该有多大的作为？”这个问题，我想我们的分行科技部并没能准确地评估！他们认为，一个分行的科技部在开发上无所作为，那么维持现状对分行来说反而是一个降低成本的事，是有益的，我相信科技部就是如此判断的，因此他们才执著而敬业地做着他们认为对分行“有益的事”。

是的，分行沿用的是总行的科技系统，若想开发新的符合市场需求的新功能或者新软件，势必会与总行的大系统不相适应，所以分行的开发工作势必要受制于总行。作为局部的分行，是不是一定要受制于全局的总行，还是局部可以推动全局，甚至全局需要局部来推动？钱平提出了这个问题。

一个分行的科技部究竟能有多大作为呢？说实话我也没法确切地表述。但是我知道科技是第一生产力，是业务发展中十分重要的不可或缺的工作手段，我知道任何一个组织的生存都离不开发展，发展是硬道理。记得我们的父辈，在20世纪50年代遇到困难时，采取了“有条件要上，没有条件创造条件也要上”的态度。2002年的中国人当然不能再重蹈父辈盲目的不讲科学的覆辙，但是父辈的精神应该坚定地毫不动摇地继承下来。当今社会，科技发展日新月异，一个在技术飞速更新的年代里发展起来的银行，必然会在电子化方面产生和时代技术脱节的现象，这也属正常，加之区域间的经济不平衡，各地区对电子化的需求也有差异，在这种情况下，主动配合总行的电子化整体建设考虑，同时积极地开发符合当地经济发展的实用金融工具软件，保持我行科技的局部先进，对提升我行的竞争力和市场占有率，将起到十分重要的作用，对总行的科技发展也将起到重要的推进作用。

因此，分行科技部应该摒弃等待的工作态度，以积极的心态探索科技的发展，我坚信有一天，分行的员工对科技部的判断和评价会走到一起来，当然它的意义并不是仅仅解决了一个部门的问题，更重要的是我行的生产力会大大加强，如果每个分行都能如此，那么总行科技的腾飞也将指日可待。

至此，钱平已经将他的想法完整地表达了出来。

“开火”的目的已经达到，后续的他，还以“如果我是科技部的老总”为题讲了一些颇具建设性的工作思路，但那些具体的工作方法已经并不十分重要了。

这就是换位与错位思考会的目的，需要的就是思想的碰撞，需要的就是一股浓烈的“火药味”，需要的就是让人坐卧不安的心跳。

再聪明的人，也会陷入经验的窠臼，何况那些中层骨干，他们成天与事务打交道，“能干”是他们的共同特点，杭州广发要求自己的中层不但能干，而且要能想，敢想，敢干，然后才有新的能干。

钱平说科技，只是这次换位与错位思考会的一个案例。

其实钱平所说的，最精义的部分并不是科技部如何开发软件，而是“局部推动全局”的阐述，一种追求有所作为的激情。

现如今的企业，已经很难找到如此激烈的相互批评了。杭州广发的中层却能毫无顾忌地侃侃而谈，其中有什么奥秘？

“局部不能因为全局的滞后而无所作为，局部可以成为新全局的开路先锋。”这是金海腾的一贯思想。支行（部门）与分行，分行与总行，就是两种局部与全局的关系。金海腾要求支行（部门）要推动分行，也尽力使分行能够推动总行，杭州广发10年的经营管理中，创造了一个个经典案例。

钱平把这一“广发理念”用到了极致。

然而，杭州广发的错位碰撞并没有结束。

这里也把分行科技部在被“开炮”后的变化作一个交代：科技部并没有被击倒，而是正视自己，真正走入了“一线”，将一线的需求及时地转化为自己的工作目标，成为分行发展的助推器。而宁波支行科技部更是将杭州广发的科技服务做到极致，宁波支行的员工是这样评价这个多年连续获得“广发理念奖”的团队的：“没有科技部做不到的，只有我们想不到的。”

在超越自我的前提下超越世界

当然，换位与错位思考不能仅仅要嘴皮子，得弄出些“理论联系实际”的真动静来，不但能说准病根，还要开出良方。

这一次，分行风险管理部拔得了头筹。

有段时间，湖墅支行的发展面临困境，在换位与错位思考会上，分行风险管理部对湖墅支行进行了诊断，开出了一副药方。虽然并不是每一个方法都绝对管用，但是对于如何经营一个支行，他们提供了一个很好的借鉴思路。

一开始，分行风险管理部就咬住了湖墅支行。带着浓烈的火药味，他们开口直指弊病，甚至还有些夸张的成分：

> 问题一：主要业务长期低迷，徘徊不前，和分行连拉阳线的形势相比，相距甚远。虽采取积极、主动的措施，但收效甚微。主要负责人深感压力沉重，一些业务骨干信心受挫。如何走出低谷？
>
> 问题二：现有人员很难说业务素质欠佳，很难说广发理念学习不够，但确实缺少重量级的客户经理，缺少脱颖而出的优秀客户经理。是伯乐找不到千里马，还是千里马未遇到伯乐？原因何在？
>
> 问题三：具体业务，整体在“诚信家装”这个单一项目上“荡圈儿”，缺乏系列，缺少层次，毫无重点，既无集团军，又无游击队，一支队伍无法形成战斗力，成散兵游勇状。越是盲目，心里越是焦急；越是焦急，越是没有招数。除了吹胡子、瞪眼睛，正确的经营思路在哪里？

问题四：严于律己，固然不错，但怎样团结一切可以团结的力量，发挥每个人的作用，真正领悟行领导的“舞台论”，做到宽以待人，人尽其才，才是根本。否则，成了孤家寡人，单枪匹马，到头来，真不知路在何方。

风险管理部将枪口直接对准湖墅支行的行长谌福民，大言不惭地历数了他的“四大罪状”，既有支行经营思路、具体业务操作、人员培养等经营管理方面的问题，还将谌福民极为严厉的管理方式作为一个问题来解剖。

醉翁之意显然不在酒。

谌福民脸上一阵红一阵白，又不能吱声，这是规矩。

但谌行长的心里服了一半，毕竟打中了他的七寸命穴。

风险管理部有备而来，没有“对症下药”的金刚钻，他们也不敢揽这个瓷器活。果然，他们将一套自觉行之有效的方法娓娓道来：

方法一：冷静思考。在夜深人静的时候，支行行长应冷静下来，好好琢磨其他的支行是怎么做的，这是学习的最佳途径。分行几次业务上的重点突破，都是分行领导在认真学习、积极消化别人的，甚至各行各业的先进做法的基础上，既拿来，又创新，最后超越对方。兄弟支行近在同城，远的也只是宁波、温州，用不着长途跋涉，而且对各支行的情况，不是了如指掌，最起码是相对熟悉的。静下来，仔细地理一理。人家为什么能把一个不起眼的客户做大？吴郡行长凭什么让清泰支行的业务不往下掉，反而往上蹿？温州支行为什么会在20亿元左右进行长时间的停顿，是江郎才尽，还是强势调整？宁波支行为什么会优质资产和优秀业绩双丰收？想的目的，是为了汲取营养。把兄弟支行的做法，有创意的独到之处，列成一个活页小册子，发到每一位客户经理的手里，一有新的金点子，迅速增加，作为一本手册，常带在身边。员工如果有成熟或尚不成熟的业务思路，也及时地反映在里边，成为一个思想和业务交流的园地，既方便，又实用。我把这一方法归纳为“冷静思考”。

方法二：充分发动群众，相信群众。

俗话说，“三个臭皮匠，赛过诸葛亮”。其实，每个人的能力是有限的，但每个人的潜能又是难以估量的。这里面有两层意思，一是光靠一个人的力量是不行的，因为一个人的能力是有限的，凭个人英雄主义，是打不下天下的；而每个人的潜能又是难以估量的，领导者不是替某一个人去做某一件事情，而是发现其长处，帮助、鼓励这个人自身去完成某一件事。一个机构的一把手，左手不相信右手，捏在手里怕捏死，松开了又怕飞走，最终是一事无成。回头看分行的每次大行动，“狂”发信用卡、存款冲百亿，中间业务创收、外汇业务拉单等等，打的都是“人民战争”。拿刀的拿刀，拿枪的拿枪，没刀没枪的，拿个拖把也行。这当然是个比喻。我把这一方法归纳为“燃烧激情”。

据说淮海战役结束后，陈毅元帅曾说，淮海战役的胜利是人民群众用小轮车推出来的。他说出了共产党“人民战争”的战略思想。这也是杭州广发一贯的战略思想，以各种方式动员全体员工集中进行业务攻坚，全员营销，一定程度上促进了杭州广发的超常规发展。

风险管理部以例说理，继续着他们的思辨。

方法三：全面开花固然重要，它营造了一个轰轰烈烈的氛围，一种积极向上的气势。但光有氛围和气势是不行的。怎么办？对现有的业务和即将开展的业务进行排队，排出重点，列出提纲，拟订行动方案。行动方案不能只有一个，而要有一号、二号、三号方案。总之，看准了的，咬定青山不放松，只许成功，不许失败。清泰支行当时的突破重点是保全仓库，庆春支行的突破重点是保付代理，宁波支行的突破重点是可转债担保业务等等。重点的选择关键是要看准，否则，堵了半天的枪口，最后发现主碉堡并不在这里，时间丢了，战机也失了。看看你们，支行行长亲自抓“诚信家装”，等方案一遍又一遍地研究出来，东方早已露出了鱼肚白，鸡都叫了不止五遍了。就如同分行开业初期抓私贷，是造一种气势，创一个品牌，紧接着排山倒海上来的，是一个接着一个的西瓜，一片连着一片的芝麻地。保全仓库来了以后是保付代理，紧接着是仓单质押、应收账款质押、买方信贷品牌质押、厂商银企合作、可转债担保、个人委贷等等。虽目不暇接，却主线突出，我把这一方法归纳为“重点突破”。

并不是对“诚信家装”有什么非议，这个业务在一定程度上突破了银行信用链接与商业信用链接嫁接的问题，在银行业务创新上具有较强的象征意义。但是湖墅支行碰到的困难，是如何解决业务创新与当前吃饭问题的关系。创新业务的规模化和效益的产生，需要一个成长的过程，但支行的发展却刻不容缓，员工的“吃饭问题”迫切需要解决。

当然，杭州广发把“诚信家装”作为局部突破推动全局的重大事件，因而充分发挥分行的调控作用，支持支行的业务创新，它通过指标调控、奖金预支、创新奖励等方式缓解支行的吃饭问题。风险管理部所表达的，是支行层面上的思考，支行必须务实地发展。

于是他们接着说：

方法四：有了冷静的思考之后，制造一个轰轰烈烈的氛围，制定出突破重围的重点，然后，包括支行行长在内的全体人员集体下岗。将主要业务骨干组成若干个突击队，把任务分配到每一个人，把细节详细到假如项目被总行枪毙之后该怎么回答客户等等，在规定的时间内一定要完成规定的任务，否则支行行长自动辞职，提请分行领导推倒重来，这项工作可以安排在本次会议之后的某一个月黑风高之夜，屋外可以是狂风暴雨或秋虫啁啾，屋内灯火通明，全体人员壮怀激烈。这样的会议不能成为一场闹剧，事先要有周密的布置。集体下岗也不是一项新的发明，分行领导在国际部、信用卡部都尝试过，且屡试不爽。人活在世上就需要有几分精神劲儿，逼急了置之死地而后生，背水一战和哀兵必胜的故事在中国的历史上可是俯拾皆是。世界上的事没有什么可怕的，怕的是自我畏缩，裹足不前。要摆脱阴影，秋风扫过的是落叶，收获的是果子。奋战一百天，不信无起色。我把这一方法归纳为“绝地反弹”。

18 年以前，从学校毕业的时候，一位老同学在我的纪念册上写下了这么一句话：“在超越自我的前提下超越世界。”时间过去了这么多年，在人生的道路上，我始终没有感悟这句话的深刻内涵。今天，我突然有所悟，想把这句话赠给湖墅支行的行长，与其共勉。不知肯笑纳否？

最后一句“不知肯笑纳否”化解了会场上针锋相对的紧张气氛，说者有心，听者有意。

旁观者清。

有些事情当自己沉醉其中时，感觉乐趣无穷，但旁人看来却不过尔尔。这就是错位后新视角的优势。

受邀参加换位与错位思考会的广发总行行长张光华很有感悟，他说："现在各地谁也不敢错位，强调的是要找正位置，不能错位，别人的事不能去管。杭州分行敢于换位错位，就说明它的文化建设、队伍建设达到了一定层次，这就是批评和自我批评。现在往往是背后批评别人可以，不能面对面地批评。而杭州分行主动找对象去批评，谁哪儿有毛病、哪儿有差距，你就去'进攻'他、'攻击'他。火药味很浓，找的问题很深，也不留情面，形成这样的文化氛围不易，说明大家一心一意想把工作搞上去。"

寻找新的富矿

杭州广发的换位与错位思考会是一次思想的正面交锋，批评别人的同时也让自己思考，对存在于经营管理中的各种问题进行了彻底的剖析，既寻找问题，也寻找对策。

整个思考会，其实是杭州广发下一轮"大动作"的前兆。

果然，在思考会临近结束的时候，金海腾阐述了关于杭州广发"二次创业"的设想。金海腾定义的"二次创业"，不是修修补补，不是单向发展、单向突破，而是全面的重新创业。这一设想犹如一颗重磅炸弹，迸发出巨大的思想冲击波。

在那次会议上，金海腾如是说：

> 近日，我重温了《谁动了我的奶酪》一书，册子虽小，故事虽短，却道出了一个深刻而有用的道理：生活中充满了变化，只有那些追求变化、享受变化的人，才能成为生活的主宰。对个人而言如此，对一个团队、一个单位乃至一个国家而言，亦是如此。
>
> 读罢此书，我掩卷而思……
>
> 回想起杭州广发走过的这5年多风雨历程，不正是一次又一次地验证了这一真理吗？从成立之日起，我们就踏上了寻找奶酪的征途，以求新、求变、以变应变的态度整装出发。
>
> 从个人私贷，到"种芝麻，抱西瓜"经营策略的提出，最后确立了"以中小企业为基础，努力争取优质大型客户"的市场定位，找到了中小企业这

一“资金富矿”，也使得杭州广发在浙江金融业占据了一席之地。

从“广发理念”的提出和实施，到“文化广发”的形成，广发的品牌在浙江越来越响。

从“经理动手制”到“全员经理制”，直至“客户经理制”和“星级柜员制”的推出，我们形成了一支团结而有战斗力的队伍。

从“贡献积分制”，到滚动发展计划，再到“双百分考核”，实现了指标的激励与激励的指标的统一，大大激发了全体员工的工作潜能。

……

5年多的成败得失，岂能用三言两语说得清，道得明呢？但值得欣慰的是，这5年杭州广发在变化中求得了发展，在改变中得到了成长，我们拥有了属于自己的“奶酪”。

但是，现在有人在动我们的“奶酪”。

杭州广发2001年才刚刚完成“利润超一亿，存款超百亿”的发展目标，步入了浙江股份制商业银行第一集团的行列。还没吃几口饱饭，过几天安生日子，就要进行“二次创业”了，为什么？

自2001年入世以后，外资银行进入浙江市场的期限日益逼近，狼真的要来了。2000年5月28日，福建兴业银行（后更名为兴业银行）杭州分行正式开业，至此，国内的各大股份制商业银行都已在浙江完成布点。四大国有银行加快了改革的步伐，已不再沉睡。正如金海腾所描述的，杭州广发生存的外部环境，“奶酪”的争夺可以用“残酷”二字来形容。

原本杭州广发一枝独秀的中小企业市场领域，也已成为各家银行争抢的“奶酪”。由于金融产品的可模仿性极强，杭州广发的一系列创新业务，都被人一一克隆。杭州广发的既成优势在逐步丧失，形势十分严峻。

对于杭州广发的“二次创业”，金海腾阐述了他的初步思路：

今年的分行行庆结束后，我开始了“二次创业”的构想。我们的发展虽然“三年内无忧”，但是如果因此洋洋自得、松动懈怠，必定“三年后堪忧”，更何况我们的工作还存在很多不足之处。今后怎么办？我想唯有“从头再来，二次创业”。

前5年的发展，为“二次创业”奠定了一个很好的思想平台，这个平台就是“广发理念”，“广发理念”是我们共同的行为准则，是一切行动的基础。在这个平台上，我们所要考虑的主要工作是：

一、打造一支找矿的队伍，是“二次创业”的基础和核心。

人是第一要素，世界上再好的策略和方案，如果没有人去实施，那也是空的。近来听到这样一句话：“工行的网点，招商的科技，广发的人”，甚感欣喜。在如今“以人为本”的社会中，有这样一支叫得响的队伍，还有何种困难无法克服呢？但是在人才高速流转的今天，如何才能把这支队伍打造成长盛不衰之军呢？

我觉得不外乎有这么几条：为其描绘一个美好的发展前景，创造一个公平的竞争环境，提供一个宽阔的自我展现空间，再配以系统的“广发理念”教育和专业技能再培训。

二、从细节入手，提高我行的竞争实力。

从今年上半年起，我就经常给大家讲一个观点：“今后的竞争是细节的竞争。”这细节主要体现在管理上，包括方方面面：

临柜人员的一个微笑，可以使财源滚滚而来；

服务方式的细小改变，可以使广发门庭若市；

一个信息的掌握运用，可以使局面扭转乾坤；

细小环节的严格控制，可以使风险化为无形。

……

要做到上述的两项工作，具体可以从三个方面入手：

1. 建立一个适合市场变化的组织架构。

我行纵向的架构一直以来都是比较简洁的，事实证明，这种架构权责明晰、高效畅达，有效地促进了分行各项业务的发展。但从横向架构来讲，有些环节还比较薄弱，有些业务还未触及（如个人理财业务），有些效益尚未完全显现（如信用卡部）。我们可以以内涵型的外延扩张方式，通过在分行内部增设赢利部门（如房地产信贷部、公司银行部），新增力量，来有效扩大利润，增产增收。

2. 通过深化“客户经理制”，整合现有客户资源。

2001 年，我行开始实行的“客户经理制”，将支行行长、部门负责人推到了业务第一线，加强了信贷人员的力量，发挥了团队的合力优势。通过倡导

"广发理念"，我们也避免了"资源私有化"问题，避免了银行的公有资源变成客户经理的个人资源。今后要继续"以客户为中心"，做大、做深、做透现有客户及其业务，在此基础上发掘出新的利润增长点，衍生出新的金融产品，培养出更多更好的客户。

3. 创造特色信贷文化，走专业化经营之路。

一家银行要在公众中树立与众不同的形象，必须要有自己的信贷文化，即要明确支持什么，不支持什么。我行"以中小企业为主"的市场定位、2000年推出的GP贷款计划等信贷文化，在浙江已经得到了公认，只要提起中小企业，就会想到广发。"二次创业"期间，我们还要丰富其内涵，加强实施的力度，把杭州广发办成中小企业的银行。

专业化经营在我行已开始实施，但还比较肤浅。不仅每个支行要有自己的特色，每个团队也要有所侧重，比如可以按行业来分类创造团队的经营特色。在区域管理上，要明确授权、开拓计划和具体措施，使我行的各种资源能得到合理运用和发挥。

三、坚持创新，不断寻找新的"奶酪"。

"工欲善其事，必先利其器"，在寻找新的富矿过程中，三样利器是必不可少的。

一是明确的发展方向，解决"为什么找"的问题。

二是完善的创新机制，解决"怎么找"的问题。

三是高水准的优质服务，这是寻找新的富矿的有力保障。

……

最后，我们还要敢于动别人的"奶酪"，这是一种主动出击的防守方式，也是我们提高市场占有率、寻找新的利润增长点的有效途径。

我还想说一句：尽管你不断拥有新的"奶酪"，但要记住，别人仍会不断拿走你的"奶酪"。因此，寻找"奶酪"是无止境的，这正是提出"二次创业"的缘由。

从"奶酪"开题，到"奶酪"封题，金海腾以此大做了一篇文章。很显然，他的"奶酪论"的主题就是：市场资源一直在动态的整合中，永远没有垄断不变的优势。可怕的是思想上的自我封闭，以为"奶酪"已经瓜分完毕。不，资源永远在竞争中存在，因此，你必须一直处于竞技状态中。从这个意义上说，“二次创业”其实是永远的创业，终生创业。

人无远虑，必有近忧。先知先觉者有先见之明，然而先知先觉者也有他的迷茫和痛苦：当他看清了症结所在却不知道如何开药方，这是最现实的问题。

其实在这个时候，杭州广发还没有找到新的质变点，壮怀激烈的“二次创业”，还只能从精神状态入手。

但精神的质变，也是深刻的革命。

迈入个人金融业务新时代

“二次创业”的火苗在2002年年底点燃，这把火先从经营战略的调整开始。

到2002年10月，杭州广发的人民币存款规模已经达到了116亿元，比2001年有了大幅度的增长，在浙江所有股份制商业银行中排名第四，稳稳地跻身于第一梯队。

但行长室并没有沾沾自喜，他们知道，有一个不容忽视的问题是，他们的储蓄存款只占到存款总额的6.7%，第一存款来源问题仍然没有解决。

这是股份制商业银行的通病。工、农、中、建四大国有银行的储蓄存款占比都超过40%，而股份制商业银行中占比最高的，也只是交通银行的25%。其间有些客观因素，比如杭州广发成立时间晚、网点少、广发总行的品牌弱等，但这都不能成为理由，杭州广发坚信事在人为，他们决定突破这个瓶颈。

2002年10月底，广发总行设计推出新版借记卡——广发理财通，这个新版理财通卡是一个本外币存贷款、活期定期存款、银证通等多项个人金融业务的集合，在当时的国内银行中，这是较为先进的个人理财平台。

金海腾瞄准了这个机会，他敏感地判断，一个转折点即将来临。

这也许正是“药方”之一，一个新的质变点也许就这样浮出了水面。

从世界范围看，银行业大致经历了三个阶段：第一个阶段，传统的银行业务占整个业务的比重为70%~80%；第二个阶段，银行推出了住房按揭、汽车按揭、个人理财等个人业务，使银行的个人金融业务从原先简单的存取款发展到个人理财阶段；第三阶段，银行推出了众多金融衍生品种，朝着各种金融业务相融合的混业经营方向发展。2003~2004年，这是中国银行业从第一阶段逐步向第二阶段转变的过渡时期，而在 2002 年，“个人理财”一词还绝少有人提起。

金海腾认为广发理财通的推出，其意义不仅仅是一个新的业务产品，它将是开启新时代之门的钥匙。

旋即，杭州广发成立了个人金融部，由时任庆春支行行长、曾经创造过“三方保理”业务的王永刚兼任总经理。金海腾还将他的秘书，思维活跃、颇具创新意识的徐艳，作为骨干员工充实到这个部门。事后证明，徐艳在杭州广发个人金融业务的发展上，起到了举足轻重的作用。

这是一场悄悄打响的战役，它首先需要全体官兵能正确理解指挥官的战略思想。

2002 年 11 月 5 日，杭州广发召开全体员工大会，会议的主题单刀直入，定为“迎接个人金融新时代”。在这个会议上，杭州广发提出了以广发理财通为平台，全力开拓个人金融业务，解决第一存款来源问题，创造新的经营模式。

就像前期的广发信用卡推广一样，金海腾也准备以全员营销的方式来打开个人金融业务的新局面。金海腾对全体员工说：“在杭州广发发展的前四年中，‘广发理念’、‘广发卡’成为出现频率最高的两个词汇，从今天起，‘个人理财’将成为我们业务发展中一个新的热点名词。”

战略需要战术来支撑。像当初“广发卡”的全员知识培训一样，杭州广发对个人金融业务也采取了全员培训，只是力度更大。行长室决定用一个月的时间让全体员工熟悉个人业务知识，作好充分的思想和技术准备。所谓力度，包括以考试的方式来鉴别每个员工的熟练程度。“这次考试只有两个标准，一是优秀，二是不及格。你们每个人都要达到 90 分以上，89 分就是不及格。”

行长室的要求，代表了他们的决心。

“二次创业”在新年到来前夕拉开了序幕，它同时预示着杭州广发历史上新的一页将被掀开。

下一篇，我们将会看到更加精彩的内容。

第四篇

推倒重来（2003~2004 年）

彻底的“二次创业”是需要胸怀的，有多大的胸怀，才有多大的事业。

“二次创业”不是杭州广发的发明，但常常听到的是雷声大于雨点。要做就做得彻底，但彻底的“二次创业”是需要胸怀的，有多大的胸怀，才有多大的事业。

这需要机制的深度改革，需要理念的再度更新，也需要业务的进一步创新。做到了，将是一次脱胎换骨；反之，“不克隆一家银行”将只是程咬金的三板斧，杭州广发的故事将不再有情节。

这可能吗？他们本身就是一群制造故事情节的人。

什么是情节？借用一句文学理论：“情节是性格成长的历史。”作为企业的性格，杭州广发还在成长，他们不想重复历史，他们把自己的历史推倒重来，他们要创造历史。

创造历史，这才是英雄气概。

第十三章
二次创业

如何打破中层干部的成就感，激发“二次创业”热情？让每个人做最不熟悉的工作，这行得通吗？因岗设人与因人设岗，怎样最合理？

打破成就感

“二次创业”在新的一年里迅速掀起了高潮。

什么叫“二次创业”？金海腾一言蔽之：“推倒重来。”一切既成的成就都已经属于过去，一切从零开始。

这做得到吗？6年的历史和业绩，难道就这样说推倒就推倒了？

“推倒”当然只是一种形象的说法，其实质就是不能躺在经验和成就的温床里，必须在一条“零”的起跑线上重新开始。

那么，就得设计一条“零”度起跑线。这条界线如何设置？行长室决定，先从推倒人事架构开始。

2003年1月17日，广发杭（2003）2号文件，宣布了12位中层干部大轮岗，这一轮岗，涉及8个部门的整合和新设。

章育民，原分行资金部总经理，调任新设的分行公司银行部总经理。

钱平，原分行研究发展部副总经理，调任新设的分行个人金融部总经理。

周晓乐，原分行科技部副总经理，调任分行研究发展部、资金部副总经理，主持工作。

蒋骊军，原西湖支行行长，调任分行票据中心总经理。

斯卫新，原分行房地产信贷部总经理，调任西湖支行行长。

……

除大规模的轮岗外，在前一年的换位与错位思考会上遭到诸多批评的国际业务部总经理，也在此时离开了杭州广发。

同时对 12 位副总经理级以上的中层干部进行岗位轮换，轮换的比例超过了 1/4。这样的手笔，绝非是一般国内银行的省级分行所能做到的。

天下大乱。

“会不会天下大乱呢？”金海腾说，“不，这次轮岗的一个原则，就是让每个人干最不熟悉的事情，目的是打破每一个人的成就感，激发他们的工作动力。”

大范围的轮岗在员工中引起了震动。

一群年富力强、经验充足、干得最顺手的中层干部，突然间到了陌生的岗位，能干得好吗？新年伊始，大战在即，临阵换将可是兵家之大忌呀。

金海腾后来回忆说：“轮岗是否会对行里的业务发展造成影响？不会，我当时是有把握的，完全没有忧心。行长室对全行的经营管理把控能力是很强的，我们在任何一个岗位上都有两到三个可以随时顶上的人，即使个别地方出现问题，我们也能够通过全局的调控把握住局面。最重要的是，我们对这些中层干部的能力很有信心。轮岗是让他们干不熟悉的工作，并不是让他们干最外行的事情。”

“不熟悉的工作，不等于最外行的工作”，这就是金融之道的辩证法。熟悉与否，这是对程度的描述；内行还是外行，这是本质的分别。

金海腾的分析没错，这样的手笔并没有形成特别的影响。6 年来，杭州广发的员工已经“曾经沧海难为水”了，他们经历了太多的超常规和反常规，他们已经有了一个基本判断：行长室的决定总是有道理的。

这就是 6 年后的杭州广发，这就是敢于“二次创业”的杭州广发。

没有什么迟疑和犹豫，也没有什么冗长的谈心、疏导、论条件和讨价还价，“新官”们都爽爽快快地上任了。

上任三把火，他们在新岗位的表现恰恰证明了新官有新官的好处。

“新官”好处之一：摒弃旧的思维模式。“新官”们对新的工作并不熟悉，谈不上固有思维方式的桎梏，相反，经历过其他工作岗位，他们更容易将各方面知识融合、创新。初生牛犊不畏虎，就让他们再“初生”一次。

“新官”好处之二：能如饥似渴地学习。“新官”们都知道自己不熟悉新业务，得赶快积极地学习，尽快掌握新的专业知识，以适应新岗位的要求。他们的拼劲都胜过前任，也因此形成了一种巨大的感召力和影响力，带动整个部门都焕发出新的学习激情。换了一个官，带动一批兵，这笔买卖合算。

“新官”好处之三：战战兢兢却脚踏实地。情况不明，前路莫测，“新官”们都战战兢兢地探索着，生怕一脚踩空了。他们的头脑是清醒的，他们小心翼翼，更容易规避操作性风险。因为没有经验，就没有资格夸夸其谈、坐而论道，更谈不上犯经验主义的错误，唯有脚踏实地。

一句话，“新官”们都在积极地磨合，在“以一对众”的条件下，他们都采取了“磨己合众”的办法。这种干部的自觉磨炼，正是行长室想要看到的，也是轮岗的目的之一。用通俗的话来说，“新官”们都在“重新做人”。

磨合的结果令所有人都十分吃惊。“新官”们的每一次新动作，都会让人感受到惊喜，一次次的惊喜。

放心吧，一切都在朝着更好的方向发展。

从“灰姑娘”到“四部大臣”

周晓乐，原来科技部的副总经理，轮岗成了研究发展部、资金部的“两部大臣”。最初她是这次轮岗中最不让人看好的一个“灰姑娘”。

研究发展部包括业务调研、新项目管理、网点规划管理、广告策划等职能；资金部则有银行资产负债管理、资金调度、统计分析等职能。原先这是两个单独分设的独立部门，这一次部门整合，让两个部门合署办公，一套人马两块牌子。让一个干科技的工程师去统筹管理专业性极强、跨度极大的两个核心部门，而且从一个部门的副职直接去主持两个部门的工作，这样的安排有点像天方夜谭。

两个部门为什么要合署，金海腾自有一套解释：“研究发展部作调研分析需要数据，而统计数据是由资金部整理的，既然两个部门的工作联系如此紧密，何不合二为一？这样做，既能减少部门沟通的摩擦，又能节省人力成本，这样的好事何乐而不为？”

能不能把两个部门的工作做得最好，周晓乐其实心里也没底。但是她不知道，正是此前的一次聊天，她“祸从口出”定了如此的“终身”。

2002 年年底，金海腾、顾雪金、章育民、周晓乐、郭庆五人一行出差去深圳。

金海腾有个习惯，每次出差，晚上总喜欢把同行的员工叫到一起，或讨论工作，或海阔天空激发思维。那晚的聊天，金海腾提到了在“二次创业”中要进行中层干部大轮岗的计划，并让每个人都讲讲自己的看法。周晓乐是个“敢说敢闯敢做”的“假小子”，她当即表示：“去做信用卡、做财会，我觉得自己肯定没问题，我愿意去试试。”周晓乐当时负责的是科技，对全行的财会系统、信用卡系统接触较多，因此对这两个相对熟悉的工作，她说：“我还是有些把握的。”

有把握的，就是相对熟悉的。干熟悉的，不是这次轮岗的目的。周晓乐过早地暴露了“底牌”。

于是，最后让她接手的，当然是她绝对最不熟悉的工作。她做梦都没想到会是这样。周晓乐回忆起新上任时的情景说：“接手的第一周我不敢签字，资金部的签字，我都让他们去找原来的总经理章育民。”

“新官效应”在周晓乐身上发挥了淋漓尽致的作用。她带着研究发展部、资金部以超常规的速度进步着。新岗位工作满一年后，周晓乐在她的2003年度述职报告中，用这样的一句话作为开始：“一个错误的决定比没有决定好。”

这里多少有一点成功者的沾沾自喜。

她的自喜是有理由的，一个新领导让一个老部门上了一个台阶。

从2003年年初到2006年年中，杭州广发的规模飞速发展，总资产从103.44亿元跃升至400亿元，成为整个广发系统中规模最大的分行。这样的发展态势，对资金部的工作要求有了质的变化，他们必须在精细化管理和精确化管理上都有较大程度的提升。在这三年半中，杭州广发也经历了票据压缩、宏观调控、同业合作扩大、总行重组等一系列的特殊经营时期，资金部作为分行的决策支持部门，也发挥了更大的作用。这一切，周晓乐经受住了考验。

她做到了一个新领导赋予一个老部门以新的内涵。

周晓乐成功的秘密在哪里？很简单，她也把自己“推倒重来”了。除了做好研究发展部原来的业务调研、新项目管理、网点规划等职能工作外，周晓乐把职能延伸到了企业文化、品牌管理和对外营销策划管理等方面。既然行长室按照业务紧密链接的原则把两个部链接到了一起，那么她就按着这个逻辑，继续延伸着它们的业务链，以至于他们筹划组织的“文化广发”行庆系列活动，在杭州的社会各界产生了举足轻重的影响力。

2005年的9月，行长室在中层干部中作了一次调查，让他们给所有的部门打分，结果是研究发展部和资金部以超过 95 分的成绩高居第一。

钢铁靠自己的含量炼成。

2005 年 10 月，乔立江改任纪委书记和稽核部总经理，不再兼任党委办公室和人力资源部两个部门的老总。行长室以节省人力资源考虑，决定让周晓乐再兼管两个部门，于是，她就成了兼管研究发展部、资金部、党委办公室和人力资源部的名副其实的“四部大臣”。

周晓乐再一次“推倒重来”了。

此后，由于周晓乐的出色表现，行长室决定再一次为她创造一个新的发展机遇，调任宁波支行副行长。已经“推倒”过好几次了，再“推倒”一次又何妨？

宁波支行是一个有着 200 多名员工、下属 7 个二级支行、资产规模近 100 亿元的大型异地支行。周晓乐成了支行的高层领导，这使得她的管理层次、管理视野都提升到新的高度。

在不断的“推倒重来”中，最受怀疑的轮岗人员变成了最成功者。

“推倒重来”带来的是激情，而激情正是创业的第一主观要素。2003 年度中层干部的述职评分，绝大部分“轮岗干部”都以高分名列前茅，因为他们都有激情。

为什么不能因人设岗？

因岗设人，还是因人设岗？传统的人力资源管理教科书对于这个问题都有明确的表述：在定编的基础上，严格按照编制名额和岗位的具体要求，为企业的各个岗位配备合适的人员，真正做到“以事定职，以职定人”，人事相宜，即：要因岗设人，反对因人设岗。

“为什么不能因人设岗？”杭州广发提出了质疑。他们认为，不反对因人设岗，甚至还可以将它作为为员工提供表现舞台和提高工作效率的一个重要方法。

杭州广发有一条不成文的规定：“谁出主意谁办事。”只要你愿意干某方面的事情，那么只要合理，行长室就会全力支持你去做，甚至专门为你设立一个岗位。这就大大拓宽了一个部门或一个支行的边界，使他们拥有了更多发展、创造的空间。

杭州广发“因人设岗”的第一大特色就是“合署办公”。

杭州广发有众多合署办公的部门，通俗地讲就是“一套班子，两块牌子”，甚至是“一套人马几个番号”。国内的银行，通常要设置纪委、监察室、稽核部这三个部门，它们的工作都与“人的犯错”相关，常规的流程是这样的：稽核部开展检查，假如发现有人犯错误，那么就上报监察室，党员的就要上报纪委，然后定性处理。这就奇怪了，为什么一个人犯了错误，需要这么多个部门进行协调处理呢，为何不能由一个部门统一完成？杭州广发就将这三个部门合署了，“一套班子，三块牌子”，既达到了总行对部门设置的要求，也实现了组织的精简和效率的提高。

类似的合署办公还有：票据中心与金融同业部，这是合并同类项；科技部与客户资源管理部，这是合并上下游；办公室与行政保卫部，这是合并总分职能；人力资源部和党委办公室、工会，这是忙闲套作；法律事务部与风险管理部，这是合并“医院”与“防疫站”。

合署型的“因人设事”，是让一个人干更多的事。这对于规模不大的机构，能最大限度地精简，增加工作的紧密度。

“因人设岗”的第二个特色就是“岗位跟着人走”。

杭州广发可以为某一特殊才能者专门设置岗位。陈镭，2000 年从某国有商业银行进入广发，从科技部做起，后调至分行研究发展部、资金部，并从一名普通员工成长为一名优秀的中层干部。在研究发展部任职期间，他对服务有深入的研究，并结合香港银行业的经验总结出一套自创的培训方法，还借鉴其他服务行业的经验，发明了一个新的岗位——服务总监，负责整个分行的服务规划、服务管理、服务培训等内容。为此，他向行长室请缨，并被任命为分行的服务总监。2006 年 3 月，他调任分行科技部副总经理，行长室考虑其在服务管理上的能力和分行科技部的服务功能，决定让其将“岗位”带走，继续兼任服务总监。因人设岗带来了意想不到的好处。科技与服务结合后，科技变得更为人性化，服务也变得更加有效率，两者相得益彰。

笼统地讨论“因人设岗”和“因岗设人”孰是孰非，并没有实际意义。人力资源的调配要根据企业需要和员工实际，总是因时、因地、因人制宜。

宽容些，再宽容一些

因人设岗，其实就是用人上的人本主义。用人，这是管理的第一要务。都在说用人之道，又都说最难的管理还是人的管理。用人，到底是以“用”为本还是以“人”为本？

现在，我们来说说“奇女子”张虹的故事。张虹到杭州广发的时候，杭州广发开业在即。她做信贷员，很快成为全行最年轻的中层干部。我们就能想到，这一定是一个很有才的人。但是不久后，问题就出现了，她不善于领导人，或者说，在待人处事上，她是一个可以把所有的部下都忽略不计而独自勇往直前的人。如果在一般的单位，这种“独行侠”最多只能做一个优秀员工，而无法培养成一名得力的干部——因为她压根儿就没有与人共事的宽容。她太朴实了，朴实到几乎没有心机。当时有一首著名的乐曲叫《一意孤行》，有人在背后说，这首曲子就是为她而写的。

“用人”二字，如果强调“用”，张虹最后肯定抓瞎。因为凡是在她手下干过的员工，都说无法容忍她那毫无“常规领导艺术”的工作方法。这到底是不是她的过错，这种事情往往公说婆说各有道理。她干过公司银行部副总经理，形成了业绩出色和部下分崩离析的两大特点。但是从“人”这个字入手，你又不得不承认她是一个人才。她在西湖支行当副行长，抓信贷，她一个人的客户就占了全部客户的一半以上。当时西湖支行行长蒋骊军说：“我得让着她。”她坚决认同分行下达的指标，千方百计去完成，哪怕最艰难的条件都在所不惜。她特别擅长于操作上市公司这样的大客户，虽然别人都说她最不舍得的是自己的“尊严”，但是在对待客户上，她会尤其容忍和细心。最后又是同样的结果，在她出色地完成任务的同时，她手下的信贷员几乎都离开了。

她是一个为信贷而生的人，但绝不是为信贷员而生的人。

这就是一个活生生的人。不是说管理要以人为本吗？那么就要以活生生的人为本。对于张虹这样活生生的人，杭州广发将采取什么样的策略？

行长室一致认定张虹是一员将才。最重要的理由就是敬业与顽强的斗志，要知道这是一个20世纪70年代出生的人，当时才20多岁，这一年龄层属于银行的未来。都知道，当时社会给70年代的人有一个特殊的称谓：断层的一代。他们对中国传统的价值观而言，是一代“断层”，他们既有旷世浩劫的童年印象，又有“文革”结束后热烈躁动的社会刺激，在这“一半是海水、一半是火焰”中经历的一代，许多人往往个性张扬，无羁无束，恃才傲物，玩世不恭。但张虹不是，杭州广发看到了她行为背后的正直，看到了她在大是大非面前的坚定不移，看到了她对于事业的全身心投入，一句话，她的素质与贡献都大于缺点。

是将才，就得有将才的用法。在这一点上，杭州广发尤其宽容。不是说张虹缺乏的是“理性的管理素质”吗？好，那就把她送到英国去读MBA，回来后，单独成立产品销售部，让她当主持工作的副总，又让她去筹建支行，让她有行长的经历后再回分行担任产品部的总经理。属下有不适应者，没关系，“为将配兵，而不是因兵设将”，她的部下一拨拨地换。这里不存在对与错，张虹对“理想下属”的要求近乎苛刻，权做一个人力资源培训班，一个让员工历练的平台。也让所有张虹的下属们见识一下，在杭州广发，哪怕当个普通员工也不是那么好混的。

张虹到底是否值得如此地善待？也有人问。

金海腾反问：她就是这样一个人，如何以“她”为“本”来考虑用人方案？

是的，以人为本的管理，难就难在，人不是一个模子里刻出来的，人是有丰富的个性的，以人为本，就得以一个个的个体为本来做“处方式管理”，不然，那就是一句空话。

副行长任清尧也有一句话：人最终是可以改变的，是会进步的。

任行长的这句话发自他的内心，发自他对张虹的某一次深切感受。因为在当时，他显然遇上了这家银行发生概率很少的“特殊关系问题”，如果发生了，谁都知道必定棘手——张虹与谌福民较上了劲。

谌福民在杭州广发也算是“老革命”了，他是第一批进来的老员工，当过信贷部总经理、湖墅支行行长，现时任市场一部总经理。这是一位严于律己的管理者，对管理的细节尤为认真。

两个都是很牛的人。张虹一个部门 4 个人，一年里创造了 1 590 万元的利润，而谌福民一个部门 6 个人，一年里创造了 4 649 万元的利润。

张虹与谌福民较上了劲，那必是一场互不相让的“恶战”。

矛盾的焦点产生于对某一家客户服务的途径，谌福民从支持发展角度考虑，张虹从防止风险的角度考虑，都为银行的利益考虑，谁也没有错。然而谁也说服不了谁，矛盾上交到了值班行长任清尧的手中。任行长根据具体情况，认为谌福民的方案可做，要张虹从程序上配合一下，张虹还想坚持说明一些理由，被任行长一口回绝了。急性子遇上了急性子。

晚上，任行长想想有些后悔，他在心里检讨，自己对张虹的态度是不是有些生硬？他太清楚张虹得理不让人的脾气了，于是连夜打电话给陈张芳副行长，陈行长是行里的“参谋长”，想让他做做张虹的工作。

打完电话后，任行长还是有些惴惴不安。他甚至想明天一早，张虹会不会上门来兴师问罪？张虹在没想通前，才不管你是哪一级领导呢。

但过了不久，他收到了张虹发给他的一条短信，这让他大为惊讶。他想不到，这居然是今天的张虹说出来的话，我们把这条长长的短信原文直录于下：

> 任总好：陈总给我打电话转述了您的意见，我会服从领导指示，把事情处理好，并与客户沟通好，也把谌总的面子维护好的。至于您说下午对我的态度有点生硬，我没有这么认为，请您也别放在心上，大家都是为了工作，出发点都很好。不知我理解得对否？性子是急了点，将心比心，我想我们能做的就是把工作做得好一点，控制风险，无他。希望那么晚没有吵到您，晚安。

如此的通情达理，如此的有大局观。这就是今天的张虹。

是的，一个人能够在历练中成长。张虹已经渐渐成熟了，她与几年前的张虹判若两人。张虹也宽容了。

宽容些，再宽容些，杭州广发在培养像张虹这样有个性的员工上，人本原则起到了作用。

全国首创企业财务顾问业务

“推倒重来”的二次创业，催生了一项新业务的诞生，也催生了杭州广发历史上第三位里程碑式的人物——章育民。

章育民原来是资金部总经理。在“二次创业”中，行长室为发挥他业务创新的特长，将他从资金管理工作中解放出来，因人设事，专门成立了公司银行部，从事公司业务的创新与拓展。

2003 年 2 月 28 日，杭州广发与浙江省三家著名企业举行了“企业财务顾问业务”的签约仪式，诞生了中国金融界一个银企合作的新业务。这在业内有很大的震动，它的发明人就是章育民。

我们在前面已经讲到，杭州广发在中小企业市场定位中，曾提出“532 信贷计划”，将中小企业的初级客户培育成具有高度成长性的优质企业，甚至成为同行业的领头雁。企业发展了，资金的瓶颈过去了，他们面临的是经营管理和市场开拓的全方位升级。这时候，银行能做什么？企业财务顾问业务便应运而生。

杭州广发企业财务顾问业务的核心，是利用银行在信息、人才、管理、资金等方面的优势，帮助企业全面提升经营管理水平。在一般的理解中，银行所能作的仅仅是财务方面的咨询，而杭州广发要做的，则涵盖了经营管理的各个方面。新诞生的企业财务顾问业务包括了日常经营财务顾问、项目财务顾问、企业并购财务顾问、资产管理财务顾问、改制上市财务顾问等等。是的，银行总是与财务有关，杭州广发正是选择“财务”这一特殊的视角，向企业全面掘进。

某房地产开发公司融资方式过于单一，除了实收资本外，全部来自银行贷款。2003 年，金融主管部门对房地产贷款频频出台限制政策，使得企业措手不及，一时间陷入困境。他们找到了杭州广发，请杭州广发做财务顾问。这是一个聪明的做法，他们把全部账本摊到银行面前：“你们说吧，我该怎么办？”杭州广发组成了顾问团，深入分析了企业的经营管理情况，最终为其设计了“信托融资”的道路。好，企业接受了，但不知道如何操作，杭州广发又出面与信托公司谈判，并代理销售他们的信托产品。这样，信托资金在短期内迅速到位，企业的资金问题解决了。杭州广发却并不是弄到了钱就算完事，他们又帮助企业制定资金运用方案、销售策略和回款计划等一系列的经营策略。这一招，最终帮助了这个房地产企业顺利完成项目，并保证了赢利的最大化。

章育民提炼了这个个案的精华，把它升华为可操作的一般银行实务。就这样，他创造了“企业财务顾问”这一崭新的银行业务。章育民说：“企业财务顾问的特点，是以客观的态度帮助企业发现问题，并设法解决问题。作为企业财务顾问的银行，我们把融资作为优势工具，但绝不是唯一工具。财务顾问的内涵要广泛得多，即通过介入企业，寻找企业与银行的最佳结合点，以我们的智慧加工企业的经营，谋取双方的合作双赢。”

生命力来自差异化的优势。杭州广发的企业财务顾问与一般管理咨询公司相比，不但有管理上的优势，还具有银行在资金供给上的天然强势；而与传统银行相比，杭州广发的服务是资金加智力，比简单的资金借贷更具含金量。业务推出不到一年，就吸引了近 20 家企业来签约合作。效果如何，听听嘉兴三江化工有限公司总经理管建忠所言。他说：“杭州广发是三江化工的不是股东的‘股东’，是企业超常规发展的智囊团，是企业的坚强支撑。”

对于杭州广发的“二次创业”来说，企业财务顾问业务打开了一个向前挺进的突破口，也迈开了转型路上坚实的一步。

细节的细节

“非典”肆虐的2003年，中国人的心态发生了微妙的变化。人们开始“尊重”起过去被漠视的细节，生怕一个小小的不良习惯会成为可怕的杀手。刚在“二次创业”的征途上起步的杭州广发，也被突如其来的“非典”打懵了。员工们也开始重视生活的细节。

这一小小的变化，被敏感的行长室提升到管理哲学的层面来认识。

是的，创业的激情使大家亢奋，但“萝卜快了不洗泥”，也带来了不良的工作习惯。人们往往不注意或者注意不到工作中的一些细节。生活的细节使人们联想到生命的“非典”，为什么工作的细节，没有让我们的员工想到事业的“非典”？

金海腾觉得，这时候有必要压压这些苗头，给大家提个醒了。

5月25日，正好是行长室《给全体员工的一封信》发表六周年的日子，杭州广发在温州雁荡山召开了第一届同城支行行长会议。行长室将同城支行行长会议定性为“经营思路研讨会”，并决定此后每年年中定期召开。工作了半年，正是需要及时调整发展方向的时候。

会议研究了“非典”时期以及“非典”后的经营思路。当时，行长室判断“非典”不会持续很长的时间，应该积极准备抓住“非典”后的发展机遇。虽有先见之明，但这些还是一般例会的作为。更具特殊意义的是，金海腾在这个会议上以《细节的细节》为题，辩证、系统地对“细节”进行了阐述。项庄舞剑，意在沛公，他的讲话显然在于扭转“萝卜快了不洗泥”的不良倾向。

“‘细节’一词，从字面理解即为细枝末节。”他说，“细节一般不构成事物的主体特征，对事物的发展方向不起主导作用。但是，它会影响事物的发展方向。对一些细节问题的正确把握，可能会使我们加速前进或反败为胜；反之，如果处理不好，就会停滞不前，甚至前功尽弃。”

要知道，后来风靡中国的《细节决定成败》一书，当时还没有出笼呢。

金海腾侃侃而谈，这个主题发言的开头，也成了杭州广发会议史上一个有趣的细节。金海腾分析道，“细节”，在一般情况下，它很安逸，很“安耽”，躲在那里，不会变成一个影响我们主体发展的要素，然而在某种情况下，它相对不利的一方会膨胀，会“癌变”，会一下子变成扭转全局的关键。所以，作为领导，在这个时候对“细节”问题就要十分地重视，能够洞察重要“细节”。

谈话虽然轻松，但仿佛不着边际，这使大家有些丈二和尚摸不着头脑了。这时候，金海腾话锋一转，将“细节”之议切入了杭州广发的沉痛教训：

> 杭州广发余杭支行信用卡案件就是个典型例子。杭州广发的发卡量当时已近 16 万张，几十张甚至上百张信用卡的恶意透支不会影响广发卡发展的大好形势。但是，杭州余杭支行发生了冒充部队军人办理国际信用卡的诈骗案件。一个细节被我们忽视了，那个细节却是最常规的知识，我们知道，军人出国是受到严格限制的。信用卡信审岗对这一细节没把好关，最后形成了恶意透支。这不仅仅是造成经济损失的事，而且使杭州广发受到人民银行的通报，还影响了自助银行的正常开业。仅仅是这么几张信用卡，已经上升到了一个质的问题，影响到了全局。

金海腾的表情十分沉重，感染了全体与会的干部。轻松的感觉荡然无存，全场沉浸在深刻的反思之中。这就是金海腾的演讲艺术。

金海腾说：“细节在某种特定情况下，会转变成一个关节点。这个关节点在关键时刻，就成为影响大局发展的决定因素，起到决定性的作用。所以，往往由于对一些细节的忽略、忽视，导致全盘皆输。这样的输局让人扼腕痛惜。”

由此，他引申出杭州广发一个新的处事公式：100–1=0。

他解释说，细节在一般的情况下不决定事物发展的方向，它只是个小小的“1”，但在特定情况下，它会膨胀，会改变事物原来的发展轨迹，甚至会使事物发生倒退，乃至毁灭。这时候，细节问题就成为整体问题，变成了“100”。

100–1=0，这是金海腾为致命的细节建立的一个数学模型。

这是一个太简单的等式，也是一个按照常规绝对不可能发生的反常现象。金海腾说，致命的细节，就是“不可能发生的反常现象”，然而它却发生了。世界就这样奇怪，这样非理性。不，它是理性的，反常恰恰是我们不理性地对待细节而造成的。

他告诫说，作为一个领导，要善待细节。关注细节但不能过分拘泥细节，否则就会变成事无巨细的事务主义者。如果整日纠缠于细枝末节，就不懂得怎样去抓大事。事必躬亲，不见得是件好事，而且也难以做到。但如果一味“抓大放小”，不注意或不善于发现一些细节，就会走向另一个极端，也会出大问题，这时候，事务主义者就变成了官僚主义者！

细节万万千千，要想从中找出影响大局发展的重要细节，非常困难。如何去发现并处理好影响和改变事物发展方向的细枝末节呢？金海腾讲了四个原则：

原则一：注重方法。曾经有一本书叫《人文中国》，它把全中国各个区域的人文特点作了一个很详尽的分析。这本书开篇第一章就是《钟灵毓秀浙江人》，举了一个很简单的例子来描述浙江人。在一个黑灯瞎火的房间里，伸手不见五指，这时候，有一枚针掉到了地上。在场的是一位浙江人和一位山东人，他们的处事方法截然不同。山东人非常诚实，非常憨厚，非常认真，他会一寸一寸地在地上摸，直到找着这枚针。但是浙江人却不这样做，他先竖着耳朵去听，辨别针可能掉在什么方位，然后就想到可以利用吸铁石的磁性把针吸起来。可房间里没有吸铁石啊？他发现了一台半导体收音机，马上想到收音机的喇叭是带磁铁的，于是就利用收音机去寻找这枚针。两种截然不同的方法，结果当然可想而知。

原则二：规范流程。处理细节必须要用到的方法是“程序化”。将操作的各个环节规范化，制订一个合理的规章制度，使大量的细节处理按照统一的标准进行批处理，既可以提高工作效率，强化细节处理的专业性，也可以减少细节的遗漏。比如，杭州广发在贷款发放前设立了放款审查中心，操作人员并不需要对贷款的来龙去脉都了解，他只需要按照规定的要求对相关手续的完备性、合法合规性进行审查即可。

原则三：善于总结。经验很重要，如果让一个没有经验的人去承担与他不相适应的繁重工作，那他肯定难以对细枝末节考虑周全。要善于总结，积累丰富的经验，抓住可能会影响全局发展的关节点。比如在信贷项目的谈判中，需要运用自身积累的经验，缜密地考虑和判断。曾经有一个贷款项目，申请人的身份证号码和本人情况不吻合。本人是温州人，而身份证号码却是杭州的。就是从这么一个细节追查下去，发现他已经拿到了外国护照，最终这笔贷款没有放下去。虽然不能说这笔贷款放下去一定会有风险，至少风险度较其他同类贷款要大。这就是经验的判断，抓住了一个细节，由此及彼、由表及里地了解真实的情况。

原则四：临事而惧。临事而惧强调的是一种责任心，也是一种方法。多考虑，永远不要飘飘然。什么事情都作好准备了，只要还没发生，就一定要再想一想，看看还有没有什么差池。1993年，我在鄞县当县长时，有一次轻纺城放焰火。当时所有准备工作都做好了，就等时间一到立即点火。可是我还在反复考虑，会不会有什么闪失？会不会有什么地方没想周到？因为前一年，常务副县长指挥放焰火，就在快结束时发生了爆炸，所幸没有人员伤亡，但也让人心有余悸。我再次察看了周边环境，检查结果也比较让人放心。就在下点火令的那一刻，我突然想到附近就是栎社机场的航道，如果刚起飞的飞机的飞行员突然听到焰火砰啪炸响，会不会造成意外的险情？我立刻与机场联系，证实在放焰火的时候，恰好有一个飞北京的航班起飞。后来经过协调，飞机提前起飞了。临事而惧，很小的一个事情却可能会影响大局，千万不能假设，不能心存侥幸，就像对待"非典"一样，"宁可错关一千，不可错放一人"。别人可能已经考虑过了，但你还必须注意观察别人可能忽视的细节，抓住可能影响大局的细节。

金海腾在这里又引申出了另一个公式：99°C+1°C=100°C。

就是这一度，使热水变成了沸水，细枝末节起到了一个关键的作用。

关于细节的谈话，让所有参加会议的人都有"于无声处听惊雷"的感觉。所有人都自发地联想到自己工作中的细节，那些可能是致命的细节，想到行长的告诫，无不茅塞顿开。最后，对细节的问题，杭州广发形成了两个观点。

第一个观点：既要举重若轻，也要举轻若重。

"举重若轻"是指面对困难、险境时从容不迫，应对自如，有泰山崩于前而色不变之气概；"举轻若重"则要求人们虑事周全，严谨细致，工作中善于见微知著，于细微之处见工夫、平凡之中现神奇。举重若轻与举轻若重，表面上是两种截然不同的处事态度，其实质则是相辅相成的两种工作方法。举重若轻，是指心态放松，遇事临危不乱，善于把控全局；举轻若重，则强调了对细节的关注，做到临事而惧。全局是由众多细节构成的，只有处理好了细节才能掌握得了全局的发展。

第二个观点：既要完美主义，又要若即若离。

杭州广发倡导"创造卓越，追求超越"的完美主义精神，完美主义者一定要求细节到位，如果细节不到位，也就难成为真正意义上的完美主义。但完美主义并非是对任何细节都是平均用力，而必须该抓的时候要抓住不放，该放的时候要大胆放手，要有选择地对待细节。这两者也并不矛盾，关键在于如何根据实际情况作好“度”的把握。宏观的正确决策需要微观的到位执行才能取得真正的发展实效。

金海腾最后的总结，把细节提高到了战略的高度：“今天只有把握好了细节，才能真正把握好我们的发展方向，才能真正摘取我们已经培育成熟的丰硕成果，才能真正迎接我们广发杭州分行发展的第二个春天！”

这次会议，不但达到了经营思路研讨的目的，更为“二次创业”奠定了方法论。

打造浙江金融第一品牌

“二次创业”的第一年，即 2003 年，杭州广发多项业务名列全国广发系统的第一位，实现利润 3.11 亿元，比 2002 年增长了 85%，而不良贷款率仅为 0.19%。银行业内都知道，这一发展速度和质量是十分了不起的。9 月，杭州广发又被评为广发银行系统发展史上第一个“明星分行”，成为整个系统的标杆。“二次创业”的激情已经化为实际的效益。

“二次创业”实际上是杭州广发一直以来奉行的“追求超越”精神一个阶段性的行动口号。2004 年，他们还能再次“追求超越”吗？所谓超越，就是以更高的目标挑战自己既往的成就。这一次，杭州广发又有什么高招？

“愿景激励。”行长室作出了回答。

“10 年前我到新加坡考察，在建屋发展局的墙上我看到他们的发展愿景：‘致力于成为世界上最美丽的城市。’这句话给我留下了非常深刻的印象。愿景是他们每个人努力的目标，每个人都会为这个目标而自觉地行动。”金海腾解释说。

当时国内还很少有人提到发展愿景这个概念。专业地说，愿景只是一种崇高而模糊的目标，它没有既定的答案，可以见仁见智，却构成一种众望所归的境界，让大家心仪崇尚。正如 20 世纪 50 年代“一定要把淮河修好”的愿景，虽然并没有界定什么叫“修好”，却使淮河流域的人民激动不已，许多人为此付出了极大的努力。

在许多时候，群体行为常常以愿景为号召，有着巨大的心理激励力量。

3 月，杭州广发提出了“致力于打造浙江金融第一品牌”的发展愿景。

提出这一愿景的目的，就是要使杭州广发成为客户在浙江的首选银行，使它成为客户心中最高效率、最佳服务和最优质量的代名词。

所有的“最”只是一种相对的概念，但它的境界却是绝对的，令人心仪的。

金海腾说得很明白：“我们提出这个愿景，并不是说我们已经具备了成为第一品牌的实力，我们的立意就在于‘致力于打造’，希望通过一个远大目标来激励员工，让员工以‘第一品牌’的标准来要求自己，提高自身的素质，逐步走向第一品牌的目标。”

于是在杭州广发，出现了两个版本的员工名片，一个版本的名片底部有一条蓝边，上面印着“致力于打造浙江金融第一品牌”的字样，而另一种版本则没有这一标记。

什么意思？行长室解释说：“如果你觉得你已经具备了或者有希望具备成为第一品牌的素质，那么就请印上这条蓝边；如果你还没有准备好，那么就请你不要印。”

这一次，行长室并没有要求和规定，只是提供了一种选择。这一选择是一种引导，也是一个逼问：你准备好了吗，你开始行动了吗？

激励员工自发地行动，让他们成为一流的员工，这正是“员工第一”的另一种诠释，也是与“十二大员轮岗”的对称措施。

行长室说：“只有把员工推向行动的第一线，才是对员工价值的真正认同。不是说‘广发的人’吗？员工就是我们的第一品牌，是我们事业发展生生不息的第一原动力。”

行长室没有具体的要求，员工却提出了要求：我能成为“第一员工”吗？于是，围绕着“第一品牌”，人们开始从金融服务、金融创新、经营管理等方面，提出了改进意见，迈出了打造浙江金融第一品牌的第一步。

愿景的效果，我们将会在下面几个章节里逐步讲述。请翻过这一页，更精彩的还在后面。

第十四章
成为卓越的领导者

如何培养一支具有战斗力的中层干部队伍？如何协调局部与全局？什么是广发式的领导艺术？

责任集团和利益集团

对于中层干部，杭州广发有自己独特的定义：责任集团和利益集团。

中层干部是企业的一个利益集团，因为他们都是企业的中坚力量，以贡献计量报酬，得到比普通员工更多的利益，这既是对中层干部的公正评价，也是留住核心人才的正常手段。当然，利益集团绝非某种意义上的“特殊利益集团”，而是在公开、公平、公正的评价体系下得到的公允的利益。

杭州广发更强调中层干部应该是责任集团。在国内的大多数企业，中层的利益都能解决，但大多数都解决不了责任问题。广东发展银行是非上市银行，中层甚至高层管理人员，都没有持股。“所有者缺失”、“代理问题”等管理上的难题，在这里已经具有存在的条件。因此，从立行之日起，杭州广发就尤其强调中层的责任意识。“责任集团”的概念就在这样的情况下产生了。

责任的表现，杭州广发强调的是能否主动承担过错，“推功揽过”是他们的明确要求。如果一线的经营出现差错，行长室不但要求经办人承担责任，更要求相关的管理层和管理部门承担更大的责任。

有一次自查票据业务，他们发现了问题，行长室对相关责任人进行处罚：处罚最多的是行长金海腾，然后依次是副行长、相关管理部门负责人、支行行长、经办客户经理所在团队的团队长、经办客户经理。有人统计了处理结果，发现分行管理层所承担的处罚金额，占到总处罚金额的88.25%。浙江银监局看了杭州广发的自查处理报告后眼前一亮："这种领导层主动承担责任的处罚方式，在杭州所有银行中是绝无仅有的，我们很赞同，很满意。"

既然中层干部是一个责任集团，那么培养他们的领导艺术，就成了杭州广发历来重视的任务之一。开行之初，招进来担任中层干部的人员中，绝大多数都没有担任过领导职务。针对这样一支缺少领导经验的中层队伍，行长室总是变着法子来强化训练他们的领导能力。

金海腾曾组织中层干部午餐会。即每天中午，把在食堂吃中饭的时间，变成他传授领导方法和管理经验的机会。而一年一度的中层干部读书会则是最具典型意义的集中探讨领导艺术、提升中层干部思维能力的会议，2001年开始的理性化分析会，2002年开始的换位与错位思考会等都已经成为惯例。

2003年11月，杭州广发2003年度中层干部读书会在浙江诸暨五泄召开，此次读书会的主题是"成为卓越的领导者"，行长室推荐了一本叫做《鲍威尔领导秘诀》的管理类书籍，金海腾给全体学员出了17道题目，要求他们结合自己的工作选择一个方面谈谈领导艺术。

在这次读书会上，金海腾也将杭州广发的领导艺术、领导方法作了一次全面的梳理。那本书只是帮助行长室破了一个题，而"借题发挥"则一直是杭州广发培养中层干部的一个高明手段。

像老板一样思考

怎样承担起责任集团的使命？杭州广发要求中层干部要"像老板一样思考"。也就是说，责任集团的每一个成员，都要站在投资人的立场思考问题，站在行长的位置去换位思考。

杭州广发强调像老板一样思考，原因就在于，不同位置的人，有不同的思维习惯。一个员工，他最关心的是上级对自己的评价，这关系到他的未来，是晋升还是被炒鱿鱼；一个中层干部，他考虑最多的是本部门能否完成上面下达的任务，因为这里有老板的评价，这将直接关系到本部门的利益；而作为老板，最关心的则是企业发展的方向和形态，以及企业的社会地位。像老板一样思考，就要求员工和中层干部，都要以企业的大利益为出发点，而不是部门或个人的利益。

但毕竟中层只是中层，他们并不是老板。那么如何“像老板一样思考”呢？杭州广发要求中层干部处理好两对矛盾。

第一是战略与战术的矛盾。

战略是关于全局性、未来性、根本性的重大决策，是企业发展的大方向和行动的大部署。而战术，则是指为了达到战略目标而采取的具体行动。战略要通过正确的战术执行来实现。中层干部这一责任集团，正好处于战略与战术的交界面上，他们需要正确地理解战略，又需要正确地实施战术。这就是杭州广发为什么要重视中层干部，并把他们强调为责任集团的原因所在。

杭州广发进一步阐明了工作原则：战术执行必须紧紧围绕和服务于战略的真正意图和核心目的。

一个例子很说明问题。杭州广发为了大力发展个人金融业务，将为客户股票交易提供服务的“银证先锋”业务，作为战略拓展业务。作为客户的基本投资账户，它能锁定客户的忠诚度。但是这一意图到了支行，只被理解为一个考核目标，因此在开户数量上“多快好省”——收集亲戚朋友的身份证来开户，甚至有5岁的小孩开立的账户。表面上看，业务指标很快完成，但大多是空户，没有交易量，根本无益于战略目标的实现，反以错误数据误导了宏观决策。

如果中层干部是“歪嘴和尚”，那么再好的经也会变味。

中层干部必须照着战略的“乐谱”弹好自己的“调”，遵照行长室的战略意图，确定符合战略的战术，而不是“钻空子”、敷衍塞责，这样，责任集团才算是责任到位了。

第二是全局与局部的矛盾。

在整体上战术符合战略的意图后，各个战术之间还有轻重缓急、相辅相成的问题。金海腾还是以军事为例，打突击、打增援、打穿插、打后续，都得进退有序，前后合度。这主要表现在如何达到局部与全局的统一。全局和局部是两个相对的概念，对于支行，分行是全局；对于经营部门，支行又成了全局。

杭州广发归纳出一句话：中层干部要“全局在胸，局部在手”。“全局在胸”就是要 “像老板一样思考”，而“局部在手”，则是有效的执行，而不是无效的折腾。他们有一句形象的话：“不能只是埋头拉车，还要抬头看路。”要随时看看自己所处的位置，与大部队的方向是否一致。

杭州广发既倡导“局部为全局服务”，甚至暂时牺牲局部利益，来适应全局发展的需要。他们又鼓励“局部推动全局”，鼓励通过创造性的执行，来推动全局的发展。在这里，创造性是一个推动的关键。

金海腾还是讲战例：刘邓大军挺进大别山。

1947年，在解放战争还没有取得战略优势甚至局部危急的情况下，毛泽东策划实施了刘邓大军南渡黄河挺进大别山的战略行动。从局部来讲，这次挺进，刘邓大军损失很大，但就全局而言，这个军事行动采取的是进攻态势，把战场延伸到国民党统治区去，严重威胁到国民党的统治中心——南京和武汉，并带动了其他各战场的解放军转入反攻，取得了全局上的主动，因此，这次挺进是一次巨大的成功。刘邓大军的局部损失，换来了整个战争格局的主动，实现了局部推动全局。

这一战例在杭州广发深入人心。在他们的每一项新业务“突围”的时候，就称其为“挺进大别山”，各个支行和部门都愿意争相成为杭州广发的“刘邓大军”。对于愿意为全局发展实现推动和突破的“刘邓大军”，杭州广发都会给予重奖，但是，这些奖励从来不会在行动之初就给予承诺，而是事后“论功行赏”。

金海腾说：“我们在每年年初和每次活动开始的时候，都会设定一些奖项，但往往活动结束的时候，最终的奖项都会比最初设置的要多，我们提倡的是‘用放大镜去看员工的优点’，只要他们为分行的发展作出了贡献，哪怕只是一丁点儿，我们也要鼓励。”

每年年终的特别贡献奖，几乎成了杭州广发给自己的“刘邓大军”所设的专门奖项。

因此杭州广发的中层干部往往都有极强的创新欲望，愿意带领员工去尝试创新业务，这就使杭州广发的发展有了源源不断的动力。把倡导的理念形象化，把形象的意义楷模化，把楷模的价值实务化，让人们可以引身自比、对号入座，这就是“刘邓大军”这一概念在杭州广发的价值。

“小门”建设

必须承认，一个企业的各个部门之间是有差异的，差异性往往会导致各部门产生各自的“亚文化”。亚文化可能是企业主流文化的具体化，与主流文化一脉相承又符合自身情况的不同实践，也可能与主流文化背道而驰，产生冲突和对抗。

杭州广发的主流文化是一个人事关系简洁、高效信任、员工第一、积极进取的境界。而亚文化则产生在支行和部门这些“小门”里，因而改造和修正亚文化，被杭州广发称为“小门”建设。

必须这么做，企业无文化不立。

“小门”建设中最为关键的是中层干部。中层干部作为上情下达、下情上呈的渠道和纽带，是各“小门”的带头人，他们的一举一动往往会影响员工的工作状态和发展。行长室要求中层干部必须将“小门”建设作为一项重要的工作内容，要运用“广发理念”来影响、管理员工。用杭州广发的话说，就是“要既讲军事又讲政治，不能用纯粹的军事观点来管理员工”。这里的“军事”是指银行的业务开拓，“政治”是指用广发理念来引导、教育员工。

强化“小门”建设，首先要求中层干部不能凭自己的好恶来用人。每个人对别人的看法都不尽相同，即使在同一个银行，各部门和各支行，甚至各个中层干部的用人标准也不尽相同。金海腾说得很坦率：“我们行长室不会凭个人的好恶来评判一个人。可能我不喜欢某些人的个性，但只要这个人对我们行的发展是有益的，那么他就应该得到发展空间。我常说‘我不喜欢你，但我会用你’，用不用的评判标准就是符不符合广发理念。这一条也是我们对所有中层干部的要求，这样做，才能在全行营造一个公开、公平、公正的人事环境。”

“小门”建设功在细节。我们对比杭州广发的两个支行，这两个支行的行长本来是同班同学，个人能力不相上下，支行规模也在同一级别。一个是清泰支行的朱慧娣，每当分行召开全行中层干部会议时，她都会向行长室申请让其支行里的部分员工破格旁听，这是一个极为聪明的办法，让分行帮她做员工的思想工作。她还会在第一时间将她所接受的上级指示通过短信发送给支行的所有员工，使得员工们的思想保持高度一致，也让员工感觉到被尊重。而她的同班同学、另一位支行行长却没有朱慧娣那样的用心，在2005年这两家支行四个季度的业绩PK中，朱慧娣所带领的清泰支行三次胜出，这让那位同学行长感慨万千。2006年年初，那位行长转变了工作方法，加强了“小门”建设，经过半年多的努力，员工的凝聚力增强了，业绩也很快得到了提升，当年二季度的业绩PK中即见成效，战胜了清泰支行。

金海腾常常把中层干部比喻为员工之师。“师者，传道授业解惑也。”在杭州广发，“道”即为“广发理念”。中层干部如何传道，如何强化“小门”建设，各有自己的体会。文三支行行长陈妩举了个《西游记》的例子，道出了其中的深刻含义。

她说，当年唐僧师徒一行取经成功后，孙悟空并不想得到什么封号，他只求观音菩萨能够取下他头上的紧箍。观音菩萨略施法术满足了他的要求。孙悟空的紧箍真的没有了吗？这只野性十足、本领高强、不懂章法的猴子，当初为了帮助他修炼可谓难上加难。在取经的路上，孙悟空反复接受了唐僧的教诲，并时刻受到紧箍的约束。教诲就是理念，紧箍就是制度。最后，他对佛家的行为规范已经习惯，并且把那些约束行为的制度变成了自己的行为准则，不再需要其他外来的约束，完全符合了佛家的价值体系要求，便修成了正果。观音摘了他的紧箍，但其实紧箍还在，只是从有形变成了无形，由外来的约束变成了自我的约束。

陈妩说："无形的自我约束，这就是文化。"

因此她总是坚持给员工"传道"，通过不同形式将企业的价值观灌输给员工，并形成一种"布道"的氛围，让员工在制度中规范行为，在引导下自我领悟。

陈妩说："领导就是要创造这样一种氛围，让员工自觉或不自觉地根据广发理念来为人处事，起先不对也不能强硬地去扭转，而是潜移默化地影响，让他们假着，假着，也就变成了真的。"

假着，假着，也就变成了真的，这话说得深刻而有趣。假着，是在他们没有心悦诚服地接受时，久而久之，他们接受了，也就成了真的。

一线永远是对的

美国前国务卿鲍威尔的领导艺术中有一条准则：战场上的指挥官总是正确的，而后方的梯队指挥可能是错误的，除非有事实证明不是这样。他说，在战场上的人最了解那里的问题，最了解那里的情况，因此那里的人具有真正的智慧。所以，鲍威尔主张"真正的智慧"来自他的大使们，而不是来自华盛顿的官僚机构。美国外交界认为鲍威尔的立场"几乎是革命性的"，它完全颠覆了权力在一个组织中的传统地位。

鲍威尔的这条准则，让杭州广发的行长室深有感触。

建行初期，他们就提出"二线为一线服务，一线为客户服务"的理念，如何落实和深化这一理念，得找到一个切入口。在2003年的中层干部读书会上，行长室提出了一个新的管理理念："一线永远是对的，二线可能是错的，除非证明不是如此"，并配套了具体的执行要求。

他们并不是生硬地套用鲍威尔的说法，他们有自己的判断。

行长室认为，一线的支行和业务经营部门是最接近市场的，他们最了解客户、竞争对手、业务趋向等市场信息，他们能更快、更灵活地适应市场环境，从而寻找到经营对策。而二线往往是凭借过去的经验和已有的制度来对一线进行指导。已有制度常常会滞后于事物的发展，这样就不可避免地出现制度阻碍事业发展的弊端。创新的火花通常来自于一线的信息，只有充分尊重认同一线的探索，才能更好地推进业务的开拓。

因此，杭州广发要求二线的服务部门要充分重视、认真对待一线提出的每一个需求，不允许简单地否定一线的想法和需求。当一线提出的需求与现有制度冲突时，二线必须进行深入调研、客观分析，如果需求是合理的，那么就要马上修改制度以适应新的业务发展需要。

这一想法的明智性，就在于它坚持从实际出发，实践才是检验制度的标准。

这一管理理念的确立，大大激活了一线的主动性。一线的创造力和进取心，才是金融创新的源泉。尤其是面对多样化的中小企业市场，杭州广发需要的是更为迅速的反应。

但二线也不是被动地配合，二线也应该主动。我们举一个例子。对于以外贸企业为主要客户的一线来说，分行的国际业务部显然是一个提供后续服务的二线部门。浙江众多商贸型的外贸企业，由于注册资金比较少，往往很难在总行制定的信用评级系统中获得较高的分数，从而很难得到更高的贷款额度。于是一线开展业务就有了困难。国际业务部总经理钱理彤在二线服务于一线的理念推动下，主动地想到了这一点，她认为，实际上浙江的这些外贸企业大多都经营良好，是成长性较好的企业。假如以总行的标准去开拓客户，那么一线支行就很难赢得一大批优质的中小外贸企业。比如总行的优惠政策，规定上年的国际结算量达到2 000万美元的客户，可以上调一个信用等级。这对浙江的那些中小企业来说，优惠几乎是"空中楼阁"。能不能把界限下降到1 000万美元？钱理彤没有简单地遵循总行制度，从而拒绝中小客户，她要去争取符合浙江地区经济特点的政策。她几上总行，有理有据地去争取政策。小女子终于说动了总行的金融大员。正是分行国际业务部这样为一线着想的工作态度，使杭州广发近几年的国际业务量始终在广发全国系统内名列前茅。钱理彤所带领的分行国际业务部，堪称二线服务的典范。

二线为一线服务的质量和速度，是杭州广发考量这一理念是否得到有效执行的标准。行长室对这一考量的要求极为严格，甚至是“苛刻”的。杭州广发的目的就是想利用这样的机制，来防止坐在办公室的二线人员的“官僚化”。

违反这一理念会受到严厉的处罚。处罚的方式多样，尤其特别的是“广发义工”。所谓的“广发义工”，就是受处罚的员工在非工作日里，为某一特定对象义务服务。分行科技部有一员工曾经将一个支行的需求延期了三天处理，影响了这个支行的业务开展，于是，他被全行通报批评，并为这个支行做了10天的“广发义工”以示惩罚。金海腾说：“处罚不是目的，选择以‘广发义工’的方式进行处罚，是为了让二线去体会一线业务开拓的艰辛，让他们明白自己肩负的责任，明白一线与二线是站在同一战壕里的战友。”

正是由于这样的一系列理念，杭州广发才能以一线与二线的紧密结合，成为充满活力、反应迅速、功能强大的组织。

杭州广发的“两会”

一说到“两会”，就会让人想到富有中国特色的人民代表大会和人民政治协商会议，而这里说的杭州广发两个特色会议，是他们领导方法的一个富有特色的表达方式。

第一个会议，是每周三召开的中层干部早餐会。

这是行长室布置当周工作、传达信息、统一思想的会议。以早餐会的形式就是为了把会议开得简明扼要。每周一次的会期，较短的时间间隔，使中层干部们能及时与行长室在思想上、行动上保持一致，及时了解分行的动态，以便强化和修正支行或部门的发展方向和工作目标。而从心理角度看，表扬和批评都是越及时越好，对于那些表现优秀的支行、部门，行长室从来都不吝惜自己的赞美，总是会在最近的早餐会上给予鼓励。行长室通过早餐会每两周公布考核进度，表扬先进、激励后进，营造出一种互相激励、互相竞争的良性氛围。

金海腾解释了早餐会的第二个目的：“每次早餐会正式开会之前，都会有半个小时的自助早餐时间，座位可以随意组合。中层干部们平时工作都比较忙，很少能聚在一起，早餐会为他们提供了在一个相对轻松的环境下交流思想和工作方法的机会，这大大有利于他们的思维能力和工作水平的提高。”

第二个会议是行长中餐会。

只要不到外地出差，金海腾每天中午都会去同城的各个支行与员工一起吃工作餐，召开中餐会，通过现场办公的方式解决支行经营中的困难。对于中餐会的好处，支行行长们都是深有体会的，宝善支行行长陈晓文说：“金行长每次来我们行我们都非常开心，因为我们有什么问题，他都能够在第一时间内帮我们解决。”

每次中餐会，金海腾都会听取支行行长关于业务进展情况的汇报，中餐会因此起到了有效的执行监督和强化执行力的作用。至于选择去哪个支行，金海腾有特别细致的技巧性原则。

原则之一：不影响支行工作的正常开展。假如某个支行行长中午需与客户进行交流、谈判，那么就不安排中餐会。

原则之二：定期轮流。保证在一定时间段内，每个支行都能轮到一次，间隔不会太长。

原则之三：如果有特殊需要，可申请“插队”。

这一做法，我们完全有理由与“二线服务于一线”的理念相联系。分行的管理，包括行长都属于二线。参加中餐会的不仅有支行的领导，也有普通员工。既可以谈工作，也可以聊生活，金海腾特别喜欢与员工分享自己的收获和感想，员工们也非常愿意将自己的真实想法表达出来，上情下达就这样在谈笑风生中完成了。

中餐会能让行长室在第一时间了解最真实、最纯粹的一线动态和员工思想，它同时又是一个“传道”和“解惑”的过程，行长亲自“传道”既能减少传道过程中的信息衰减和偏差，更能让员工获得直接的激励。

这种做法其实算不上什么创新，它让我们想到当年的“生产队长逻田畈”，当一个好队长，就得天天在田边活动，才能在第一时间得到第一手信息，在现场及时处理问题。现在还有多少领导人在如此深入地工作？一个分行的行长，每天中午一个一个支行地巡着，在吃饭的时候开工作会议，为员工排忧解难。不是一天，而是天天，这工夫，真有些“磨铁杵”的味道了，还怕磨不成针吗？

建树“功勋”和挑战权威

中层干部是把双刃剑。一方面，由于高于一般员工的素质和掌握着大量一手信息的位置，他们可能比一般员工更能推动企业创新和变革，而另一方面，由于他们在中间层面的关键位置，也可能成为阻碍创新的反作用力。

这就需要价值引导。

杭州广发的价值引导，就是鼓励中层干部成为“里程碑式的人物”。正如要求普通员工成为“不可或缺的人”，成为在本岗位上做得最好的员工一样。

对于“里程碑式的人物”，他们是这样定义的：必须是能够在一定时期或在一定领域内，推动分行乃至总行取得突破性发展的人。在杭州广发9年多的发展历史里，出现了四名“里程碑式的人物”。这里有在国内首创“动产质押业务”这把打开中小企业市场的金钥匙，使得杭州广发迎来了第一个发展春天的乔立江；有创造“三方保理业务”从而迅速开拓大批优质商贸型客户的王永刚；有国内首创“企业财务顾问业务”，创造新型银行服务模式，推动了杭州广发经营模式转型的章育民；还有第四位“里程碑式的人物”：钱平。

钱平在其任分行个人金融部总经理期间，创造了“薪加薪”个人理财产品，为杭州广发实现了个人金融业务基础客户资源的积累和发展上的第一次突破，培养了杭州广发第一批个人金融业务的骨干队伍。关于这一点，我们会在下面详细讲述。钱平充满火花的思想，体现了杭州广发不断探索的精神，金海腾曾评价他说：“钱平的骨子里充满了一种不安分的因素，他喜欢不断地向现状挑战，杭州广发个人金融业务的探索就需要这样的精神，我宁可要一个在某一个阶段只会花钱不会赚钱的老总，也不愿用一个只会按部就班的人。”

创新需要空间，杭州广发给予中层干部很大的工作空间。“谁出主意，谁办事”，这句话在杭州广发具有特殊的含义。它相当于科研中的自报项目，杭州广发支持和鼓励这种自报请缨，并提供创造的舞台。舞台才是产生明星的平台。

一个企业与一个国家一样，需要通过不断树立自己的英雄人物来实现文化的传导和主流价值观的一致。这种价值观的传导与统一不能仅靠文字口号，它需要有实践的人格形象，需要树立“英雄人物”作为楷模。“里程碑式的人物”为杭州广发的价值观塑造了一个个有血有肉的人物样板，让人们看到了真真切切的“广发理念”，从心理上真正地影响、改变着每一位员工。

建树“里程碑式的人物”，在于肯定他们超常的贡献，他们是功勋，而不是权威。杭州广发在建树功勋的同时，又鼓励挑战权威。这正是一把“反双刃剑”。

2003年的中层干部大轮岗为全行带来了新一轮发展激情的同时，也出现了一些质疑，这让金海腾极为关注。质疑来自那些部门原来的老总们，他们感到自己原来创造的权威受到了挑战。

有必要给“新官”们增加信心。“二次创业”，“推倒重来”，本来就需要彻底打破原有的模式，推倒原来的权威。金海腾决定添油加柴，让这把火烧得更旺些。他看中的事要么不吱声，一旦表态了，就一定支持到底。

在中层干部读书会上，他提出了“应该挑战权威”的思想，鼓励大家挑战权威。

到底该不该挑战权威？金海腾分析道，一个部门的老总往往是某项业务的权威。比如资金部的老总往往是资金业务的权威，信贷管理部的老总往往是信贷业务的权威，至少他在职务上是这个部门的权威。工作中是需要权威的，如果没有权威，将难以指挥好一个部门的工作，企业管理也没有效率可言。但是权威也有负面的影响。人们往往都比较信赖权威，以为权威不会犯错，于是就盲从权威，不会去挑战权威。这样，权威就变成了一种固定的程式，开始阻碍事物的发展。因此，挑战权威是事物从量变到质变的一个必然过程，是一个企业不断突破发展瓶颈的必要手段。

金海腾有意识地指出：挑战权威往往会遇到来自权威的阻力。当权威被挑战的时候，他们通常会有如下反应，这些反应会成为阻碍挑战成功的因素。

权威的第一种反应：立即反击。权威因自己对这一领域的熟悉，多半能在辩论中占有优势，于是挑战者悻悻而退。

权威的第二种反应：以守为攻。低调的权威会是一个好保姆，他会诚诚恳恳地替员工把所有问题都解决好，却不愿放手让员工去做、去探索。这样，员工们也就失去了挑战的机会和想法。

权威的第三种反应：动用权力影响力，不许别人越雷池一步。权威的法宝是他的经验，经验的极端就是经验主义，权威的极端就是权威主义。权威和经验都是好东西，但走向极端就会成为阻碍事物发展的桎梏。

对于新事物，权威们其实已经不再是权威，可是碍于面子，即使没有经验，他们也可能凭主观意愿随意揣度、解释、决策。这就成了更加危险的“没有经验的经验主义”。杭州广发明确提出，坚决杜绝“没有经验的经验主义”。这也成了中层干部，甚至每位员工在作决定之前都要进行自我审视的标准。

行长的这番纯学理化的演说，并不在于想打击既成的权威，而是激励新的挑战、超越权威的勇气。

金海腾向读书会上的这些中层干部提出了要求：

> 我们行能有今天的发展，就是因为我们有“生生不息的思想运动”，有各种不断的创新，其中包括值班行长制、全员经理制等等制度的创新，以及动产质押、三方保理、品牌质押等等业务的创新。我们行讲的是“立行为公”，目的是要创造一个宽松的环境，营造一个人人向上的氛围。今年，我们提出的“二次创业、推倒重来”，目的也是为了更好地为创新创造条件。我们在座的各位都是某项业务、某个支行或某个部门的权威，我希望大家都能克服权威的那些消极反应，允许大家挑战权威，更要鼓励大家挑战权威。

鼓励“挑战权威”，这无疑给“新官们”吃下了一颗定心丸，坚定了他们打出一片新天地的决心。从中层干部到各个支行部门，到普通员工，杭州广发将这股“挑战权威”的创造性破坏之风越演越烈。

用“非权力影响力”提升领导力

用什么让人服气？这是领导力形成中一个很大的命题。

杭州广发的中层干部大多是从“一介草民”平地升官的，他们在当员工的时候都是好样的，然而一个好员工不一定能当好领导，得琢磨摔打、训练培养，才能提升他们的领导力。

中层干部得解决领导力如何提升的问题。

他们从一个哲学化的命题入手：什么是领导力？领导力一般有两种形态：权力影响力和非权力影响力。权力影响力产生于因为担任了某个职务而拥有的发号施令的权力，这是一种强制性的影响力。非权力影响力则是由领导者自身的才能、品格、知识、人格等非权力因素所产生的自然影响力，它是建立在被领导者对领导者信服的基础上而产生的一种吸引力、感染力和凝聚力。

金海腾自己的成功经验，就是一个非权力影响力的经典个案。

杭州广发因此十分重视非权力影响力，积极倡导通过提高非权力影响力来提升领导力。也就是说，要求干部通过自己的人格魅力和文化影响，来提升自己的领导影响力。

在杭州广发，新的支行行长、部门的正职人选，都是从内部选拔产生的，从来不从外部调入中层干部，但是有一条一定是坚持的，那就是他们必须经过广发理念教育，并接受、认同和捍卫广发理念，才可能有机会成为支行或部门的正职。一个优秀的领导必须明白，先进的文化是企业发展的驱动力。强调文化，实际上就是强调了一种非权力和影响力。他们认为，非权力影响力首先来自于价值观的认同。领导者支持什么，反对什么，其品德、知识、才能、情感等因素如何发挥作用，最终都受到价值观的支配。这就是他们为什么如此重视广发文化的道理。

权力影响力能让员工去做，而非权力影响力却能让员工自觉地做。加班，无数职场人士为之抱怨，杭州广发却将加班视做一种责任。金海腾每天上午 7 点半就到行里上班，晚上如果没有应酬，他总是加班到 9 点半以后才回家，而且周末的两天也是他的工作日。一位熟悉金海腾的人说："金海腾一年中最寂寞的是大年初一，因为这一天，没有人会跟他一起加班。"这就是他的非权力影响力，它的作用是巨大的。每到晚上，杭州广发分行大楼的各个部门往往灯火通明，这有必要吗？在杭州广发的员工们却会这样回答你：这是我们用实际行动为分行发展表达的"只争朝夕"的责任。

也许光凭这一点，就能说明为什么杭州广发能够赢得比同业更快的超常规发展速度。

平民化的领导风格是杭州广发尤其赞赏的，因为这也是非权力影响力的重要表现。因此在每次重大决策之前，他们总会召集各个层面的员工开个"神仙会"。"神仙会"是杭州广发非常独特的会议形式，这里的"神仙"专指那些有独特观点的人。"神仙会"是一个思想碰撞的舞台，行长室给予员工充分表达自己观点的机会，因为他们相信员工是充满智慧的，员工的意见也许比决策者更高明更切合实际。平民化领导风格还体现在任何员工都可以平等地与行领导、中层干部交流，见行长可以不用预约，员工给领导发短信，领导必须回复。

"神仙会"通常有三种类型：第一种是当行长室还没有任何思路的时候召开的"神仙会"，这种"神仙会"可以广开言路，可以听到员工们对行长室施政的评价和剖析，具有信息参考价值；第二种是行长室已经有一些思路，但没有完全决定的时候，这种"神仙会"可以增加员工在决策中的参与度，也是决策结果提前进行的可行性测试；第三种是行长室已经形成决策的时候召开的"神仙会"，能起到统一思想、强化执行力的作用。

这不是什么"群众路线"的"政治秀"，而是出自杭州广发的特定的领导观。

他们认为，领导技巧并不是简单的“我出主意你办事”，而是在与“群众”的互动中体现出来的价值。领导在组织群众方面，一般有三种功能：一是能够点石成金的绝佳“配方”；二是把群众这一资源慢慢熬炼成金的“炼金术”；三是激发群众潜能的“催化剂”。这三种功能，都需要与群众的密切接触。

如果密切接触员工是一种平民化的表现，那么，平民化的行长室已经作出了表率，他们为平民化的中层干部队伍作出了表率。

第十五章
把鞋卖到非洲去

如何开创一个新的市场领域？如何造就超强的个人业务销售能力？如何激励员工去应对艰巨的任务？

《把鞋卖到非洲去》是市场营销学中的著名寓言，说的是有两个中世纪的商人一起去非洲推销鞋子，落后的非洲刚刚改变穿兽皮、披树叶的生活，他们穿上了衣服，但还不知鞋为何物。非洲居民围着两个卖鞋子的商人，有的只是好奇。

一个商人叹了口气，认定非洲根本没有卖鞋子的市场，待下去只是浪费时间，于是他走了。另一个商人却想：这里的人都没有穿鞋子，而且没有第二个卖鞋子的商人，这是多么巨大的市场啊。通过调查，他认为非洲人有着同样的基本生活需求和审美需求，只是没有认识到穿鞋子的好处罢了。于是商人送了酋长一双鞋，让他试穿。穿上鞋的酋长觉得很舒服，走路再不怕石子硌脚了，还很美观。于是居民们也群起效仿，这个商人取得了非凡的成功。

这个寓言对杭州广发具有特殊的意义。相对于欧美发达的个人金融业务，2003~2004年国内的个人金融市场仍然只是个“非洲鞋市场”，就在这个时候杭州广发提出了“把鞋卖到非洲去”。

一个只会花钱不会赚钱的老总

钱平在“二次创业”的浪潮中就任杭州广发个人金融部总经理。金海腾对这个新任的个人金融部总经理的要求，是希望他能带出杭州广发的一支先遣队“挺进大别山”，闯出一条个人金融业务发展的新路来，并以此局部推动全局。

很显然，钱平担负了战略部队司令员的角色。

20 世纪 70 年代以来，金融创新浪潮激励了全球商业银行的个人理财业务，从发达国家的银行业务发展趋势看，个人理财业务具有风险相对低、业务范围广、经营收益稳定的优点，因此在商业银行中占据了重要位置。这一业务几乎深入到发达国家的每一个家庭，业务收入占到银行总收入的 30% 以上。美国的个人理财业务平均利润率高达 35%，年平均赢利增长率约为 12%~15%。

这是多么令人鼓舞的前景。

中国市场却像一个“没有鞋子的非洲”。中国人民银行在 2003 年 2 月公布的数据显示，中国居民本外币储蓄存款余额已经突破 10 万亿元大关，当年同比增长 18%。10.03 万亿元的储蓄存款规模，相当于 2002 年的国民生产总值。巨额储蓄存款反映了居民收入和生活水平的提高，也反映了投资渠道的不畅。除了银行，人们不知道把钱投资到哪里去。

中国潜藏着一个巨大的个人理财市场，杭州广发作出了判断。

当然，看到这一点的，不仅仅杭州广发一家。2003 年，国内多家银行都推出了自己的个人理财品牌。招商银行的“金葵花”、民生银行的“非凡理财”、广东发展银行的“真情理财”，但这些理财品牌大多还处在初期的规划和推广阶段，真正适合居民需求的理财服务并不多。体制上的制约则是，中国金融业仍分业经营，银行不能涉足证券、保险、基金等业务，只能代销基金公司、保险公司等的产品。银行所能提供的理财产品，其实甚为匮乏。

巧妇也难为无米之炊。

还在探索期的杭州广发个人金融部，得到了行长室给予的极大的自由度与宽容。只要钱平提出的需求是合理的，行长室都会大力支持。就这样，个人金融部设计了一系列的创新产品，诚信系列、信托系列、委托贷款、联名借记卡……

设计的产品中有一种叫“手机钱包”。这是一项无线支付类业务，这个业务可以将手机号码与广发银行卡账号捆绑，客户不用带银行卡，更不用记复杂的账户号码，只需在STK卡提供的菜单上进行简单的手机操作，就可以安全地实现交易、缴费、转账、查询等无线支付功能。由于STK卡的加密功能，支付信息的无线传输非常安全。

钱平认为“非典”为他提供了因祸得福的机会，他在这个节骨眼上推出了手机钱包，想抓住“人们希望减少与人直接接触”的机会，在短时间内也赢得了相当一部分的商户和个人客户的青睐。然而好景不长，没过几个月，“非典”就过了，手机钱包也陷入了困境。这项业务无疑是非常具有突破意义的支付方式，但它依托了一个非常时期的非常心态，其实人们并没有接受这一超前的支付方式，只是接受了这种方式的防疫意义。

“做企业就如上船，慢一步会上不了船，快一步就会掉到水里。”阿里巴巴的马云曾这样说。

钱平在一个错误的时间做了一件正确的事情，结果“掉到了水里”，前功尽弃了。

在网上银行这种支付手段都还没有被人们完全接受的时候，更加超前的手机钱包，其安全性、可信任度、可操作性，都受到客户的质疑。甚至可能根本就没有人来质疑，对手机钱包人们还没有感觉。

杭州广发创新史上，手机钱包成了为数不多的失败案例。

杭州广发投入的 200 万元血本无归。

个人业务还要不要往前发展？金海腾坚定地说：“我宁可要一个只会花钱不会赚钱，但会不断尝试的个人金融部老总，也不要一个按部就班却毫无新意的老总。”

如果没有金海腾的这番认识，也就不会再有第四个“里程碑式的人物”了。

钱平独特的个性和不懈的努力，引发了下一个真正具有决定性推动作用的项目——“薪加薪”。

“薪加薪”引爆杭城

金海腾“不计成本”的魄力，引发了钱平勇往直前的探索精神。2003 年下半年，杭州广发终于赢得了突破。

从 2002 年年初开始，各家中资银行陆续推出新的投资产品，如外汇交易、国债回购、基金、保险等，理财产品的渠道逐渐丰富起来，但个人理财市场仍然没有受市场追捧的热点产品。唯一打动居民投资之心的，只有国债。

2003 年 9 月 22 日，杭州广发推出了一款新的理财产品——“薪加薪”。

这个名词就富有创意，他一锤打进了工薪阶层的心坎里。

“薪加薪”的实质，是银行集合个人客户的资金，通过证券公司参与个人客户难以参与的国债回购业务。国债回购业务市场风险相对较小，收益率较为稳定，还能预测出一个相对波动较小的收益区间。这正好迎合了居民对国债的认知程度和信任。

简单地说，是银行带着散客回购国债。就像温州人把零散的钱凑在一起，托一个能人去投资房地产一样。

这就是钱平的“下一个创造”。

钱平反复设计这个产品，他为客户确定了一个高于一年期定期存款利率的最低收益率，并说明其无风险，这对于股市低迷期间缺乏投资安全感和投资渠道的老百姓来说，不啻为一种较好的替代储蓄的投资产品。

“薪加薪”在很短时间内引爆了杭州的个人理财市场。

这一次，钱平小心翼翼地反复琢磨，老百姓不放心新的金融产品的主要原因，就在于新品种常常有太多的变数。于是，他将“薪加薪”进行了标准化，在分红、划款、取款等方面作了统一的规定，使其在银行柜台可以直接销售，客户的手续简单明了，而且，这类产品在当时的浙江金融市场上是唯一的。

杭州广发在短时间内增加了大量的客户。从 2003 年 9 月至 2004 年 1 月这不到四个月的时间里，仅在杭州地区销售的“薪加薪”产品就达到了 3.18 亿元，在杭州银行业引起了轰动。杭州广发的网点再次出现水泄不通的场景。

“薪加薪”是划时代的。就像所有具有划时代意义的新生事物一样，“薪加薪”在推广初期还是引发了很多争议。因为募集的理财资金最终通过证券公司回购国债，不能为银行产生很大的资金存量，表面看无助于银行获得存款。新产品在推广初期为了吸引客户而免收手续费，收益也不是很多。研究发展部为此专门撰写了《“薪加薪”不能赚钱》的调查报告，宁波支行也对此采取了不作为的态度。

众议惶惶，新生的“薪加薪”面临夭折的危险。

这时候，金海腾显示了战略家的目光。他说“薪加薪”所能带来的并不是短期收益的快速增长，而是将杭州广发的个人理财业务推上一个新的台阶——增加个人理财业务的有效客户数，这是个人理财业务继续发展的基础。

他在一周内连续召开了 7 次会议。中层干部早餐会、支行行长会议、管理部门会议、骨干员工会议、个人业务销售人员会议等，各个层面各个岗位的人员都被动员到“薪加薪”的推广中来。金海腾还赴宁波、温州，亲自就“薪加薪”的推广进行动员。

金海腾的忙乎，让我们再一次坚信，真正的战略家总是孤独的。

这一次，金海腾动用了他强势的权力影响力，不再平民化地温文尔雅。

他说："当员工们难以理解领导决策的战略意图，而事实上这些决策关乎一个企业的发展战略时，通过说服而产生的自觉执行已经难以跟上事物的发展速度，虽然强制执行力的效果有时比不上自觉执行力，但见效却是最快的。说服工作可以日后完成，但绝不能因为一时的阻力而延缓了战略的实施。"

事实证明，他是非常正确的。

正确的就要咬住不放，做到极致。在"薪加薪"推出后的一段时间，杭州广发根据市场投资环境的变化，不断对"薪加薪"进行升级换代，在"薪加薪"的普通版之后，陆续推出了"薪加薪"的信用卡版、季度版、VIP版等系列产品，使"薪加薪"越来越对浙江的金融市场产生魅力。2005年9月底，当"薪加薪"余额超过20亿元的时候，杭州其他银行的同类理财产品基本上没有超过5亿元的。"薪加薪"为杭州广发积累了3万户个人理财客户，使个人金融业务有了坚实的客户基础。

金海腾的"公车定律"

2004年是银行在个人理财业务上觉醒的一年，似乎所有的银行都意识到，存贷利差这一传统获利方式的收益将越来越小，必须寻找新的赢利点，各大中资银行都陆续推出了自己的理财产品，绞尽脑汁地开拓个人理财市场。人们习惯性地将2004年称为"中国银行理财元年"，这是中国银行业全面深入开拓个人理财业务市场的开始。

当人们还不懂何为"鞋子"的时候，个人理财业务仍然需要像"非洲的鞋子市场"一样进行培育。居民的理财知识匮乏，理财观念落后，很多人甚至将理财等同于投机，这给银行个人理财业务的开展带来很大的困难。各家银行虽然在战略上高度重视这一业务，投入巨大的人力、物力和财力，但传统的以公司信贷业务为主的经营架构和快速收益的业务追求，使很多银行最后的表现往往只能是叶公好龙式的。

杭州广发的"薪加薪"产品在2004年仍保持着非常良好的销售势头，同时也带动了外汇理财产品、信托、委托贷款、基金、保险等各项理财产品的销售拓展，整体势头非常良好。

"再烧一把火，进一步扩大个人理财业务的领先优势。"2004年4月，杭州广发作出了决定。借助于4月“七周年行庆”的机会，杭州广发在全辖范围内开展了以“七彩人生，创造个人金融业务新时代”为主题的个人金融业务竞赛活动，这次活动的口号就是：把鞋卖到非洲去。

一场激动人心的动员大会，让每个员工都摩拳擦掌。

在这个动员大会上，金海腾将《把鞋卖到非洲去》的故事讲得绘声绘色。他鼓励员工要做拓荒者，甚至颇有远见地预言：“现在银行界挖人的对象，是那些拥有公司客户资源的公司业务客户经理，但是在两到三年后，这个局面将会改变，高素质的个人业务客户经理，将成为人才市场上争夺的热点。相信我们在座的每一位有志于个人理财业务的员工，都可能成为那时的抢手货。”

配合着“把鞋卖到非洲去”，激励的措施是具有吸引力的金靴奖、银靴奖、铜靴奖，根据不同的业绩，金靴奖就是“非洲12日游”，神秘的非洲具有非凡的诱惑力。

拓展业务的热潮迅速掀起。

6月12日，在杭州、宁波、温州三个城市26个户外会场，杭州广发同步开展了一场规模空前的个人金融业务大型路演活动。包括金海腾在内的所有行长室成员与全体员工一起走向街头，向广大市民展示了“广发个人金融时代”的无限魅力。路演主题是：“改变存储习惯，迈入理财时代。”

走上街头，这是需要激情的。在这个年月，略有些官场意识的行长科长经理们，都会觉得在街上抛头露面有失体面，杭州广发却从行长到员工全体出马，这道街景显然有些别致了。原因就在于，他们“立行为公”，这是他们认同的最大体面。

这场被媒体称为“浙江第一个大规模理财户外路演活动”的理财风暴，接受了近1万名市民的咨询，收回有效的客户问卷3 258份，发放相关宣传资料达20.34万份，并吸引了报纸、电视台、电台等19家媒体的全方位报道。

路演活动引起了银行同业的关注，他们纷纷派出“谍报人员”。个人金融部员工余洋很得意，他说：“路演的当天，突然有两个大学的同学说要来看我，我本以为他们是来看热闹的，后来才知道，他们都是受命来‘刺探’情报的。看来我们活动效果确实不错。”

“二次创业”中的员工们潜能正无处发泄，“把鞋卖到非洲去”的个人金融产品竞赛活动，正好让他们借题发挥，好好地“秀”了一把能力。活动开始时的4月底，杭州广发的人民币储蓄存款量还只有21.13亿元，活动展开后却一路飙升，到 2004 年年底增长到了 39.58 亿元，增幅达到 87.31%。

这结果令人瞠目结舌。

事实有力地反驳了一些争议。当初曾有人认为，大力度的营销个人理财产品将会消耗本行的个人储蓄存款，当储户用存款购买了各类理财产品后，分行的储蓄存款势必大幅度下降。但事实胜于雄辩。

让人们不明白的是，为什么当存户们把大量的钱取出去买了个人理财产品后，银行的储蓄存款反而多了呢?

对此，金海腾总结了一条“公车定律”：个人客户在银行存款，犹如人们上下公共汽车，存进来的相当于上车，取走的或者购买理财产品的就相当于下车，整个过程中车上总会有人。公共汽车上人的多少与公共汽车的数量、容量成正比，可供客户选择的理财产品越多，就相当于公共汽车的数量越大，每个理财产品的销售规模越大，就好比公共汽车的容量越大。所以，“把鞋卖到非洲去”的个人金融业务竞赛，其实就是增加了公共汽车的数量和容量，使留在车上的人越来越多。

“会不会总是有人下车，而没人上车呢？”金海腾作了大量的调查后得出一个结论，“在工农中建等大银行有存款的人，在广发不一定有存款；在广发有存款的人，绝大多数在工农中建等大银行有存款。”相对于工、农、中、建等国有商业银行凭借国家信用在市民心中所建立的信赖程度，广发等股份制商业银行的信赖程度要远远低于它们，所以往往广发并不是市民存款的唯一选择。于是，当广发有优于其他银行的理财产品销售或者有更大力度的营销攻势时，客户用来购买产品的存款并不一定都是原本就存在广发的存款，他行的存款就会源源不断地转移到广发。

事实证明了这个论断。存款在银行之间互相转移，其实就是银行与银行、银行与客户之间的多方博弈。

关键在于谁有更具吸引力的产品。

“公车定律”和“存款博弈论”，透过表面看本质，让员工们真正理解了行长室的意图。“把鞋卖到非洲去”不仅是一次简单的个人金融业务竞赛，更重要的是，它统一了全行员工对个人金融业务的认识，为后续的发展奠定了思想基础。

当今天我们回头去看“把鞋卖到非洲去”，不禁会对这个活动所具有的浪漫色彩感兴趣。是的，越是困难的时候，越需要浪漫的激励。“把鞋卖到非洲去”，短短几个字，既说明了当时个人理财市场的状况，也告诉了员工们其中蕴涵的机会。

杭州广发的活动总是颇具浪漫色彩的，想一想，从“三新活动”到“寻找加西亚”，再到“把鞋卖到非洲去”，杭州广发不断将战略目标转化成一系列具有浪漫色彩的活动目标，使员工们觉得努力工作的过程乐趣无穷，这本身就有助于员工克服实际工作中的乏味和困难，唤起他们内心的激情。

108 个金融理财师

“把鞋卖到非洲去”不仅仅是杭州广发一场热火朝天的群众运动，这家银行的智慧在于，他们深知，机构设置顺势而动，正是推进与巩固项目的最好办法。

表面上看，这项活动设置了许多竞赛奖项，颇具人情味和诱惑力，把全行上下的辛苦都溶解在浪漫和欢乐之中，然而要把个人理财业务作为银行经营更新换代的手段，把“卖鞋子”作为战略掘进的切入点，杭州广发的结构布局也悄悄地开始了。

扎根的机构是巩固胜利的最好手段。

杭州广发在“卖鞋子”的同时，着手建立一支个人理财的专业队伍。行长室将分行个人金融部的骨干员工作为“种子”，下播到各个支行，迅速组建支行个人金融部，每个支行至少配备 4 名专门从事个人理财业务的员工。在浙江各股份制商业银行中，杭州广发是最早在所有支行设置个人金融部的。

这就是同业竞争中的领先地位。

组织优势立竿见影。2004 年下半年，杭州广发与另一家商业银行共同代理销售国家开发银行的一个信托产品，在浙江地区总额标的为 1.5 亿元。两家银行同时开始销售。销售结束时一统计，杭州广发销售了 1.25 亿元，另一家银行只销售了 0.25 亿元。销售额比率为 5 ∶ 1。

国家开发银行和竞争对手都甚为诧异。

如果说依靠组织结构的方法还是传统的，那么杭州广发的下一步动作，就以其专业化而让银行同业为之惊异了。

2006 年，杭州广发组织了人数多达 108 人的中国金融理财师（AFP）培训班，参加培训的人数，占了杭州广发总人数的九分之一，即使国有商业银行省级分行的培训人数也没有这么多。中国金融理财师是一种国家认证的理财资格，杭州广发要借助这一体系把自己的队伍带向专业化的彼岸。

就像当年咬紧牙关做中小企业，这一次，他们又盯住了个人理财。小银行的优势就是这个“小”字，它反应灵活，应变性极强，可以往骨髓里钻，直捣黄龙府。

在2006年上半年的第一次资格考试和资格认证中，64人顺利成为中国金融理财师，杭州广发也由此成为浙江所有银行中金融理财师人数和占比都最高的银行。下半年，杭州广发又与某股份制商业银行总行合作，开办了国际金融理财师（CFP）培训班，专业化再次升级。参加培训的30人中，杭州广发占据了18人，他们又一次以超常规的培养方式，为下一步超常规的发展赢得了先机。

这就是杭州广发，要做就做到极致。

第十六章
管理输出

“杭州广发模式”是否具有普遍适用性？是否适合其他银行？源自长三角文化的“杭州广发模式”能否适应“珠三角文化”？如何使亏损银行脱困？

经过近6年的探索和发展，杭州广发形成了一整套富有特色的企业文化和管理方法，被外界称为“杭州广发模式”。“不克隆一家银行”的建行思路，使杭州广发获得了优于银行同业的发展速度。自2001年利润突破1亿元大关，跃入浙江股份制商业银行的“第一梯队”后，2002年，杭州广发再上一个台阶，存款规模突破100亿元大关，达到了135亿元，实现利润1.68亿元，不良贷款率仅为0.21%，综合考评在广发系统内分行中排名第一。

杭州广发的优异表现引起了广发总行的关注。

随着银行业开放局面的临近，由于大量历史包袱而陷入困境的广发总行也开始了“自救行动”，他们决定由杭州广发派出管理团队接管广东省内的亏损分行，尝试用“杭州广发模式”激活亏损的分行，帮助他们走出困境。

除了广发银行系统内的分行，国内首批农村商业银行——常熟农村商业银行也对“杭州广发模式”进行了学习和借鉴，并在发展中起到了积极有效的推动作用，目前，该行已经成为国内农村商业银行中的佼佼者。

佛山广发的蜕变

广东发展银行佛山分行成立于1988年。20世纪90年代初，佛山广发一度经历过辉煌，但随着政策和环境因素的影响，它又跌入了发展的低谷。突出的问题表现在两个方面：一是财气低迷，经营状况很不理想；二是人气低落，员工人心涣散。这是一家不良贷款率高达85%的亏损大行，一度的工作重点有两项：一是清收不良资产；二就是精简机构，裁减人员。

佛山广发是第一个需要“自救”的银行。

2003年3月，广发总行为了改善广东省内众多分行经营不善的局面，作了从省外优秀分行抽调管理干部接管的决策。杭州广发接到的指令是，派出三人管理团队，接管亏损大行佛山分行。

时任广发杭州分行信贷管理部总经理顾雪金、宁波支行营业部总经理罗沧海和余杭支行副行长魏昱组成了三人管理团队，接任佛山广发一、二、三把手，决定用“杭州广发模式”重塑佛山广发。

长三角的“杭州广发模式”能否适应珠三角的银行文化？让事实说话吧。

总行给了管理团队“争取三年脱困”的任务。管理团队仅仅用了一年时间，就实现了这个“三年脱困”计划，并在不到三年的时间里，将佛山广发从一家亏损大行彻底变成一家优质的赢利大行。

为了便于经营管理，广发总行将佛山广发的正常类资产和亏损类资产分为A行和B行，以便分开来管理。杭州广发的管理团队接管的2003年，佛山广发实现了A行赢利；2004年，实现了A、B行并表赢利2 000万元；2005年，实现A行赢利达2.53亿元，比2004年增长了64.48%，实现A、B行并表赢利1.05亿元。存款规模也从接管时的不到50亿元，到目前已突破了130亿元大关，增幅超过了160%。

2006年，佛山广发在广发总行重组所带来的种种不利条件下，仍然保持了高速、健康的发展态势，已经成为广发的一家优质分行，全年实现利润1.23亿元，比2005年增长了17%。其个人金融业务更是全面提速，很多业务指标紧随杭州广发，在广发全系统内名列前茅。

这算不算奇迹？

在接手佛山广发后，管理团队定下了“重构管理”的原则：所有中层干部和员工一个不换，参照“杭州广发模式”，着手从企业文化建设、市场拓展、管理架构重塑、员工队伍培养等方面进行管理再造，各项工作同步开展。

重构之一：构建以“广发理念”为核心的企业文化。

企业文化对于企业的经营管理具有强大的凝聚力，能够统一群体意识，在企业内创造良好和谐的人际关系。杭州广发“广发理念”的成功，就在于它在银行内部创造了一种积极向上、公平公正的文化氛围。管理团队在上任的初期，就迅速将一整套“广发理念”体系引入佛山广发，并根据佛山广发的特点进行重构。

理念和机制的重构，以“三制四念”为核心。以值班行长制为领导机制，奠定了简洁化的管理基础；以全员经理制为用人机制，构建了公平的发展舞台；以贡献积分制为激励机制，量化员工的每一分贡献。提出了符合佛山广发发展阶段特点的“四大理念”：以追求利润最大化为经营理念，争取早日实现赢利走出困境；以每天进步 1% 为管理理念，鼓励员工们积极努力，快速进步；以一切让客户满意为服务理念，改变服务质量低下的局面；以支持民营经济为社会理念，明确了社会责任。这一理念体系基本涵盖了佛山分行内部经营管理的运行思路和外部市场开拓的战略思路，成了现在佛山广发理念体系的一个雏形。

就像黑夜中前行的人需要启明星一样，困境中的佛山广发迫切需要一个可以追求的目标。这个新的理念体系为困境中的员工指明了努力方向，也给佛山广发打上了鲜明的“杭州广发”的烙印。

直接涉及员工自身利益的人事制度的变革，最能够触动员工的神经，也是最难以下手的切入口。管理团队率先打破了大锅饭的格局，他们参照杭州广发的一整套职级序列，给每个员工进行了重新定级、重新确定工资系数和奖金标准，并声明这是第一次基础定级，每位员工都可以用自己的表现，来争取每季度一次的晋级机会。

同时，在用人机制上大力提倡“舞台论”，突出用人的人性化、个性化，以充分体现员工的个人价值，这就创建了一个可以让每个员工充分发挥才能的舞台。管理团队确定了用人的三大原则：第一，用人所长；第二，能者上，庸者下，英雄不论出处；第三，多种形式的考核机制，给员工创造了个人发展的空间。全员经理制、客户经理制、星级柜员制全面启动，这无疑宣告了“谁都有机会”。

一个好的理念需要有效的传导形式才能使员工接受并且遵循。佛山广发借鉴了杭州广发的形式，第一时间召开了广发理念教育的动员大会。会议形式活泼，会场中没有主席台，对话式的交流方式让员工们印象深刻。有员工回忆说：“我第一次经历这样的大会，当时我觉得热血沸腾，犹如在一潭死水中激起的千层浪花，我们都感觉到了希望。”佛山广发延续了杭州广发的传统，不断推出具有象征意义的业务竞赛活动，通过活动来传递广发理念。每个活动，行长室都带头参加，比如员工文艺汇演，行长室成员无一例外地都上台表演。这些内部员工活动甚至在社会上也引起了巨大的反响。2006 年佛山广发的员工新春文艺汇演，在佛山当地成为一票难求的热闹活动。

一位经历了佛山广发前后巨变的老员工，现佛山广发副行长刘志发说："我觉得最大的变化在于价值观，杭州广发所带来的一整套积极向上、立行为公的价值理念，真正明确并统一了员工们的价值体系，激发了大家的工作热情。"是的，"广发理念"使佛山广发形成了良好的竞争氛围，鼓舞着员工"不用扬鞭自奋蹄"的积极上进精神。

重构之二：明确市场定位，全方位拓展利润。

鼓舞士气不能光靠精神激励，最根本的还是要解决"吃饭问题"，要寻找到一条适合佛山广发的业务发展之路。

准确的市场定位是一个商业银行在激烈竞争中胜出的重要条件，也是企业发展的关键所在。管理团队借鉴杭州广发的经验，将市场定位作为其战略构建的第一步。通过分析，他们发现佛山的民营经济相当发达，占据了地域经济的半壁江山，由于广东开放较早，佛山经济的开放度较高。于是，管理团队确定了市场定位：以产权清晰的中小民营企业为主要客户，努力争取大型优质客户，并将国际业务作为一项重点拓展的业务。他们还提出：为民营经济服务，不仅要为其锦上添花，更要为其雪中送炭。

佛山的社会各界，开始关注起这家多少有些标新立异的银行了。

于是他们移植了杭州广发"公司业务"的成功模式，将动产质押、仓单质押、三方保理等一系列市场化的创新业务，成功地引入到佛山广发，明确的市场定位和公司业务的批量化，使这家被接收管理的老行在短时间内赢得了生存的基础。佛山广发开始步入发展的正道，他们的市场份额也随之扩大，从 2003 年 3 月之前的不到 1%，提高到了目前的 3.24%。

2003~2006 年，适逢银行业经营模式转型，佛山广发充分运用了杭州广发的转型经验，创新增长途径和方式、丰富赢利手段、拓宽利润来源，做出了一系列令人欣喜的业绩。

在个人金融业务方面，他们成立了广发个人财富管理中心，建立了业务管理体系架构，推行产品经理制。于是，个人业务的各项指标紧随杭州广发之后，有些指标超过了广发北京、上海、南京等省外分行。让我们看一看 2005 年的部分数据："薪加薪"业务销售额排名全广发第三；"丰收"系列外汇理财产品销售业绩排名第二；“银证先锋”系统排名第一，占总行销量的50%。

在票据业务方面，2003年办理直贴54.5亿元，在全广发排名第八，2004年直贴74.5亿元，在全广发排名第五，2005年办理直贴业务57.1亿元，在全广发排名第三，在广东省内分行中排名第一，超过了广州、东莞等大分行。

在国际业务方面，国际结算量和结售汇是银行国际业务两项最重要的指标，佛山广发在佛山地区的市场份额从2002年的不到4%，增长到2006年的11.11%，在当地所有银行中仅次于中国银行。

重构之三：管理架构再造。

业务的开拓需要有效的管理机制来支撑。佛山广发在核心管理体系的再造中，推行了三大改革。

第一项是内部管理机制的改革。佛山广发引入了杭州广发的值班行长制作为核心领导机制，强调扁平化管理，拉近一线与二线之间的距离，杜绝了部门之间、部门与支行之间的扯皮。同时，引入每周早餐会制度，强化组织的执行力。

第二项是成本费用控制体系的改革。运用了财务报账制，使全分行的成本费用得到了集约化管理。

第三项是分配考核体系的改革。推出了多种分配考核形式，如期薪制、虚拟利润考核、临柜考核等方法，细化了每一个支行、部门和员工的考核，尽力做到公开、公平、公正。

重构之四：构建独特的信贷风险文化体系。

杭州广发独特的管理模式，还在于其独特的信贷风险文化。在构建信贷风险文化体系方面，佛山广发借鉴了杭州广发独特的信贷文化，并发挥了有效的作用。

佛山广发2003年年末各项贷款余额为33.7亿元；2004年年末为57.04亿元；2005年为60.37亿元，每年同比增幅约为60%。自管理团队接管后，新发放的贷款不良率不超过1%。

管理团队为佛山广发确立了信贷文化的三个原则：一是风险可控原则，即保证风险可控，而不是片面追求无风险；二是坚持市场化原则，有所为有所不为。发放贷款以民营企业为主，国有企业尽量少做，同时不参与政府项目；三是坚持客户是朋友的原则，表明银行与客户之间是一种平等的互惠互利互助的新型银企关系，相互间追求的是一种双赢的结果，也体现了一种风险观念。

佛山参照杭州广发进行了信贷流程设计，实行全流程风险监控的理念，每一个环节都充分体现风险可控及化解风险的意识。贷前调查：审查前置，避免支行“屁股指挥脑袋”的风险；贷款审查：追加股东个人无限责任担保，避免道德风险，贷审会由值班行长任主任，而行长行使一票否决权；创新信用链接方式控制风险：动产质押、法人按揭、担保公司、指定评估公司、认可监管公司资质、追加监管公司的监管责任等；贷款发放：发放前实行首笔谈话制，由分行行长约见企业法人代表面谈；贷后管理：专业人员负责清收，提前介入，采取不同的化解方式。同时，佛山广发也非常注重控制员工队伍的职业道德风险，以“一念之差，终生后悔”为行训，通过不同形式的教育活动防范员工道德风险。

重构之五：培养一支高素质的员工队伍。

重构佛山广发，关键还在于要打造一支高素质、能征善战的员工队伍。管理团队刚接手时，佛山广发能开拓市场、技能娴熟的员工为数不多。刘志发说：“那时候，我们对市场不是望洋兴叹，而是望洋心慌。”

管理团队十分清楚队伍建设的重要性。从最初的广发理念教育开始，他们根据员工队伍的发展情况，不断推出新的主题教育活动。2005 年 3 月，以“你职业化了吗”为主题，进行了职业道德教育活动，提出十二字职业道德规范：“敬业、责任、专业、创新、协作、规范”，成为佛山广发员工新的职业化标准。

中层干部培养是队伍建设的关键。“杭州广发式”的中层干部读书班，每年一期，每期一个学习主题。2003 年，以“没有任何借口”为主题，以提高工作的执行力和有效性；2004 年，以“每天进步 1%”为主题，以树立积极进取、永不放弃的精神；2005 年，以“树立正确的价值观”为主题，进一步强化中层干部的价值共识。管理团队通过不同的形式，不断提升中层干部的素质，并为他们提供充分的施展才华的机会。

在提升员工素质方面，佛山广发更是不遗余力。在接管初期，管理团队的三位行长都亲自带客户经理去跑客户，帮助他们设计方案，让员工们在实战中学习技能，实现真正意义上的传、帮、带，员工的素质在较短的时间内有了提升。此后通过各种形式的培训活动，让员工素质不断得以提升。佛山当地银行界评价说：“佛山广发的客户经理是一流的。”

目前，佛山广发已经进入了高增长、高赢利的良性循环时期，除了赢利水平大幅度提高外，全行各项业务指标较三年前几乎都是以翻几番的速度在增长。2005 年，本外币存款日均 111.94 亿元，比 2004 年增长了 11.57 亿元，位列广东省内分行第一；2005年，新发放贷款不良率仅为0.2%。

佛山广发在这几年中所发生的巨大变化，让当地监管部门由衷地感叹道：“干银行就要像广发这样！”

当初杭州广发提出“不克隆一家银行”，他们成功了。现在，佛山广发的管理团队，亦步亦趋地“克隆”自己的母行，简直把以前杭州广发走过的路快速地重走了一遍，他们也成功了。问题并不在“克隆”与否，而在于被“克隆”的对象，是不是具有“克隆”的价值。

中山广发脱困之路

就在向佛山派出管理团队的一年之后，这样的“好事”再一次摊到了杭州广发的头上。广东的中山分行也需要“自救”，杭州广发再次受命于危难之际。

广东发展银行中山分行成立于1988年，建行不久，就背上了巨大的不良资产包袱，多年来一直以向总行借款度日。1993年，无可奈何的广发总行下令停办中山分行的资产业务。这就意味着它们不能再发放贷款，只能做存款和结算业务，因此也就没有了利息收入。如此这般，年年亏损，士气低迷。2003年重开资产业务，因为10年没有做信贷业务了，一时竟不知该如何把握和判断企业的风险。2003~2004年一季度，新发放2亿多元的贷款，几乎全部逾期。这样的业绩，如果按总行的考核，早已发不出工资。

还是让金海腾再派一支队伍试试，你们那边不是人才济济吗？总行说。

2004年3月，杭州广发派出钱平、汤曙光、忻军辉三人组成的管理团队，接管亏损多年的中山广发。

虽有佛山广发的成功经验在先，但中山广发的条件更加艰难，当时的人民币存款规模仅22亿元，这样的数字，在当地的银行界里几乎可以忽略不计。脱困几乎没有希望，员工们更无信心。

管理团队分析了中山广发当时所面临的最紧迫的四大矛盾：一是不堪重负的不良资产与调整员工工作状态之间的矛盾；二是低于中山城镇居民人均收入的底薪与建立优质员工队伍之间的矛盾；三是离散式的城镇经济格局与集中式的网点分布之间的矛盾；四是过小的信贷权限、低下的审批效率与完全市场化的中小企业对效率的苛求之间的矛盾。

不解决四大矛盾，中山广发的脱困全无指望，而解决四大矛盾的全部资本，就是白手起家，没一个子儿。

巧妇要做无米之炊。钱平同志，这下你辛苦了。

“得让员工迅速看到希望。”钱平想，不管“三年脱困计划”，事情总得从眼前做起。

“智多星”钱平盯着中山地图呆呆地看了半天。

中山是什么地方？改革开放前哨珠海的边上。大凡这种前哨，老百姓赚钱的脑子好，城镇的民营经济遍地开花。也是老天爷的眷顾，这种收芝麻的事，只有咱杭州广发能行。钱平心里一乐，乖乖，有门了。

钱平的本事，就是运用杭州广发的一整套市场化操作手段，现在外部条件有了基础。舞台一样，这戏就好唱了。管理团队认为，市场资源已经没有问题，关键是中山广发自己有没有能力去分享这块蛋糕。

仗要靠人来打，业务是要靠人来做的。钱平审视他的部队，大概也就是一支杂牌军而已。

中山广发的公司业务基本停滞，公司客户数量极少，客户经理只有区区 19 人，大多数还不具备实际的市场开拓能力。员工队伍的培养和再造成了重建中山广发的重要内容。

必须解决两个问题。

首先要解决的是“员工想不想做”的问题。

中山的情况还不像佛山，员工的工作意愿很弱。说白了，他们还不想干呢，他们认为干与不干没多大区别。究其原因，关键在于缺乏公平、公正的评判。按照原先的考核机制，低职位的员工再辛苦，得到的也一定比不上干得少却职位高的。

对于困难，虽然管理团队事先有些心理准备，但实际情况比想象的要糟糕得多。这家连年亏损、仅有 20 多亿元存款规模的银行，官僚作风却极为盛行。有些人凭着权力，占据了中山广发极为有限的费用资源，真正业务开拓需要的，却得不到支持。

行军打仗，“粮草先行”，当现在真正准备打仗的时候，粮草却已经快消耗殆尽了。如何将极为有限的资源用在刀刃上？钱平感到很头痛。

钱平学着金海腾的腔调对全行员工说：“为了业务开拓，花再多也行；不为业务，花一分钱也是浪费。”

原先的既得利益阶层，看看像动真格了，也就不敢再明目张胆地无端花钱了。

可怜的一丁点儿小钱集中到了业务前线。值班行长制成了资源集中的制度保障。他们规定，值班行长在值班的那个季度里，可根据经营动态，实施全行的资源调度、分配、调控，负责把控资源的流向。

大权在握，然后建立新的公开、公平、公正的考核机制，以及其他以“杭州广发模式”复制的一系列新的制度。

第二个要解决的是“员工会不会做”的问题。

中山广发已多年未开展资产业务，原先的产品本来就非常单一，说实话，员工们的技能十分低下，大多数人“武功”皆废。开个“学校”吧，用传统的授课方法培训，从ABC说起，一时半会儿恐怕难以见效。

管理团队选择了亲自“传帮带”。口耳相传，我做你看，依葫芦画瓢。

三位行长白天带着客户经理跑客户、洽谈项目，晚上研究发展战略。钱平还将杭州广发的首笔贷款谈话制从分行转移到了企业现场。首笔贷款谈话成了首次行长谈话。

情景式的传帮带，让客户经理对业务开拓有了最直接的认识。初期业务量不大，三个人连轴转，基本还能应付日常业务的开展，并很快带出了一批具有一定操作能力的业务开拓人员。

但情景式传帮带是个案教育，毕竟随机性强。于是，管理团队在随后推出了各种各样的培训，全方位地提高员工素质。这样的培训坚持了两年多，同时从外部吸收“空降兵”加盟，一支有一定战斗力、能适应业务发展的员工队伍才初具雏形。

在坚持了初期最艰难的一段时间后，中山广发开始走上良性发展的轨道。

2004年年末，中山广发的存贷款规模增幅超过20%，国际业务结算量更是成倍增长，到了2005年，国际业务结算量增幅竟在广发全国系统中排名第一。

不必惊讶。有了佛山的见识，中山就不算奇迹了。

2006年一季度，中山广发结束了长达8年的连续亏损，成功实现赢利，提前一年完成总行制订的“三年脱困”计划。

全行员工为之振奋。毕竟员工们是最现实的，好就是好。

2006年9月12日，国内权威的金融媒体《金融时报》以《理念，撬动前进的车轮》为题，大篇幅报道了中山广发的脱困事迹，并配发评论文章《思想引导行动，智慧创造效益》。媒体充分肯定了“杭州广发模式”在中山分行实践的成功。

其实他们更应该深入采访的是，为什么这一模式到佛山、到中山，到一家成功一家？要知道，国有企业的解困脱贫，是当代中国的头等难事。

作为中山广发管理团队领头人的钱平，为此进行了反思。“智多星”不满足于实践的成功，他想探索理论的一般性原理，因为只有具备了一般性，才具有普遍借鉴的价值。为此，他写下了七大反思：

反思一：杭州广发建立的文化，诸如“大团结，干事业，立行为公”、“追求卓越，创造超越”、“想过成功，想过失败，从未想过放弃”之类的理念，在杭州广发时的体会还不很深刻，等到了一个充满问题的组织内，才感受到了“广发理念”这一成功的企业文化的重要价值，它对于摈弃前嫌、统一目标、精益求精、追求完美、正视困难、培养执著的团队个性，都起着十分重要的认识作用。

反思二：杭州广发的一套独具特色的制度，极大地保障了这种文化的深入贯彻。值班行长制确保了“大团结，干事业，立行为公”在组织层面实施的可能性；行长首笔谈话制，对风险防范，尤其对派出团队的风险防范，也在制度层面上有了保障。口号是激励的，制度却是强势推行的；激励可以不听，制度却不能不执行。软硬兼施，一个唱红脸一个唱白脸，绝配。

反思三：有效的活动形式，是企业文化的孵化器。一个简单的早餐会，不仅是全行情况的通报会，更是各部门竞争的竞技场。这使各部门时刻保持着良好的搏击状态，同时也时刻激励着精神倦怠的同事。这种氛围一直传递到每一个员工，使他们总保持着高昂的情绪。

反思四：杭州广发的员工大会，每一次都有新意，长远看，这种方式能极大地培育创新文化，企业文化也在这一刻得到了强化。

反思五：杭州广发的收入水平由低至高，连续33个季度保持快速稳定的增长，并建立了期薪制度。从长远看，这对培育员工的创业精神、增强员工对组织文化的认同，以及对员工队伍的长期稳定，都起着十分重要的作用。

反思六：杭州广发是一个专项活动十分频繁的组织。此举产生的有效刺激，对于提高组织的“活性”大有益处，也高度统一了组织行为。

反思七：素质的提高是一个梯度过程。从合格化教育到职业化教育再到专业化教育，都是在不同阶段提出的有针对性的目标。激励不能超越承受力，才能合情合理地产生向上发展的精神需求。杭州广发能十分准确地把握住时机，这点十分重要。

杭州广发“常熟升级版”

作为全国首批农村商业银行之一的常熟农村商业银行，成立于2001年11月，各项业务增长迅速。2006年，常熟农商行进一步明确了市场定位，新增微小企业客户900余家，并且没有产生一笔不良贷款。至2006年年底，这家银行的各项存款余额达到202亿元，贷款余额108亿元，2006年实现利润3.22亿元，分红率达到了令人咋舌的50%。因此，常熟农商行成了全国农村金融领域的佼佼者，董事长吴建亚荣获“2005农村金融年度人物”称号。

常熟农商行的前身是常熟农村信用社，改制后也经历了一个转型期。50年的农村信用社历史、基本没有改变的员工队伍、原体制下的管理模式与经营思路、惯性思维与路径，这一切都严重地束缚着它的持续发展。就在这关键的转型时期，他们发现了杭州广发，并多次派人来学习交流。

杭州广发给常熟农商行的印象是震撼性的。董事长吴建亚说：“杭州广发除了业绩非常优异外，给我感触最深的，是他们创造的那种最简洁的人事关系，以及在这种人事环境中员工们所迸发出来的激情。”

通过近距离的学习观察，常熟农商行认真分析了杭州广发的成功之道。他们认为，最关键的因素就在于金海腾“跳出银行做银行”的思路，颠覆了传统银行的经营管理模式，将各行各业的先进经验融会到银行的经营之中，于是杭州广发往往能在传统银行认为不可能的领域挖掘出富矿。

如何跳出银行？他们认为，跳出的办法就是不拘泥于银行业务，从文化切入。

杭州广发的成功是文化的成功。杭州广发建立的一整套适合银行的价值体系，成了引导银行发展和团队打造的强有力的武器。杭州广发真正打破了中国传统的“官本位”制度，让每一个人都能有施展才华的舞台。这个统一的价值观使得杭州广发的每一个人都步调一致，充满凝聚力。在这种文化培育下，一个充分领会了一把手意图并能制定战略战术的行长室、具有超强执行力的中层管理团队、一支充满工作热情的员工队伍，保证了杭州广发不断地向前发展。一个企业经营所需要的领导力、执行力都是来自于企业文化，并能够促进文化的传播发展。

常熟农商行没有完全照搬照抄“杭州广发模式”，他们抓住了“杭州广发模式”中最精髓的文化内核，并引进了其中的管理方法，设计了适合自己发展状况的企业文化和管理模式。可以说，常熟农商行学习“杭州广发模式”并不是形式上的简单模仿，而是“质”的学习。

常熟农商行在组织机构的扁平化设置、业务流程与管理流程的再造、人员岗位交流与轮换、五大赢利中心的构建、风险的防范与化解、建立和谐的工作环境等方面，都参考了杭州广发的做法，并进行了一系列的变革和提升。在那里，我们或多或少地都能看到“杭州广发模式”中员工第一、现场管理、打破成就感、全方位赢利、风险可控原则、创造最简洁的人事关系等一系列的经营管理理念。

吴建亚说：“‘杭州广发模式’为我们提供了一个很好的学习范本，也为中国商业银行的发展探索出了一条新路。”

谁愿意克隆，一律提供母本

杭州广发的经验是实用的，但是在理论上的地位如何？这得让高层次的目光来审视。

2004 年 8 月，杭州广发就作为浙江银监局的推荐单位，接受了全国无党派知名人士考察团的考察。这个考察团中有 6 名副部级的政府官员和监管机构高级官员，也有知名高校的校长。考察团对杭州广发的优异业绩和独特的经营管理理念给予了高度评价，特别对其行长室能够打破传统、消除人事藩篱，带头进行“敞开式”的大办公表示了赞赏和钦佩。

2005 年的 3 月 1 日，《金融时报》在重要位置大篇幅刊登了《怎样办一家优秀的商业银行》一文，配发的评论员文章标题为《发展在于创新》。文章对杭州广发的企业文化、经营管理作了深入的分析，并给予了充分的肯定。文章点评说：“广发杭州分行今天的许多做法，与国际上优秀商业银行成功的关键因素有着诸多的相似之处。”

2005 年 11 月，杭州广发联合佛山广发、中山广发和常熟农村商业银行这三家成功实践“杭州广发模式”的商业银行，举办了首届“城市商业银行CEO主题研修班”。这届研修班吸引了全国 11 家城市商业银行和 1 家股份制银行的省级分行及 1 家著名的外资银行的董事长、行长、高管人员等高层人士来参加。

研修班以“怎样办一家优秀的商业银行”为主题，通过剖析“杭州广发模式”，共同探讨如何成为一家优秀的商业银行。整个研修班共分六大研修主题，分别从管理架构设计、企业文化建设、赢利之道、发展策略和实际应用嫁接等方面，由杭州广发、佛山广发、中山广发、常熟农商行现任的高管主讲。研修班以其鲜明的实战性、实效性等特点和颇具借鉴意义的先进经验，深受参加银行的欢迎。

参加研修班的各家银行的高管人员也在班上就相关主题发表了即兴演讲，共同探索适合中国民族金融业发展的特色经营之路。某银行董事长评价说：“这次研修班的借鉴意义远胜过我参加过的其他类似活动，他们的很多做法都是现成的、可以直接借鉴运用的，‘杭州广发模式’可以说是中国银行的MBA案例。”

首届“城市商业银行CEO主题研修班”取得的巨大成功，让许多闻声心动的银行纷纷要求：能不能再来一次，让我们也开开眼？这无妨，谁愿意克隆，我们一律提供母本。2006 年 3 月，杭州广发举办了第二届“城市商业银行CEO主题研修班”。与金海腾低调的做事风格一样，杭州广发并没有对这次研修班进行媒体渲染，却在银行同业中形成了良好口碑，参加的银行和机构增加到了 24 家，其中国内某大学的中小银行研究中心更是慕名而来，有 10 家银行成了第二次参加研修班的“回头客”。

目前，杭州广发几乎成了诸多银行同业的学习基地，每年都有超过 25 批次的银行或分行到杭州广发进行学习考察。

第五篇

激流勇进（2005~2006 年）

面对广发总行重组所带来的重重困难，杭州广发会如何选择？

“二次创业”激发了员工的创造激情，杭州广发2004年的业绩堪称辉煌。各项存款余额达到了333亿元，成为广发系统内第一家突破300亿元的分行；中间业务收入达到了1.18亿元，名列广发全国系统第一；信用卡累计发卡31.3万张，连续七年名列广发全国系统第一；“丰收”、信托等个人金融产品销售名列广发全国系统第一；实现利润5.47亿元，名列广发全国系统第一；创造经营效益6.4亿元，名列广发全国系统第一。总之，在广发总行给分行下达的15项考核指标中，杭州广发有13项排名第一。

在浙江省银行同业的比较中，杭州广发同样表现优异。杭州广发以浙江省内11家股份制商业银行中占比5.5%的网点数和占比7.4%的员工人数，创造了占比8.94%的存款规模、占比10.07%的利润总额和占比14.1%的中间业务收入。

当初曾为进入第一梯队而拼命，现在他们是绝对的第一梯队。

杭州广发，正在高歌奋进之际。

外部环境的变化瞬息万千。2005年3月初，酝酿已久的广东发展银行重组工作进入了实质性操作阶段。广发总行专门成立了由全部行领导参加的重组专项小组，全力推进重组的筹备工作。

我们在前面说过，杭州广发是“穷人的孩子早当家”。现在，不管“穷人的孩子”如何争气，“天要下雨娘要嫁人”了。

外界传闻不断，经营环境也在不断恶化，银行同业和客户们的不信任感也在一步步地加剧。

接下来的两年是难熬的。总行一直在流言四起的风雨飘摇中，杭州广发经历了“冰河期”的生存考验……

第十七章
英雄本色

一个敢于自称为“弱势”的群体，如何在逆境中奋起？不可为之为，可为吗？

重组的消息从2005年年初起就不断传来，各家银行都开始收紧与广发银行的合作，四大国有商业银行相继对广发银行承兑汇票的贴现业务限定了额度，甚至有很多银行拒绝接受广发银行承兑汇票的贴现。

以票据业务为主要业务品种的杭州广发，发展空间将大大缩小。

广发总行也小心翼翼，出于审慎经营的原则，进一步收缩了分行的权限。从2004年9月起，广发总行就开始对各个分行的银行承兑汇票业务进行了压缩，而杭州广发的银行承兑汇票业务规模是各家分行中最大的，所以压缩的比例和绝对值也是最高的。从2004年9月到2005年12月，杭州广发仅银行承兑汇票业务就压缩了近30%，金额超过了60亿元。影响是决定性的。

在其他资源的配给上，总行也进行了更多的限定。国内银行的总行对分行大多实行“存贷比”管理，也就是按照存款规模给予一定比例的可发放贷款总额，于是“存贷比”也就成了各个分行可用贷款资源的度量标准。业内对金融环境有个说法：长三角高收益、低风险；珠三角高收益、高风险；东北地区低收益、低风险；西北地区低收益、高风险。在金融环境优良的浙江，众多全国性商业银行都对其浙江的分行采取资源倾斜政策，在“存贷比”上体现得尤其明显，某些银行的浙江省分行，“存贷比”超过了100%。然而杭州广发所获得的“存贷比”资源，在所有股份制商业银行中排名倒数前三。有消息说，在重组中这个比例还会进一步缩小。

资源约束威胁着他们已有的业务，而更为严重的是，银行同业的不信任感也进一步加剧了包括企业客户、个人客户、金融同业客户在内的社会各界对广发银行的不信任。

杭州广发举步维艰。

金海腾拍案而起："人生百年，孰能无憾？可是不能憾得窝囊。七尺男儿当自强，纵然是不可为之为，也不妨轰轰烈烈地干一场。"

沧海横流，方显英雄本色。这就是金海腾，这就是杭州广发。

从辉煌到窒息

2005 年 1 月 16 日，杭州广发在杭州最庄严的会堂——浙江人民大会堂，召开了 2004 年度员工大会。暖色调的布置，舞台的背景板用无数玫瑰花拼出"2004 感动广发"的巨大画面。会场的四周，也用玫瑰花和藤蔓竭尽渲染。在这寒冷的冬日里，刻意让人感受春天的温馨。

大会开得十分抒情。

金海腾说："2004 年，我们杭州广发有太多的感慨，太多的感动。他们可能仅仅是普通员工，却带给我们最深沉的感受。"

2004 年，杭州广发创造的各项业绩，有理由让他们的员工感慨不已。

2004 年，由杭州广发派出管理团队帮扶的广发佛山分行的国际业务量高居全系统第四位，综合考评在所有分行中排名第四，而在一年前，佛山分行还是一个亏损大行。而刚刚由杭州广发管理团队接管仅 7 个月的中山分行，也在当年让员工们第一次拿到了效益工资，有望继佛山分行后第二个脱离困境。

辉煌的背后，是员工靠血肉之躯进行的艰苦卓绝的打拼。

主题员工大会调动了多媒体手段来回溯时空，现场访谈、DV 短片、他人讲述、文字资料。各种方式都在给员工们回顾着他们自己的动人故事。

感动的故事层出不穷。

有刚拿到驾照就为追回银行的汽车按揭贷款，与坏人飙车百里的秦小松。

有百人献血为一人的温州广发员工。

有为了保证工作进度，在办公室连续奋战 72 小时的弱女子陈凤莲。

……

还有更多更多平凡之中的感动。

金海腾说，一个人的价值就是感动别人，一个人的享受就是被别人感动。

行长室借题发挥，要求每一位员工要学会感恩，感恩社会，感恩客户，感恩家人，感恩同事，感恩每一个支持过自己的人。

主题员工大会空前热烈，感动的氛围把全体员工融成一个整体。

金海腾最后说："一年过去了，又是一个台阶。我们的每个员工在每一天都创造了一个感人的故事。724 名员工在 365 天里创造出了 26 万多个故事，我相信个个都会让人感动。日起日落，景色万千，我们期待 2005 年能有更多的感动！"

而 2005 年正是这样一个令人感动的不平静的年度。

这难道是巧合？

刚刚创造了辉煌，转眼，重组带来的严酷压缩让人窒息。

客户经理们没有了可以开拓业务的资源，纵有千般能量也无法使出劲来。

广发系统的其他分行都在观望着重组的进程，各项业务都在等待中停滞。

"总行的重组，肯定不会在短时间内完成。"金海腾说，"这可能是一场持久的拉锯战。业务发展不能等待，竞争对手不会因此歇息。等待观望只能消磨斗志。业务一停滞，杭州广发在社会上的形象就会大大受损，多年辛苦的经营成果将毁于一旦。也许一两年的停滞等待，5 年、10 年都补不回来。"

他们必须行动。

鸡年的春节刚过，金海腾便带着资金部总经理周晓乐和票据中心总经理沈玲，风风火火地赶赴北京、哈尔滨、大连、上海等地，一口气跑了七家银行，洽谈资产转让、票据转让等业务。

数年积累的口碑和优秀的业绩在这时发挥了作用。

杭州广发是国内最早开办资产转让业务、票据转贴现业务的银行之一，他们转让的资产质量优异，在同业中享有很好的口碑。杭州广发与中国工商银行的票据转贴现业务量，占到了工行票据营业部系统外业务量的一半，双方合作紧密，互相信任，工行票据业务营业部把杭州广发当做优质客户。在全国各个商业银行，杭州广发都拥有知名度。他们提出的"打造浙江金融第一品牌"的发展目标，在国内的金融界引起过巨大的反响。

洽谈中大家相互谅解，有些银行还表示："广发其他分行的票据和资产我们不会收，但是杭州广发的业务，我们一定会做。"

努力没有白费，他们甚至还帮广发总行争取到了一些额度。

关得严严实实的窗户，总算撬开了一条缝，让人稍稍地喘了一口气。但杭州广发还不敢大口地呼吸。

更艰难的日子还在后头。

愚公移山

在各种信贷资源受到限制之后，派生存款几乎没有扩大的可能，唯有非信贷客户的纯存款和个人储蓄存款，才可能成为解决生存和发展的基础。

在用人上一向排斥“银行个体户”的杭州广发，这时候吃到了苦头。现有的员工都不是拥有很多“无贷户”存款资源的资源型和关系型员工，何况“无贷户”存款已经成为各家银行争夺最激烈的香饽饽，真不知道该如何下手。

大好形势被人为破坏后，“吃饭问题”又一次摆上了议事日程。不管如何，“无贷户”存款这个堡垒，再艰难还是要攻克的。

金海腾觉得形势已不再有容人等待的可能了，仅凭个人的力量，也难以解决根本问题。再打一场“人民战争”，这个念头强烈地涌上了他的心头。

金海腾还在出差，他在旅途中，就给所有的中层干部和部分员工发了短信：“在总行重组的各种不利因素下，杭州广发的发展面临着严峻的考验。各位同仁，请你们思考我们该怎么办？分行将于近期策划一次主题活动，请谈谈你的策划思路。”

行长再一次呼吁，大家感觉到了这件事情的分量。

“在动员大会上，我该对员工说些什么呢？”金海腾也在思考。

他想到了毛泽东的名篇《愚公移山》，他对这篇文章印象特别深刻。1945 年，中国共产党处在转折的关键时刻，毛泽东在中共七大上作了这篇题为《愚公移山》的著名演讲。演讲引用了“愚公移山”这个古代寓言，号召全党发扬“愚公移山”精神，团结全国人民一起奋斗，搬走帝国主义和封建主义两座大山，夺取革命的胜利。

“愚公移山”从此成了一种精神，成了与“全心全意为人民服务”和“毫不利己、专门利人”相提并论的共产党人三种思想境界之一。毛泽东对“愚公移山”精神的精彩概括就是：“下定决心，不怕牺牲，排除万难，去争取胜利[①]。”

---

① 见《毛泽东选集》第三卷，《愚公移山》。

“愚公移山”精神，正是杭州广发当时所需要的。

2005 年的 3 月 5 日，山东烟台还下着雪，出差途中的金海腾望着宾馆窗外纷纷扬扬的飞雪，仿佛看到了漫天的白衣哀兵——铁马冰河慷慨赴难的战士。一个想法突然成形。

对，这次争取“无贷户”存款的组织竞赛活动，应该命名为“愚公移山”活动。他立刻打电话告诉杭州总部，一季度的员工大会提前召开，明天就开，开成一个全行员工参加的“愚公移山”誓师大会。

3 月 6 日下午，金海腾飞回杭州，从机场直接赶赴誓师大会的现场。

主席台背景和会场海报被设计成一群握紧拳头的革命者，目光肃穆，情绪激昂。

金海腾登上舞台，目光炯炯地环视着他的队伍，这支跟随他 8 年的队伍，是一支打不烂拖不垮的队伍。看到他们，他突然感到了成功的把握。

他的语调充满令人感动的色彩，他对他的员工们说：

> 大家知道为什么要用“愚公移山”来命名这次活动吗？我想了很久，我们跟其他银行相比，真的是愚公。下面三组数据可以说明：
>
> 第一组数据，学校毕业后直接进银行的“学生兵”占所有员工的比重，一般银行在设立初期不会超过 5%，设立以后也不会超过 10%。而我们行到目前为止，这个比例是 23%，是别人的 2~4 倍。
>
> 第二个数据，外地人的比重，我了解了一下，国有银行不用算也知道他们极少使用，在其他股份制商业银行也不超过 10%，而我们行高达 31%。
>
> 第三个数据，非客户经理出身的客户经理，他们占所有客户经理的比重，其他银行一般是 30%~40%，而我们行高达 65%。
>
> 我想说，我们都是浙江金融界的弱势群体。我们的起点不高，我们总行的牌子不够好，我们什么都可以选择，但唯一不能选择的就是出身——“子不能嫌母丑”。这次央视春节晚会上获奖的《千手观音》，那些演员都是弱势群体。我想我们在座的“弱势群体”也能和他们一样，我们一定会比别人干得更好！

“弱势群体”一词，落在杭州广发员工的心上，发出了痛楚的“铮铮”之声。是的，8 年了，他们就是憋着这口气，才有了一个接一个的辉煌。现在，他们心中的创口再一次被撕裂，再一次感受到当年的痛楚。

8年来，杭州广发的员工所付出的努力，是其他银行难以想象的，有的员工悄悄地抹眼泪了。

金海腾定了定神，向员工们阐述了“愚公移山”的意义：

我们在座的每一位都要明白，我们行已经到了发展道路上一个极为重要的历史时刻！

2003年，我们被总行评为唯一的明星分行，并成为总行建行16年以来第一家一类行；2004年，我们综合考评名列全系统第一，15项考核指标中有13项的绝对值名列全行第一。国内众多的学术界、媒体界人士也给予我们很大的肯定，可以说，不论是管理水平，还是经营业绩，杭州广发在国内银行同业中绝对是数一数二的。

我们经受了辉煌的荣誉考验，我们能不能经受住最严峻的困难考验？

这几个月，总行重组所带来的负面消息，大家都已经知道了。困难已经摆在我们面前，我们该怎么办？

我们要肩负起我们的历史责任，一起来捍卫杭州广发的荣誉！在杭城已经流传很久的“工行的网点，招商的科技，广发的人”，说明我们广发人举足轻重的地位。大家在向别人作自我介绍的时候，相信都是自豪的，是有尊严的。大家也知道“一荣俱荣，一损俱损”的道理，只有广发发展了，才有我们个人的发展。所以，捍卫广发的荣誉就是捍卫我们自己的荣誉。

今天的大会有三个主题词：责任、荣誉、忠诚。

有些人仅仅把工作当做谋生的手段，为了工作而工作，那么工作也只能让你养家糊口。如果你把工作当做是一个事业，为了实现自己的人生价值而工作，那么工作也将让你成就辉煌的人生。

我们一直在说，“道不同，不相为谋”。在广发，只有你认可了广发文化，把广发事业当做自己的事业，广发才会真正地认可你。忠诚于广发的事业，勇敢地捍卫广发的荣誉，这是我们每一位杭州广发人的使命，也是我们必须承担起的责任。

金海腾侃侃而谈，列举了许多杭州广发这个“弱势群体”里的优秀分子的例子，他说得慷慨激越，声情并茂，员工们的荣誉感和责任心在他的讲话中被一次次地激活、鼓舞、升华。

经过近8年的锤炼，员工们成熟了。他们已经在“三新活动”、“寻找加西亚”、“把鞋卖到非洲去”中，知道了主题活动的含义。他们一呼百应。

“弱势群体”要在激烈的“无贷户”存款市场上争得一杯羹，哪怕面前是一座大山，他们也会“每天挖山不止”。

行长室设立了各种奖项。在前几年的迅速发展中，分行经营效益不断提高，可用的奖金额度在“深挖洞、广积粮”式的战略思想统筹下，预备了“奖金蓄水池”。当其他分行因为总行重组效益下降，员工工资额度减少而实际收入降低时，杭州广发放水养鱼了。好钢用在了刀口上。

行长室算了一本账，2005年前两个月，杭州广发的利润是1.6亿元，平均每个月8 000万元，如果以每月平均6 000万元利润的保守估算，2005年全年的利润也将达到7.2亿元。“愚公移山”活动的目的，就是保证经营规模继续稳定增长，全年利润超过7.2亿元。

金海腾告诉员工们：“我们的金饭碗是靠自己打造的。只要我们打赢‘无贷户’存款这一仗，我们的金饭碗就一定有保障。”

大船就要起航，“愚公移山”活动拉开了序幕。

天下者我的天下，广发者我的广发

既然是“人民战争”，“无贷户”业务的指标就要分解到每一个人。

行长室自我加压，所有的支行行长、部门老总都领了指标，冲在自己所带团队的最前面。金海腾说他自己是最大的“愚公”，所以他带头去完成个人的“无贷户”存款指标。

有人对行长室的自我加压觉得不可思议，金海腾解释说：“打仗了，敌人都冲到你面前，你还能去区别谁是官、谁是兵吗？只有每个人都主动去战胜敌人，这支部队才有真正的战斗力。指挥官的身先士卒往往是提升部队战斗力的催化剂，能够产生1 + 1>2的效果。”

这次活动中，杭州广发喊出的口号是：“天下者我的天下，广发者我的广发”。这不仅是一种征服困难的气势，更代表了一种责任。它意味着“愚公移山”不仅仅是行长室的要求，而是全体员工的责任。杭州广发是所有国内银行中，唯一连分行行长都有吸纳存款指标的银行。这就是一种责任。

为了强化执行力，行长室隔一周在中层干部早餐会上通报“愚公移山”的完成进度。金海腾确实把这一活动看成是“最后的斗争”，他很严厉，严厉得有些苛刻，甚至要求没有完成任务的人站起来。站起来的人里，有时甚至包括行长室的副行长们。金海腾没有给任何人面子。

有的时候，金海腾名下的客户存款数没有达到应有的指标，他也会主动站起来，他认为在责任面前一视同仁。他常说的一句话就是：“‘愚公移山’要求每个人都要移山，我自己就是最大的那个愚公，只有我自己完成了移山任务，我才有资格来对员工们提要求。”

以身作则的责任意识具有巨大的感召力。各个管理部门迅速行动起来，分行财会部加上事后监督中心仅 20 个人，他们组织的存款从几千万元起步，到 2005 年年底，整个部门组织的存款已达到 1.8 亿元。

办公室总经理韩兴在此危难之际被突然起用为“存款总监”，人们不禁纳闷：这不是一个连挖土技巧都没有掌握的真正“愚公”吗，他将如何“总监”？殊不知韩兴在杭州广发的员工中有他的一绝，那就是打高尔夫。他是杭州广发员工中少有的能上场打出点水平的高尔夫爱好者。“愚公”开始“移山”，到高尔夫球场去“移山”。我们知道，高尔夫球场是中国富翁的集中地，也是能最轻松地完成商务公关的平台。于是，韩兴开始施展他的神通。通过如此这般复杂过程，短期内他个人和他所领导的办公室的“无贷户”存款明显增长。

杭州广发将活动的目标从低到高分为“责任指标”、“力争指标”和“卓越指标”，并对每一级指标设定了相应的奖励，让员工的每一点努力都能得到肯定。宁波支行则提出“两万元工程”，即要求每位员工每天新增业务存款两万元。从每天细分的目标，就可以知道，那段日子，广发的员工一定是跑动得如热锅上的蚂蚁。

2005 年 3 月开始的“愚公移山”活动，到当年年底，使杭州广发的“无贷户”存款增长了 21.57 亿元，有效地填补了因信贷资源约束而带来的存款缺口。

他们移动了一座大山。

亮剑行动

中国的好多事情往往悬而不决。2006 年广发总行的重组情况仍旧不明朗，杭州广发的生存环境依然没有大的改善。这时候，广发其他分行的经营状况日趋停滞。而市场却不等人，随着中国银行业全面开放日——2006 年 12 月 11 日的临近，银行间的竞争更加激烈。

杭州广发行长室觉得有必要采取行动，以保持员工们在“愚公移山”活动中形成的高昂斗志，继续争取良好的发展势头。

他们决定不再理会总行的重组。根据惯常经验，改革叫得越响的地方，越缺乏改革的精神。许多时候，改革只是一种程序，慢慢地磨吧。

行长室决定再以一个“特色活动”来推动进一步的发展。金海腾用短信征集、“神仙会”座谈等形式广泛征集意见，西湖支行入职不到两个月的员工桑盛江的“亮剑行动”方案，在几十个备选方案中脱颖而出。

《亮剑》是当时正在热播的一部电视剧，讲述的是八路军的优秀将领李云龙富有传奇色彩的一生。主人公李云龙是一个叱咤风云、百战沙场的职业军人，最值得借鉴的是他的人生信条“亮剑精神”：面对强大的对手，明知不敌，也要毅然亮剑，即使倒下，也要成为一座山，一道岭。

这时候的杭州广发，需要的正是“亮剑精神”。

其实杭州广发 10 年的发展，正可以用“亮剑精神”作为写照。在中小企业融资、个人金融业务、金融同业业务等领域，他们成功创造了几十个创新的金融业务品种，这都是杭州广发面对困难主动“亮剑”的结果。越困难越坚强，明知不敌也要亮剑，这就是“亮剑精神”的灵魂。

2006 年 3 月 6 日，在“愚公移山”活动开展一周年的时候，杭州广发推出了“亮剑行动”，决心把单打独斗的业务拓展向深度推进。

为不可为之为，他们铁下了一条心。

杭州广发的“亮剑行动”亮的是什么？他们竟然提出了 2006 年全年创 10 亿元利润的终极目标。

可望而不可即，这就是“亮剑”。

10 个亿，我们怎么理解这个目标呢？这无疑是天方夜谭！

伟大的力量来自于伟大的目标。习惯于挑战的杭州广发的员工们，心中自有一股激情在涌动着。行动是第一位的，多年广发理念的熏陶，使员工形成了一种超强的执行力，他们的历史上，所有活动从来没有一次是失败的，也包括这一次。

“亮剑行动”的具体业务目标，杭州广发选择了以“无贷户”存款、个人金融业务、企业财务顾问业务、国际业务等资源消耗小的业务品种作为竞赛的项目，并希望借此推动银行经营转型的发展。

看我如何潇洒

既然选择了不再理会总行的重组，他们就心无挂碍，放开了手脚。“我用青春赌明天，何不潇洒走一回。”

一年一度的行庆，这本该是杭州广发回报社会的文化季节。从 1997 年的广场音乐会开始，杭州广发一直以举办各类文化活动的方式来实现他们“立足浙江，服务经济，回报社会”的社会理念。2005 年还搞不搞？

既然这是杭州广发的传统和形象，为什么不搞？

2005 年 6~8 月，杭州广发举办了“八面来风，广发汇聚你和我”行庆八周年系列活动。8 大类 50 个小项的活动，内容包括了邀请龙永图、滕矢初等著名人物演讲的“广发论坛”、网络支付大赛、法国电影节、室内交响音乐会、“广发杯”高尔夫邀请赛、第九届“广发杯”乒乓球大赛、第二届“广发杯”夕阳红交谊舞大赛等，内容涵盖了经济、文化、体育、社区、网络等各个方面。

持续的活动在杭州掀起了一股“广发热”。

活动都以免费的形式奉献给社会，市民对杭州广发更加认可，“能举办这么多活动的银行，肯定是非常有实力的”。总行有领导来杭州视察，也禁不住感叹道：“在杭州，我完全感受不到重组所带来的窒息。员工们的士气非常高涨，社会上的反应也非常好。”

“广发论坛”堪称杭州经济文化界的一个顶级论坛。从 1997 年开始，杭州广发每年都会邀请各界名流就当时的社会热点设坛开讲，举办了由龙永图、余秋雨、曹远征、曹建民、易纲、李扬、魏杰、洪昭光等分别主讲的 30 多期活动。2006 年 7 月，广发论坛拓展了新的合作模式，与北京大学光华管理学院共同举办了“2006 光华 · 广发论坛”，由光华管理学院当时的院长张维迎教授领衔，梁钧平教授、周春生教授、赵海英博士等多名经济界专家设坛，分别就“企业核心竞争力”、“员工绩效与个人特性和组织环境的关系”、“从杜邦分析看创新与品牌”、“公司治理是企业核心竞争力”等主题发表了演讲，为崛起中的浙商提供了一场思想盛宴。

“2006 光华 · 广发论坛”也成为当年浙江最具影响力的论坛之一。

杭州广发还被誉为“杭城高雅艺术的倡导者”。9年中，杭州广发已经举办了歌剧、芭蕾舞剧、交响音乐会、钢琴独奏会等各类演出100余场，中国爱乐乐团、广州交响乐团、中央民族歌舞团、上海芭蕾舞团、广州芭蕾舞团等国内知名演出团体和部分国外演出团体，以及滕矢初、郑小瑛、卞祖善、殷承宗、鲍蕙荞等著名艺术家纷纷登台献演。杭州广发举办的演出活动，都堪称具有专业演出公司的组织水准。

光脚的还怕穿鞋的？最艰难的2006年，他们“疯狂”了，弱势也“疯狂”。

第十八章
理财银行

商业银行转型该往何处？一个股份制商业银行的省级分行何以能在一年内创造近2.9亿元的中间业务收入？

既然甩开干了，面对种种约束，就必然产生新的经营模式。

模式在哪里？全国的银行都在转型，那么就从转型中寻找模式。

从2004年开始，商业银行经营转型成了金融界一个最热门的话题，转型的压力来自2006年年底中国银行业将全面开放的局面。中国银监会于2004年4月1日发布了《商业银行资本充足率管理办法》，要求国内商业银行在开放日之前必须满足资本充足率8%、核心资本充足率4%的标准。这是银监会为推行《巴赛尔协议Ⅱ》而设定的门槛。这一设定无疑是对的，这对商业银行提高风险控制能力、限制资产增长速度、降低风险资产规模、限制增设新机构、开办新业务等，都有了一定的制约作用。大家都看到了未来的几年里，由于资产业务规模扩张受到的限制，必然会带来的资本约束和融资困境。于是，以中国建设银行、中国银行为试点，国内各家商业银行纷纷寻求股份制改造、引进战略投资者，并力求实现首次公开发行（IPO），改善资本结构，为中长期的发展奠定基础。

资本充足率是商业银行的生命线。如果一家银行资本不能有效覆盖，或者资本准备金低于社会公众能够接受的底线，往往就会引发社会公众的信任危机，引起挤提，造成银行倒闭。提升资本充足率是国内商业银行实现转型的基础，但要真正实现转型，关键还在于改变当前国内商业银行服务内容单一雷同的经营模式和以存贷利差为主的赢利模式。2005年1月，央行发布了《稳步推进利率市场化改革报告》，标志着商业银行经营环境的重大变局。随着利率市场化的推进，存贷利差逐步缩小，商业银行的利润空间将大幅度减少。

上面的话太理论化了，我们还得为非银行专业的读者把话说得简单明了一些。也就是说，以前的银行以规定的低利率吸收储蓄，用规定的高利率放出贷款，两个利率之差，乘以资金的规模，就是银行稳定的利润。现在国家改革了，主要是两条措施：一是银行不能把全部资金贷出去，必须留下8%作为应急，这笔钱因为是储户的，得付利息；二是存款利率和贷款利率市场化了，也就是银行和客户可以谈价，如果存入利率一高，贷出利率一低，银行的利润不是就很薄了吗？所以，光靠存贷的利息差来谋生的银行模式不行了，得想其他办法。这就是转型。

转型已成为国内各家商业银行寻求发展甚至面临生存问题时所必须面对的课题。

早在2003年年底的杭州广发中层干部读书会上，金海腾就率先提出了转型的概念，要转变“资产带动负债，票据拉动存款”的经营模式。金海腾当时的预言给人危言耸听的感觉。他说：“冬天即将来临，我们以票据业务为载体，通过贷款业务的发展来带动存款业务发展，这一经营模式将会受到贷款资源、票据资源的严重约束。”

当时大家干得正欢，谁也没有理会行长的忧虑。直到总行重组，才听到了冬天的脚步声。举目四顾，已经陷入重围。

路在何方？在接下去的几年中，杭州广发始终在探索转型的道路。

转型新模式：理财银行

商业银行的经营是与其所处的市场环境紧密相连的。目前，很多人在谈论国内商业银行的业务机构和收益来源时，往往是通过与欧美发达国家商业银行的简单数据对比，来说明国内商业银行在收益结构方面所面临的问题。比如，美国的商业银行的中间业务收入占到了其全部收益的60%~70%，而国内商业银行的中间业务收入占比还不到10%。这种对比存在一定合理性，但不能完全真实地反映出问题的实质性。

最根本的是融资结构的不同。欧美发达国家，特别是美国的融资市场是以直接融资为主，资本市场发达，各类金融工具、衍生产品丰富，直接融资比例达到了70%~80%，而国内资本市场起步较晚，融资市场以间接融资为主。有资料说，2001~2005年期间，银行贷款在非金融部门融资中的占比仍高达75%以上。要从根本上改变中国商业银行的赢利结构，本质上有赖于整个社会融资结构的改变。何况国内商业银行与欧美发达国家的商业银行处在各自不同的发展阶段，简单的数据对比意义不大。

但是，有一个事实是值得正视的："中间业务"有广阔的前景。

转型首先是经营理念上的转型。这就得益于金海腾8年来倡导和形成的学习与思考之风，使这家银行在任何一个行动之前，都首先在理论上达成一致。我们常常说，中国的改革是理论滞后，说白了，就是没想明白就干了起来。杭州广发不是这样。

2005年1月，经过一年时间的关于转型的理论探索后，杭州广发提出了银行转型的新理念——打造全新的"理财银行"。

什么是"理财银行"？杭州广发的定义是：

> 理财银行是以理财创新为手段，以理财工具和产品为载体，以理财资源整合为纽带，以理财营销为切入点，激发客户的潜在理财需求和现实理财需求，充分挖掘客户的金融附加值，以实现客户新的价值增加，并构造新型互动的理财型银行客户合作关系的经营体系。

新理念中，最重要的亮点就是要通过理财来实现客户的价值增加。它区别于国内传统银行简单地进行存贷款、结算等传统业务，服务缺乏含金量，经营模式难以为客户创造价值，它要介入客户的经营环节为其创造价值。

介入客户帮助理财，是要客户能看到价值增值的，这是真家伙。到英国牛津大学学成MBA的企业财务顾问部总经理蒋骊军说："在牛津，几乎所有课的老师在第一堂课的开场白中，都会提到价值增加这个概念，非常强调做任何事情，都必须是有价值增加的，而且要尽可能用数据来加以分析确认。" 是的，能否带来价值增加将是评判、衡量一个银行服务质量高低的最核心指标。

但是，杭州广发说，客户价值增加并不仅仅是有形的财务意义上价值的增加，它包括客户经营价值、资金价值、资本价值、品牌价值、财产价值、消费价值、时间价值、风险价值等涵盖客户经营活动和个人生活的一切价值的增加。

杭州广发"理财银行"所倡导的理财并不是一种业务、一种产品、一种工具，而是一种理念、一种思路，代表着一个全新的品牌内涵，即围绕客户价值增加为中心，整合所有可能的产品和资源，借以吸引客户、开发客户、巩固客户。

看来对于如何实现客户价值增加，杭州广发将一个全新的“增收节支”的概念加以通俗化了：

> 理财的核心是给客户增收节支。增收节支不是狭义的，必须是广义的，要拓宽理财增收节支的视野和外延。增收，凡是在风险水平或成本支出不变的前提下，增加的收益均是增收，比如市场份额的扩大、营业收入的增加、生活质量的提高等等；节支，凡是在收益不变的前提下，减少风险或节约成本支出均是节支，比如进货价格的降低、耗用精力的减少、风险水平的降低等等。

当年的戴恩成就说过：“我的方案就是没有方案。”现在这句话成了杭州广发在为客户设计理财方案时的指导思想。“没有方案”并不是指缺乏方案、产品和手段，而是指在深入分析客户实际情况之前，只有既定的原则，没有既定的方案。方案只能根据客户的需求合理设计。

理财银行的思路使杭州广发在与其他银行的竞争中占得了先机。

2005 年，戴恩成所做的一个项目具有典型的意义。当时一家新开的投资公司找不到好的投资项目，有一大笔资金闲置了，他们想找一家银行合作。与多家银行接触后，他们最后的印象就是，银行只是拉存款，回报一定的费用或回扣。后来，他们与杭州广发不期而遇，这家不一般的银行让该投资公司眼睛一亮，杭州广发在深入分析研究后，给他们做了一个本外币结合、境内外联动的理财方案，还为其推荐了合适的长远投资项目。这个举措，赢得了客户的认可，并带来了大量后续的其他银行业务。

这就是介入客户。这就是价值增加。

“理财银行”的经营模式与国外的一些优秀商业银行不谋而合。德国德累斯顿银行说的：“Dresdner Bank，Die Braterbank”（德累斯顿银行，理财银行），以后在全德国妇孺皆知，并被德国《明镜》杂志评价为“全德最佳的专业理财银行”。这句德国话有些像绕口令，绕口令也是广告词的一种好形式。更重要的是，他们与杭州广发想到了一起。

“理财银行”成了杭州广发转型战略的重要思想基础。

在此基础上构建的转型战略体系，使杭州广发在转型的路上初见成效。个人金融业务、金融同业业务、新型公司业务、增值金融服务、中间业务等一连串理财业务快速发展，为杭州广发赢得了更加高额的利润。

你可以阻塞旧道，但我能够开拓新路。不是说“条条大路通罗马”吗？

富矿中的宝藏——原生态客户

“理财银行”只是一条思路，一种做法，它无法成为专利。中国人学得快，别人一跟进，一夜之内就可能让你的思想优势尽失。

关键在于客户群，掌握了客户群，你的思想才有现实的力量。

客户在哪里？这才是真正的题目。

还是看看发达国家走过的路，或许能有所启示。欧美国家高度发达的资本市场，使直接融资成了主要的融资途径，美国企业的银行融资仅占到了融资总额的20%。而这20%，大部分是由那些没有能力或资格在资本市场上进行直接融资的中小企业完成的。

“中小企业的融资市场”，这让专攻中小企业的杭州广发怦然心动。是呀，大企业通过资本上市进行融资，中小企业怎么融资？这必将成为国内银行转型后，公司业务的重点目标市场。

经济学家说：边际效应。

在中小企业融资市场领域，杭州广发已经比别人先行一步。从开行初期提出的“种芝麻，抱西瓜”的经营策略，到1999年确定的“以中小企业为基础”的市场定位，以及后来的GP计划和532信贷计划，始终将其公司业务紧紧锁定在中小企业市场。投放的贷款中，中小企业贷款占到了总额的80%。2006年9月底，中小企业授信客户数占其授信客户总数的89.8%，中小企业客户与业务已成为杭州广发经营发展的基础与主体。通过大胆创新，杭州广发在中小企业市场上表现优异，2006年年底的本外币存款余额为377亿元，贷款余额293亿元，不良贷款率仅为0.28%。中小企业市场为杭州广发带来了丰厚的回报。

然而最近两年，国内各家商业银行也纷纷调转方向，着手拓展中小企业市场。四大国有商业银行放下了架子，股份制商业银行屈尊下嫁，小家碧玉的城市商业银行，更是一头扑进中小企业的怀抱，连国家开发银行也放弃了大腹便便的绅士姿态，捋捋袖子踏进了这个没有硝烟的战场。

一场争风吃醋的混战，打得昏天黑地。

而由于总行重组，这时候的杭州广发像已经吃了两张黄牌的足球队员，无法大展手脚。

工夫要下在细分市场。只有细分市场，才可能有新的先机。

2006年，他们提出将“原生态客户”作为其未来公司业务的主攻方向。

何为“原生态客户”？就是那些从未向银行贷款的、自身难以通过其他渠道融资的企业。它们是企业群体中最需要资金支持，也最难以得到资金支持的部分。这类企业数量十分庞大，市场潜力巨大，在浙江的各级工商部门登记的企业中，有88%属于“原生态客户”。

又一个有质无形的群体。

大象无形。

中小企业融资是国内银行界一个公认的难题，毫无银行信用记录的“原生态客户”的融资无疑是这个难题中最难的部分。

就像核桃仁，外壳坚硬难开，但如果敲开了，你就能获得美味佳肴。

杭州广发在中小企业融资领域丰富的经验和成功的方法，使开拓“原生态客户”有了现实基础。他们在中小企业融资合作上所创造的新的业务品种、手段与方式，已经超过30余种。在中小企业融资难题中最现实的风险控制，他们也有独到的控制理念和控制方法。只是他们要做的是，是一批更为大量，又更难以控制的更小的客户，或者干脆这样说：过去的“中小企业”还是偏中而兼小，客户怎么说也算是“企业平民”中有头有脸的人物，现在将面向的是“绝对的平民”。

杭州广发的执行力是超强的。行长室一声令下，各个支行、部门就全部行动起来了。2006年，杭州广发共给90户“原生态企业”发放首笔授信。这年的8月1日起国家外贸政策开放，杭州广发又提出了将开拓“外汇业务原生态企业客户”作为其外汇业务的战略定位，仅8月、9月、10月三个月的时间里，就开拓了80户“原生态外汇业务企业客户”，办理外汇业务2 603万美元，成为杭州广发外汇业务发展的新亮点。

但毕竟小企业单户贷款金额小、信用记录缺乏、财务信息不健全、内部管理不规范，发放同样金额的贷款，做多个中小企业特别是“原生态客户”所要付出的精力和成本，远远比做一个大企业客户大得多。杭州广发坚持着，并且乐此不疲。金海腾想明白了：“从大的发展趋势来讲，随着资本市场的不断发展，银行在企业融资市场领域将只能着眼于中小企业。国外银行为什么大多都在做中小企业，并不是因为他们不想做大企业，而是不得不做中小企业。”

资本市场分流，大企业有上市平台，而中小企业只能借助银行平台。

想穿了，认命了，心态反而平静了。

“做中小企业，银行有议价权的优势。”这是金海腾又一个经典理论，他说，“在银行与客户的议价博弈中，银行对中小企业的议价能力，要比对大企业的议价能力高得多，对个人客户的议价能力，又比对企业客户的议价能力高得多。”

国家改革不是推出利率议价吗？我们就做议价的文章。

价格才是决定最后利润的因素。话语权和解释权才决定大趋势。

这个理论在一定程度上得到了印证。专注于中小企业市场领域的杭州广发，其贷款利率水平在杭州所有银行中是最高的，这也直接保证了它的总资产利润率，在浙江所有银行中也高居第一。

增值服务的突破

介入企业，其实并不是首创。还记得企业财务顾问业务吗？这时候，这个业务已经成了杭州广发中间业务增长中的功臣，也是转型过程当中具有战略意义的业务品种。

根据《巴赛尔协议Ⅱ》，未来银行经营的风险资产，肯定将受到其资本充足率的制约，因而发展中间业务，是银行转型的重要方向。

企业财务顾问业务充分体现了理财银行的价值增加理念。自2003年在全国首创推出后，在后续几年的发展中不断成熟、完善。2006年，企业财务顾问业务获得了丰收，成为杭州广发经营转型中具有标志意义的事件。至2006年年底，企业财务顾问业务签约客户累计超过180家，2006年全年获得的企业财务顾问费收入达到了1.02亿元，占到了杭州广发全年中间业务收入的34%，在浙江所有股份制商业银行中高居榜首，遥遥领先。

顾问费收入的大幅度增长，标志着银行服务含金量的提高。收费是否合理，这时侯已经荣升行长助理的章育民说得很有意思：“我们要求达到的收费境界，是‘收了钱，别人还说你好话’。能收费，其实是一种议价能力的体现；而别人还说你好话，则是要能够让被服务的企业充分感受到其中的好处。”

这就是一个银行的能耐。

目前国内部分银行也有财务顾问业务，但往往只是融资方案的设计，通过贷款利率的优惠，使利差收入转移到中间业务收入。

杭州广发的企业财务顾问业务则显得更有含金量。章育民说：“我们对于企业财务顾问客户，绝不会通过贷款利息让利的方式来取得顾问费收入，如果这样做，就没有真正实现银行中间业务的发展。我们企业财务顾问客户的利率，是通过深层次介入企业的经营环节，利用银行的信息资源、专业能力为客户提供有效的增值服务，以达到银企双赢的目的。”

为了充分说明问题，章育民举了一个典型案例：

案例：为某化工A企业提供的企业财务顾问业务

背景：2003年，A企业投资兴建了年产6万吨的环氧乙烷项目，是浙江省第一家投资重石化行业的民营企业，项目得到浙江省政府和社会各界的极大关注。杭州广发经过前期营销和考察论证，与其签署了企业财务顾问合作协议。此后，杭州广发深度介入到了企业经营的全过程，并派驻企业财务顾问。

杭州广发为A企业提供的决策服务内容为：

1. 项目决策：在项目投资前期，杭州广发派出顾问团队与A企业进行实地考察，从市场、技术、资金、政策等方面论证项目的可行性，协助投资方作出项目的合理决策，并参与项目中高层人员的招聘。

2. 筹资方案决策：在项目建设中，杭州广发进行全程监控，掌握项目建设进度、资金状况、人员情况，并协助作好企业财务规划。期间，由于原本承诺贷款的一家国有商业银行因为各种原因未能及时发放贷款，杭州广发一方面参加企业股东会议，积极说服其他股东增加对项目的投资，另一方面，协助企业与其他银行接洽，落实项目资金，并出具专项财务顾问报告，帮助企业做出解决项目资金缺口的方案，最终帮助企业渡过危机。

3. 供销渠道的决策：在项目建成后，由于码头建设滞后，企业生产的主要原料乙烯必须依赖国内采购，但国内能够提供这项原料的企业当时仅一家，而这家企业又由于复杂原因不愿意提供。杭州广发于是利用全行资源，由行长室出面协调，帮企业进行谈判，使得原料问题得到圆满解决。同时，在谈判过程中打通了产品的销售渠道，使得A企业的供销问题得到彻底解决。目前，A企业已提前实现利润近亿元，并已着手进行二期项目投资建设。

4. 股权结构的决策：在项目开始显现经济效益时，股东之间对于企业的发展方向出现了较大的争议，并可能影响到企业的可持续发展。杭州广发在与A企业主要经营管理者进行分析后，协助A企业主要股东溢价收购小股东股份，使A企业的产权进一步明晰。

这个案例中，杭州广发的做法彻底颠覆了国内传统银行经营中仅提供贷款资金而没有深入金融服务的经营方式，他们通过介入企业经营管理的全过程，以达到提升企业经营水平的目的。

如何让客户实现价值增加，他们并没有固定的服务方案。每个企业都有不同的经营模式，处在不同的经营环境之中。杭州广发的企业财务顾问业务也会随着客户发展和市场需求而不断创新。在服务形式上，企业财务顾问业务已经涵盖了各种规模、各个行业的企业，根据企业经营的不同特点，他们推出了常规企业财务顾问业务、专项企业财务顾问业务和单个项目企业财务顾问业务。在服务内容上，从2005年开始，杭州广发与广发澳门分行及相关境外金融机构合作，创新出了为国内企业提供境内外联动的金融服务方案，为浙江众多寻求海外发展的企业提供有效的财务顾问服务。

随着金融全球化的进程加快，国内金融市场混业经营趋势日趋明显。杭州广发的企业财务顾问业务不仅带来了现实的中间业务收入，而且为其今后涉足投资银行业务领域奠定了很好的基础。

看看杭州广发几年来中间业务收入的数据，2002年是2 876万元，2003年为7 483万元，2004年为11 845万元，2005年达到15 436万元，年均增幅达到了182%，超过了同期平均70%的利润增幅。特别是2005年，他们的中间业务收入占到了浙江11家股份制商业银行中间业务收入总额的14.1%，远远超过了平均水平。

2006年，杭州广发的中间业务收入再次实现了飞跃性的增长，达到了2.98亿元，增幅高达93%，占利润的比重为29.7%。

这一超越，表明了中间业务在杭州广发业务中的地位，以及对发展的促进作用。

开辟第二理财市场

如果说“理财银行”的一条战线切入了中小企业融资体系，一条战线切入了企业的中间业务，那么，它的第三条战线就切入了个人金融业务。

个人金融业务是近年金融市场上发展最快的业务，这一业务资源消耗较少，风险分散，回报率较高，也是各家银行的必争之地。

杭州广发在二线的业务管理上，根据业务特性，将个人金融业务分为个人理财、个人资产业务和信用卡业务三大块，实行相对独立的管理，但在一线经营中则互相交叉融合，将整个业务整体推进。

从2003年年底提出全面进军个人金融业务，到2004年年底推出的火暴浙江的“薪加薪”理财业务，随着人员架构的全面升级，杭州广发的个人金融业务在银行同业中处于了领先地位。这是他们的软实力。

软实力在杭州广发“雪上加霜”的冰河期，焕发出巨大的能量。

能量的焕发使2005年杭州广发的各项个人金融业务实现全面的突破，在原先单一的以“薪加薪”客户为代表的客户群体的基础上，开辟了包含多样化客户的“第二理财市场”。

细分市场，继续是获得先机的钥匙。

他们细分家庭的经济结构，把“家庭财富管理”作为新的理财目标。

根据家庭的不同阶段和不同层次，他们推出了五大系列的理财品种，主要包括以“薪加薪”系列和委托贷款为代表的人民币理财系列；以“丰收”结构性理财产品、“优利”外汇存款、“外汇宝”个人外汇交易为代表的外汇系列；以“银证先锋”为代表的证券系列；以集合资金信托、保险产品、券商集合理财产品、开放式基金为代表的代理系列；以共同账户、育儿账户、贵宾账户、健康账户为代表的家庭账户理财系列。

人民币、外汇、证券、代理、账户，把一个个平凡的家庭金融化了，而只有金融化才能有他们施展的空间。

一个个“金融家庭”被创造出来了。

经营思路的转变，带来了客户群体从单一向多样化的发展。

杭州广发的个人理财客户从先前以“薪加薪”普通版客户为代表的中老年目标客户群体，转向了以育儿账户、“薪加薪”信用卡版客户等为代表的年轻群体，又向以“贵宾账户”、“薪加薪”VIP版客户为代表的中、高端客户群体拓展；在对风险的态度上，他们从喜欢本金安全、收益相对固定的风险厌恶型客户，拓展到能接受一定风险、收益率不确定的理财产品的“弄潮型”客户群体。

"理财银行"的内涵提升了，逐步实现了市场细分和客户结构的多元化。

他们的个人资产业务，主要侧重于利润丰厚的房地产按揭业务和杭州广发擅长的个人创业贷款、个人助业贷款业务。而在其他银行不良贷款率高居不下的汽车按揭业务，在杭州广发也稳扎稳打，不良贷款率始终保持在1.5%左右，远远低于浙江银行同业10%的平均水平。他们实行了资源倾斜的政策，即使在总行重组最困难、贷款空间最小的时候，杭州广发对个人贷款还是实行了放开的政策，充分鼓励各个支行和业务经营部门开拓市场。2006年9月底，杭州广发的个人贷款余额已接近50亿元人民币，占到其贷款总额的六分之一。

同样，在信用卡业务领域，他们一直在浙江市场保持着领头羊的角色。至2006年年底，杭州广发已累计发行信用卡超过48万张，虽然总数上比网点众多的中国工商银行浙江省分行少，但在杭州、宁波、温州等中心城市，仍然占据了竞争上的领先优势。他们采取了提升增值服务内容、创新产品设计的方法，不但巩固了老客户，还开拓了新市场。

杭州广发的"海外兵团"在这时候陆续登上历史舞台。两三年前，杭州广发把他们的优秀员工乔立江、张虹、夏坚梅等人送到国外攻读MBA，这一年，夏坚梅学成回国。于是，这位有着国际背景的工商学硕士担任了信用卡部总经理，她与她的团队苦心研究中国信用卡市场的发展趋势，借鉴国际信用卡业务的经验，陆续推出了团购、预领积分、"礼享主义"等增值服务活动，使广发卡始终保持着极高的关注度。广发卡"总有一款适合你"的宣传语，使它进一步平民化和亲情化，广发女性真情卡、男性真我卡以及各类联名卡等细分市场的产品，继续深挖市场潜力。2005年，信用卡业务实现利润1 500万元，2006年实现利润5 670万元。在国内银行信用卡业务普遍亏损的情况下，这真可谓是一枝独秀。

新的业务形态必然要有新的组织体系来支撑。2005年，杭州广发在管理架构上进行了大调整。

4月23日，广发德胜支行开业，这是一家定位为"专业个人理财银行"的广发支行，只做个人金融业务，对公司业务只有推荐权，没有操作权，也就是说不做公司业务。这是国内首家个人理财银行，也是杭州广发在网点架构、网点功能上的一次突破。

为什么要这样定位？这不仅仅是为了探索个人理财的专业化水平，而且符合下一步的发展态势。在欧美发达国家和香港，银行通常将公司业务进行集中式的集约经营，而其各家支行网点则专注于做个人金融业务，相当于一个银行零售门店。

他们向更加先进的网点模式迈进了一步。

杭州广发不断地加大个人金融业务的投入。由于这一业务不能一下子赚取很多的利润，假如按照业务收入来计算员工的薪酬，那么客户经理的收入将远远不及干公司业务的同事。杭州广发将两类客户经理的收入拉平，鼓励优秀的公司业务客户经理积极转型到个人金融业务。

人们不禁会问，总行重组方向未明，你们这样成天瞎折腾，是为什么？

金海腾说：金融，唯道是瞻。

什么是金融之道？一如老子所说："道可道，非常道。"只有把"道"植入心中，才能成为实践的指导。

这就是为什么杭州广发一直坚持统一员工思想的道理所在。虽然杭州广发的个人金融业务在2004年取得了长足的发展，并且领先银行同业，但由于原先的业务架构还是以公司业务为主，因此网点功能的转型和人员的转型仍然跟不上业务的快速发展，员工们还是有些固守原有阵地的保守想法。

2005年11月份，行长室抓住了一个机会，趁势强行统一员工思想。

当时，杭州广发的异地支行温州支行将其下属的南浦支行作为转型的试点，让2/3的员工去做个人金融业务。这一数字的背后，是一个全面的"网点和人员功能的转型"，这显然是一项全面的改革举措，等闲之辈绝出不了如此重拳。行长室曾多次告诉温州："温州应当寻找自己发展的思路。"温州正是浙江个体经济发展最为充分的城市，新任温州支行行长黄夏风认为它应该同时也是个人金融业务发育最充分的地区。

于是，在短短的两个月里，南浦支行的各项个人金融业务迅速增长，取得了非常好的效果，特别是个人储蓄存款增长了50%。这让黄夏风和他的温州支行异常欣喜，员工们原本以为在民间金融发达、实业投资渠道较多的温州，个人金融业务发展的空间不大，但事实恰恰相反。

南浦支行试点的成功，让员工们看到了希望。

11月4日，行长室在温州召开个人金融业务现场会，推广"南浦经验"。分行行长室成员全体到场，杭州、宁波、温州三地个人金融部负责人和骨干员工也悉数到会。会议以访谈、互动的形式进行了个人金融业务经验交流。

金海腾在这个会上要求每个公司业务的客户经理，都能腾出 1/3 的时间投身个人业务。

清泰支行首先响应。支行行长朱慧娣重新整合了公司业务和个人业务，形成了 7 个专业的个人业务客户经理和 7 个兼职的个人业务客户经理，充实了个人业务的开拓力量。经过磨合后的新团队，迅速使清泰支行成为全分行个人金融业务的领头羊。清泰支行的个人金融部总经理赵冀设计了部门内的“产品经理制”，给每个个人金融产品都设置了专门的产品经理，各自负责这个产品相关的宣传策划、销售任务分解、销售进度跟进、跟踪他行的同类产品和培训等工作。从业务专业化到产品营销专业化，金融之道，道高一尺。

个人金融业务在杭州广发产生了“马太效应”，销售能力让银行同业为之咋舌。2005 年，“薪加薪”产品余额达到 20 亿元，累计销售各种理财产品超过 20 亿元，其中绝大部分理财产品的销售额在广发全国系统内排名第一，部分理财产品的销售额甚至超过了全广发销售总额的一半。2006 年，杭州广发代理销售的某一基金产品，其销售额为某国有商业银行全国所有网点总销售额的五分之一。同时，个人金融业务在赢利方面也实现了突破，2005 年获得中间收入 1 350 万元。

一切令人惊讶。

金海腾的存款“公车定律”在 2005 年得到了充分的验证，随着个人金融业务的快速发展，杭州广发的储蓄存款也逐季提高，全年储蓄存款增长额在浙江 11 家股份制商业银行中排名第一，储蓄存款占总存款的比例达到了 16.46%，这一比例仅次于招商银行，排名第二。

“冰河期”的杭州广发，终于用自己的生命热量为自己创造了一个春天。

杭州广发的 2005 年冬天，春意盎然。

10 亿元利润哪里来

从实际结果看，杭州广发 2005 年的利润是 8.17 亿元，比 2004 年增加 2.7 亿元，增幅近 50%。这还是在票据资源、存款资源等各种资源受限，全年日均存款规模仅比 2004 年增加 18%的情况下取得的。

这 8.17 亿元利润，含金量比以往更高。

如果以资产的赢利能力来看，杭州广发达到了 2.4%的资产收益率，在浙江所有银行中排名第一，业内人士知道，这已经达到了国际先进银行的水平了。

这是2005年一年鏖战的辉煌战果。

一般说来，大战之后的部队必须休整。不然，部队会拖垮的。

但这时候，杭州广发想的却是“一鼓作气”。

如何一鼓作气？杭州广发在2006年年初，提出了令人不可思议的“全年争创10亿利润”的目标。

如果说2001年“三新活动”提出“利润上一亿，管理上台阶”的目标，是因为当时尚有大量未曾开发的利润空间，但是在今天，在所有的银行都已经掌握了所有格斗的招术后，新目标只能靠真正的内功。

金海腾想再一次实践他的“公车定理”，或者说，这是杭州广发在主动向浙江同业叫板了。

“一句话，将转型进行到底。”金海腾说。

10亿元利润目标并不纯粹只是一个利润增长的目标，更重要的是，它是寻求业务转型中的战略性突破。利润只是最终经营结果的反映，而关键却在于经营模式的优化和管理的提升，以此达到利润来源的多元化和利润结构的合理化。

其实金海腾的心中还有一个企望，在他的心头已经憋了很久了。

在浙江的股份制商业银行中，早于杭州广发数年开业的交通银行和浦发银行的杭州分行，利润都超过了10个亿，虽然它们的规模都是杭州广发的两倍以上。但是，10个亿却是又一个门槛。金海腾说：“10亿元利润只是一个表面的结果，重要的是通过10亿元利润所体现出的杭州广发在浙江金融市场上达到的一定高度，它代表的是杭州广发领先的市场开拓能力、管理能力和创新能力等综合竞争能力。”

然而生不逢时。2006年，中国人民银行三次上调存款准备金率，且教育附加费的提高、会计制度的转换，以及广发总行在重组中所采取的审慎保守态度，这些因素都使得杭州广发的利润实现计划面临更多的困难。

一切迹象都表明，10亿元利润的目标，只能是精细经营的结果。

2006年8月27日，杭州广发召开了迄今为止规模最大的一次“神仙会”，主题就是“10亿利润哪里来？”100多位中层以上的干部和骨干员工参加了这次会议。“神仙”们各展所长，直指赢利主题，绝无套话、虚话，将凡是能想到的策略和方法都如竹筒倒豆般地倾吐了。

“神仙会”最后形成了“四个增利，一个管理”的思路。四个增利即是强化流量增利、增创中间业务收入、提升集约化增利、其他全方位增利；一个管理就是通过强化“以层次管理为主，以现场管理为责任”的管理准则，加强精细化管理，为创利提供有力的支持。

金海腾很激动，他提出了“增利，增利，再增利”的行动要求，同时也强调了一条纪律：“创 10 亿利润绝不能寅吃卯粮，将明年的收入提前到今年，我们的增利不是短期行为，而是为我们的可持续发展奠定更好的基础。”

“神仙会”后，杭州广发迅速进入了 2006 年 10 亿元利润的冲刺阶段。

从数据来看，杭州广发在迈上 10 亿元利润目标的道路上走得十分坚实。根据当时的测算，2006 年 11 月底，杭州广发实现了利润 9.31 亿元。这其中，转型已经对杭州广发的经营起到了实质性的提升作用。2006 年全年，预计可取得中间业务收入 2.9 亿元，其中企业财务顾问收入将达到 9 500 万元，个人理财业务的中间业务收入将超过 3 000 万元，而信用卡业务利润将达到 5 500 万元。同时，杭州广发的总资产利润率将会达到 2.44%，继续在浙江的银行中保持第一的位置，人均创利将会超过 100 万元。

最终的结果是达到了 10 亿 300 万元。

值得注意的是，这一次破 10 亿大关的行动，应该说在提出的时候是困难重重的，但是杭州广发自下而上没有一个怀疑、没有一个徘徊、没有一个打冷气说风凉话。

这支队伍成熟了，这是他们可持续发展的真正本钱。

第十九章
服务的真谛

什么样的服务是最能打动人心的？银行除了锦上添花，能否雪中送炭？怎样才能成为一家富有责任心的银行？

2005年年底，金海腾去北京出差，在飞机上发生的一件事情让他颇有感慨，他想与员工们分享，于是给全体员工写了一封信。

我们做的是金融服务业，所以我经常会对航空服务业、宾馆服务业等服务水平比较高的行业进行考察。有时候这种考察也是不经意的。

我坐飞机通常有个习惯，先睡觉，然后就餐，最后再看一会书。这样一下飞机就会精神焕发，可以直接去办理公事。

那天，我照例睡醒了准备吃饭，按了呼唤铃，等了一会儿没有反应，再连按两次，仍然没有回应。我就看着手表，想知道到底乘务员什么时候会来。此时，我环顾了一下四周，整个公务舱，30多个位置才坐了7个人。

5分钟过去了，我又按了三下呼唤铃，乘务员才姗姗来迟。

我不禁有些不悦："我想吃饭，按了6次铃，5分钟没人理我。"乘务员怀疑呼唤铃坏了，但测试之后，运行正常。

虽然有些不舒服，我也没再追究，就问："我几分钟可以吃到饭？"乘务员回答10分钟。

我于是开始等待，10分钟过去了，没有动静，12分钟，15分钟，第18分钟，饭菜终于端上来了。我表示质疑，乘务员慌忙解释说："对不起，我们的烤箱程序规定要17分钟。"

“那你也不能随口说10分钟啊！今天我要对不起你了，我要挑你的小毛病，你可要注意了。但是我们说好，我不写意见表。快过年了，写了意见表，你万一停飞了怎么办？万一扣奖金了怎么办？这个年过得也不会安稳了。”

这个乘务员非常紧张，估计马上汇报到了她的领导那里。后来，这个乘务员就专门站在我的座位后方，只要我一招手，她就能反应过来。

我想缓和一下气氛，看到那乘务员也挺空的，就招呼她过来：“有句话：‘天上民航，地上银行’。我是做银行的，其实也是做服务工作的，咱们差不多。”乘务员连连点头。接着我问她有没看过一本关于美国西南航空的书《我为伊狂》，她回答说没有。

我就把这本书给她概述了一遍，并且说：“这本书非常好，希望下了飞机，你去买一本。如果你能明白书中的内容，你一定会成为中国最优秀的空中小姐。”她连忙允诺：“好的，谢谢，我一定去买。”我再次重复了一遍书名，她再次道谢。

等到飞机落地了，我再次招呼这个乘务员过来，问：“我刚才让你买的是哪本书啊？”

“……忘了，忘了，不好意思。”

我实在忍不住要批评她了：“你根本就没有把我的意见放到心里去。整个服务过程，你全是在对付我，应付我！”

这仿佛是生活版的寓言。寓言微言大义。金海腾通过亲身经历的事情，引出了一个概念：用心做事。因为那个乘务员显然没有用心服务。

杭州广发自开行之初就提出了“客户是朋友”的服务理念，致力于为客户提供最优质的服务。什么叫优质？用心是关键。

永远不要让客户来理解我们

杭州广发的服务体系中有一条重要的理念：“永远不要让客户来理解我们。”对于这条理念的解释是，客户到银行来是为了享受服务，而不是来听解释的，必须尽一切所能避免可能影响服务质量的因素，绝不能以任何理由来请求客户原谅，更不允许搪塞客户。

理念的诞生往往由问题引发。

2004年，一位姓周的先生到杭州广发办理多项个人理财业务，但他却在办理的过程中，遭遇了6件让他非常不快的“小事”。

事件1：周先生在杭州广发办理了“外汇宝”个人外汇交易业务，并把其他银行的钱转入到广发的账户。当夜，外汇行情看涨，周先生拟动用全部资金建仓，系统提示账户余额不足。凌晨两点他致电杭州广发一支行行长，折腾半夜，次日才明白，资金转入后无法自动进入“外汇宝”交易账户，需事先办理划转，但无人事先告知操作流程。

事件2：周先生到杭州广发某支行取款20万元，因为门口没有停车位，停在人行道上，被交警扣罚两分。进门后，被告知因为没有预约，不能取款。出门时，当值班保安得知其违章被罚，同情地说：“你早说嘛，我都会帮你搞定的。”

事件3：在杭州广发的客户经理的动员下，周先生同意将在其他银行的一笔外汇存款转至广发。当时支行答应承担转汇手续费数百元，但事后既未马上付钱，亦未联系客户说明。

事件4：投资“薪加薪”资金一般于月底返还。周先生计划于次月对外付钱，要取出部分投资的资金。他要求杭州广发员工提前提醒他，怕出差或遗忘。结果到了日子，还是他自己记起来的，而没有得到银行的提醒。

事件5：某日，周先生到广发某自助银行取钱，发现两台机器都在维修，被告知去另一支行支取。大惑：为何不能一台一台地修，或者夜间维修，非要全面整顿呢？

事件6：新年，周先生收到了日本银行寄的挂历，那挂历上连银行休息日都用红色字体表明，觉得蛮有用的，日本银行真的非常细心。忽然想起，广发银行今年怎么没送挂历？去年还有的，每年送客户一份挂历应该是银行对客户的一份心意。

周先生所列举的只是他所碰到的小事，但窥斑及豹，反映的是一系列问题。周先生这些“小事”让本以为服务还不错的杭州广发吓出了一身冷汗。

金海腾除了亲自上门向周先生表达歉意之外，马上在此后的第一个早餐会上，向所有参会的中层干部敲响了“服务危机”的警钟，并对服务的问题进行了剖析。

早餐会上，金海腾宣布了服务的几条原则。

原则之一：永远不要让客户来理解我们。

我们所做的任何一件事，都不要寄希望于让客户来理解，只有我们理解客户。这就是没有任何借口，即使你认为自己有一百个理由。只要你的所作所为不能令客户满意，甚至损坏了客户的利益，影响了杭州广发的声誉，你就是错误的。每位员工代表的都是杭州广发，每个人的一言一行都会影响杭州广发的形象，千万不要以为你有充分的理由，就可以理直气壮地要求客户来理解。客户没有责任也没有义务来理解你，客户来银行的唯一目的是为了让需求得到更好的满足，而不是来理解我们的难处、听我们的解释的。

原则之二：服务到家，而不仅仅是服务到位。

服务到位不等同于服务到家。服务到位只是完成你认为岗位所要求的服务内容，但能不能让客户满意却不能得到保证。虽然我们每一位员工都努力为客户提供着力所能及的服务，但由于业务素质、综合能力还达不到较好的水平，常常造成“吃力不讨好”或“好心办坏事”的窘境，仅凭良好的服务态度是做不到“服务到家”的，还需要娴熟的服务技巧、扎实的服务技能、全面的业务素质等个人的综合素质。所以，提高员工的素质将是提高服务水平的关键问题。分行对每个人的要求都将是服务到家，而不仅仅是服务到位。

原则之三：谁职级高谁负责。

所有的领导都不能做甩手掌柜，好事趋之若鹜，难事避而远之。职级不是摆设，不是装饰物，不能高高在上、坐享其成，越是遇到困难的时候，就越需要发挥作用，带领下级员工渡过难关。职级高的员工就要承担更多的责任。

遇到任何投诉，即使你不是相关部门的负责人，只要在现场你的职级是最高的，你就有义务、有责任挺身而出，解决棘手问题。这是我们现场管理原则对每个人的要求。

金海腾有一个重要的观点：最优的服务来自现场管理。服务最终是需要人来实现的，科技、流程、制度都是服务的支撑，而服务的决定性因素是执行服务的人。任何技术性的服务手段都需要人根据客户的实际情况进行现场调整。对于服务的现场管理，金海腾首先要求自己带头做到。他常常亲自到营业厅为客户服务。他也要求所有的中层干部都要到一线去亲自服务客户。

清泰支行行长助理赵骥讲到他初进杭州广发时的感受时说：

那是我刚到杭州广发上班的第一天，营业大厅人山人海，客户们在排队购买理财产品。我看到分行营业部的三位老总在人群中维持秩序，耐心地为客户介绍理财产品。这一场景让我有些诧异，作为一个省级分行的中层领导，能到一线来服务，这是在原先工作的银行里从未看见过的。更为难得的是，我在人群中还看到了金行长的身影，他亲自解答客户疑问，眉宇间平淡的神色可以看出他早已经习以为常了。这是我来广发时见到的第一幕，给我内心产生了不小的震撼。

服务的提升来源于理念的提升。金海腾对服务的深刻剖析，引发了全行员工的思考，也引发了一场关于服务的“全民运动”。

阳光行动

2004年8月，杭州广发借鉴了美国富国银行的“Service Starts with Me”服务计划，推出“阳光行动”服务计划，提出“优质服务，从心开始”的口号，旨在以浅显、简洁的形式，表达用心服务的真谛，从而以阳光般的服务吸引客户，达到提升全行服务质量的目的。

SHINE

1. Smile sincerely：真诚地微笑面对每位客户，即使在电话里。
2. Handshake：与客户握手致意。
3. Introduce yourself：介绍你自己，建立与客户的良性关系。
4. Use customer’s name：记住并在适当的时候使用客户的名字。
5. Make eyes contact：用眼神与客户作交流。

从字面上看，“SHINE”仅仅体现了一种服务技巧，但杭州广发将其作为吸引员工眼球、激发员工参与的方法，这是提升服务质量的第一步。

参加“阳光行动”的是全行所有岗位的所有员工，不仅包括直接面对客户的一线员工，还包括为一线服务的二线员工。这是杭州广发的“二线为一线服务，一线为客户服务”的全服务原则。

金海腾的“用心服务”在阳光行动中成了一个主题词。杭州广发围绕“用心服务”对整个服务进行了重新规划。他们推出了五“心”级服务标准：潜心钻研、热心服务、诚心帮助、细心照顾、耐心解释；又深化“首问负责制”，倡导“事事有回音，件件有落实”；落实现场管理，“谁职级高谁负责”等等。

“阳光行动”还制定了详细的考评办法，每月评选出数名优秀服务明星——“阳光之星”，通过人物专访的形式，在杭州广发的内刊《广发杭州》上刊登他们的事迹，分享他们的成功经验。《广发杭州》2005 年 2 月号的封面人物张敏，就是“阳光之星”中的典型代表，其优质到家的柜台服务得到了客户们的首肯，有客户因为她的优质服务而主动将在其他银行的存款转存到杭州广发。2006 年 6 月的“阳光之星”，是事后监督中心负责临柜人员差错考核的梅华，她诠释了“二线为一线服务”的内涵：“我们执行制度必须一丝不苟，但发现差错不是我们的最终目的，我们的目的是要提高一线人员的业务知识和业务技能，减少差错率，最大限度地防范风险。因此，这就需要我们经常深入了解一线的需求，及时优化、调整指导政策，而不是简单地用制度去卡一线，发一张差错单了事。”

阳光是一种明媚的感觉，是一种温馨，也是一种生命力的象征。服务像阳光一般普照生活，生活才能像生命一般美好。

这也许正是阳光行动的意象。

这也可能歪打正着地回答了另一个问题：杭州广发的 10 亿元利润从哪里来？

我要去香港

奖励是任何社会组织都在采用的激励方法，不论是古代军队的论功行赏，还是现代社会的评先进、评劳模。同样，奖励也是企业管理中主要的激励手段。但是如果没有创新，奖励往往会变成“有奖无励”，奖是奖了，但是先进没有被激励，后进也没有被促进，实际效果达不到预先的期望。看来奖励也是一门学问。

杭州广发设计了一个“预支奖励”的方案，奖励的内容，是赴香港进行为期 10 天的服务培训。

香港金融业极为发达，银行服务也首屈一指，而且在语言沟通上也不存在障碍。于是杭州广发将香港作为强化服务培训的首选地，准备在香港举办多期服务培训班。而同时，香港又是中国一个极具吸引力的城市，内地人谁都愿意去一趟香港，因为它现代并且有些神秘。

既可学到先进的服务和管理，又可满足旅游的愿望。这个创意，一箭双雕。

2004年8月，杭州广发推出了“我要去香港”优质服务竞赛活动。竞赛活动的优胜者，可以获得去香港接受服务培训和港澳旅游的奖励。评选的标准并不是你现在的服务是否已经非常好，而是你对服务是否有好的建议和观点，你是否有积极要求提升服务质量的主动性。参加竞赛的可以是一线直接服务客户的员工，也可以是二线从事管理岗位的员工。

“我要去香港”，杭州广发立意的重点就在于“我要”。他们认为，真正优质的服务，是发自内心的主动服务。“我要”强调的就是主动性，将企业给员工的事后奖励，变成事先的培训目标；将事后的评价，变成员工要求上进的自发行为。

这个创意的另一个特点在于，它首先强调形成先进的服务理念。一般地说，先进的理念总是由领导灌输的，台上讲一百句，台下听进去十句已经很不错了，但是“我要去香港”让员工自己说。参加竞赛者首先撰写文章，表达自己对服务的认识和理解，阐明自己的观点，并提出建议。不在于文笔的好坏，而在于对服务的理解深度，在于提出的建议是否有效，在于是否有令人耳目一新的观点。行长室和人力资源部、研究发展部组成评委团，通过评委独立评分产生竞赛的优胜者。

请君入“瓮”，让群众自己教育自己。

“我要去香港”活动取得了空前的成功，所有员工都沉浸在对“服务”的深刻认识和理解之中，主动服务的意识在杭州广发悄然形成。

竞赛的结果产生了一个不平衡的现象。庆春支行有5位临柜员工都成了优胜者，而湖墅支行和萧东支行却没有一位员工入选。

这事情看上去有些尴尬。按中国传统的管理方式，肯定需要“平衡”，而且在结果尚未对外公布的时候，行长室完全可以“暗箱操作”，理由也堂而皇之——“顾全大局，有利于全行服务水平的共同提高”，或者“不影响庆春支行业务的正常开展”。

但如果这么做，就违背了活动的初衷。

行长室毫不犹豫地选择了尊重事实，他们按实际评选的结果公布了优胜者名单，同时在庆春支行5位员工赴香港培训期间，安排湖墅支行和萧东支行的员工到庆春支行顶班。

这一招够“辣”。行长室用实际行动诠释了“提升服务，理念为先”的宣言。

让“优质服务”成为底线

2004年和2005年，一些香港的大学生到杭州广发进行为期近两个月的实习。

杭州广发为香港大学生设计了“他们眼中的广发”的反馈活动，请香港学生对杭州广发的服务与香港银行的服务作一个比较，以此客观地评判杭州广发的服务水平。

香港科技大学学生黄思颖说：“原先我听说内地的银行服务很差，但我在这里所看见的，推翻了我在香港所听到的。我在营业部看到每一位职员都能快捷准确地为每一位客户服务。我也参加了他们的早训活动，喊口号、看守则、检查制服……以及参加‘阳光之星’活动。这些细节的训练，令我感觉到杭州广发是很重视服务素质，而且力求完美的。”

香港学生的感受也给了杭州广发新的启发：优质服务是香港所有服务行业最基本的素质。于是他们在全行提出“让优质服务成为我们的底线”的要求，把优质服务作为对所有员工最基本的要求，而不是最终的要求。

让优质服务成为底线，就是要求每一位员工，在对待每一件事情上，都要将服务做到优质。

这在当时的中国内地，可行吗？

2005年春节前夕发生的一件事，足以考验杭州广发在服务方面的应急能力。

2月5日，农历十二月二十七，中午11点。一家媒体的记者打电话给杭州广发办公室的媒体联系人，询问能否兑换新钞。经过交流后，他们了解了事情的原委：临近春节，市民们都希望能兑换一些新钞，做新年的“压岁钱”用。这一要求，遭到了其他银行的拒绝，有人就投诉到报社，所以该报想作一个调查了解，并准备在第二天的报纸上给市民们一个答复。

有两种态度可以处理媒体的这个询问：借故推托，或者主动跟进。

借故推托，没什么大错，只不过也将杭州广发混同于“其他的银行”；主动跟进，凸显了杭州广发的服务理念，但是接下去的大量工作必然自讨苦吃，而且无利可图。

媒体联系人毫不犹豫地告诉记者，如果市民到杭州广发各个支行的柜台去兑换新钞，他们一定尽量满足，并且稍后将会研究推出更好的服务方案，并在下午截稿之前通知媒体。

媒体联系人显然“自作主张”，但他依据的是杭州广发的优质服务理念。

“你做得对。”行长说。

15分钟后，财会部、营业部、办公室、资金部等相关部门齐集行长室，成立了专项应急小组，开始研究可行的服务方案。各种情况分析后，讨论陷入了僵局：如果承诺能够换得新钞，媒体一宣传，不但将给柜台服务带来非常大的压力，而且人民银行金库的反馈是，库存新钞很难满足大批量的兑换，万一后续新钞补充不了，就又将失信于民。

但毕竟“神仙会”上“神仙”多，一位一线员工的话激发了大家的灵感。他说：“能否动用自动取款机？”是啊，用这种方法取款，数量可控，而且可以大致测算，柜面服务也不会造成很大的压力。

一个绝妙的主意。

资金部马上测算了库存现金留存量，营业部联系人民银行金库预订新钞，办公室设计运钞方案，财会部安排换钞。一个切实可行的方案在迅速酝酿之中。

新的问题又出来了。人民银行金库的库存现金，不足以满足杭州广发所有自动取款机新年前三天和新年七天长假的取款量。而且，如果自动取款机全部装入新钞，则很容易产生机器吐钞不畅。

办法总比问题多，杭州广发立刻从萧山、余杭等地紧急调用了数百万元的新钞，以凑足10天的新钞供应量。通过测试，员工们在新钞中加入10%左右九成新的准新钞，混合后，自动取款机就能顺利吐钞了。

一个特别的服务方案，仅用了两个多小时就准备完毕开始实施。

下午两点，杭州广发致电媒体，承诺从当日下午4点起到新年七天长假结束，市民们都可以在杭州广发的自动取款机上取到新钞。媒体极为诧异：在不到三个小时的时间里，杭州广发竟然能完成如此绝妙而又非常有难度的应急服务方案。

第二天，这家媒体在头版显著位置刊登了这条新闻，文章的标题是《想要新钞，到广发ATM机上试试》。

杭州广发给杭州市民送上了一份贺年礼，也赢得了赞誉。

金海腾说，“新钞事件”只是我们的一个服务案例，而服务本来就是我们行业的主题。

做一家富有责任心的银行

常听企业界的资深人士这样评价银行：锦上添花的多，雪中送炭的少。他的意思是，当一个企业经营状况良好的时候，各家银行纷纷上门，争相提供资金；当企业经营出现波动时，银行大多竞相抽身。

甚至有说得更露骨的：“企业的最后一口气，是被银行掐断的。”

银行也有委屈：大势所迫，资金安全第一。是呀，从2003年开始的第三次宏观调控不断加剧，国家有关部门连施重手：实行差别存款准备金率制度、提高存款准备金率、上调人民币贷款基准利率……如此这般的一系列措施接踵而至。2004年4月，中国人民银行、国家发改委、银监会联合下发《关于进一步加强产业政策和信贷政策协调配合，控制信贷风险有关问题的通知》，要求进一步控制信贷规模，降低风险。5月，国家发改委推出《当前部分行业制止低水平重复建设目录》，涉及行业包括钢铁、有色金属、建材、纺织等，进一步明确调控的方向。

国家的宏观考虑无疑是对的。

一大批企业在银行的“紧声一片”中纷纷陷入困境。有些银行采取了简单的收贷行为，一些企业因难以应对银行突然袭击式的收贷，造成资金链断裂而倒闭。

人们开始数落银行的不是了。

不是吗，当经济形势大好时，几乎所有银行都纵容经营良好的企业进行贷款，以此占领一席之地。他们不作深入调查，给企业发出“不愁资金、只愁项目”的错误信号，助长企业盲目扩张的冲动。于是有一部分企业因此跨入自己不熟悉的行业，增加了经营风险，甚至遭遇了产业的“滑铁卢”。然而当宏观紧缩的时候，一些银行又只顾自己的安全抽走资金，使企业一下子陷入绝境。

这不只是个别银行的行为。

2004年9月，在宏观调控最为严峻的时候，杭州广发召开了“2004浙江民营企业高峰会”，55家浙江省优秀民营企业应邀到会，银行与企业共同探讨如何适应宏观调控，通过加深合作，共同面对新的政策环境。

在会上，杭州广发提出“要与客户风雨同舟，肝胆相照”的行为准则。

银行方面解释说：银行与企业为什么要在合作中“风雨同舟”？因为只有企业赢利并取得发展，银行的贷款才能获得收益并如期收回，银行业务也才能随之扩大；反之，企业的困境也必然导致银行贷款难以回收从而产生呆账坏账，从长远发展来看，银企关系唯一成功的结果就是共赢。银企双方若能风雨同舟，就必须做到肝胆相照，银行与企业都要以诚相待，都不能因为短期利益而损害对方，这样的银企关系才会稳定。

这时候的企业家，想要听到的正是这样一番认识。

金海腾说："杭州广发要做一家富有责任心的银行。我们绝不能只锦上添花，而不在企业最需要的时候雪中送炭。"金海腾所指的雪中送炭，不是盲目地和企业一起死扛，而是对那些产权明晰、经营正常，只是由于前期扩张过快而在宏观调控中受阻的企业，杭州广发不仅不会收贷，而且会与企业共商对策，甚至加大支持，帮助其走出困境。这也体现了杭州广发风险文化中的风险可控原则——对预期出现的风险进行客观的评价，并进行有效控制，而不是简单地回避风险。

雪中送炭之策，赢得了企业的一致好评。

有一民营电池制造企业，因为在安徽某地投资的房地产项目在宏观调控中受阻，原本的放贷银行纷纷抽走资金，致使主业电池生产也受到了较大的影响，甚至一度停产。杭州广发在分析具体情况后，认为这个企业的主业竞争力较强，它所面临的只是一时的困境，于是就设计了新的融资方案，帮助其走出困境。后来，这个项目成了银行"如何正确对待宏观调控"的典型案例，受到了中国银监会的肯定。

杭州广发在会上倡导的"做一家有责任心的银行"的理念，其实一直贯穿在它的整个经营过程中。2003 年的"飞跃火灾事件"让全球最大的缝纫机生产商中国飞跃集团董事长邱继宝对杭州广发更加刮目相看。当时，飞跃集团的一个仓库发生火灾，烧毁了这个仓库中的所有库存，损失预计达到 5 000 万元。于是，马上有很多贷款银行致电询问，当地的贷款银行也马上派员查看。虽然只是"询问查看"，但大有黑云压城之势。

杭州广发也在第一时间得到消息，行长室和主管飞跃集团的企业财务顾问部紧急商量对策。金海腾认为："飞跃集团的火灾只是一时的硬伤，不足以对它下一步的发展造成实质性影响，我倡导的是'客户是朋友'，这个时候应该是朋友最需要帮助的时候。"于是，杭州广发给邱继宝发去一纸传真，仅有一句话："杭州广发是你最坚定的支持者。"邱继宝至今对此仍感动不已："杭州广发是当时唯一一家这么坚定地支持我们的银行，他们连一句话都没问，我知道，这时候他们也想知道我能否按时归还贷款。可是他们没有。"

富有责任心的银行需要培育市场，而不是摧毁市场。

2005年的“富阳雪达事件”，成了两种态度的鲜明对比。

富阳市是浙江省的民营经济大县（市），号称“中国白板纸基地”，拥有300多家造纸工业企业，年总产量达360万吨。2005年，两家在当地属于中上规模的白板纸生产企业——雪达纸业和大众纸业，因为银行自顾收贷，导致资金链断裂而关门歇业，由此可能引发一系列连锁反应：两家企业的大部分风险贷款，分别由另外8家和4家企业担保，歇业企业和担保企业，几乎牵连了富阳的全部造纸企业。在几乎所有银行都在集体逼宫的时候，杭州广发选择了积极的拯救行动，他们是所有银行中唯一一家没有起诉、没有封仓库的。杭州广发与富阳市政府一起，说服并联合其他银行帮助重组危机企业，并最终使整个富阳造纸行业走出困境。杭州广发在这起企业危机中，起到了关键的作用。

对此，金海腾解释说：“我们没有起诉，并不是因为我们没有起诉条件，我们既然讲了‘风雨同舟，肝胆相照’，就应该在企业困难的时候与他们一起商量对策，一起研究银行和企业各自该承担什么样的责任。”

在“富阳雪达事件”中受到牵连的正大纸业总经理王文中说：“杭州广发的鼎力相助，使正大公司安全地度过了这个风波，在这点上，杭州广发富有责任心的做法和独特的信贷文化，使其在企业界颇受好评。”

雪中送炭不只体现在某个危机时刻，还需要伴随企业的成长。杭州广发从“种芝麻，抱西瓜”到“中小企业成长贷款计划”到“532信贷计划”，不断深化“以中小企业为基础”的市场定位，在某种意义上说，这就要杭州广发在企业发展最艰难的起步阶段和最有风险的成长阶段，给予最关切的支持。

对客户永远保留批评权

“客户是朋友”，这一服务理念还强调了银企合作中的平等合作，杭州广发认为，这正是银企双赢的基础。

2006年，杭州广发又一次提出了让企业界和银行界耳目一新的服务理念：对客户永远保留批评权。

与当前流行的“客户是上帝”、“客户第一”等唯客户是从的观点相比，它显然格格不入，咋听咋刺耳。杭州广发对此的解释却让所有人心悦诚服。

杭州广发对客户永远保留批评权，讲的是要与客户“坦诚相见，批评合作”，也就是在双方互相诚信的基础上，以批评为手段来加深合作。

如何理解杭州广发所提倡的“批评客户”？广厦集团董事局主席楼忠福从客户的角度作了最好的注解：“杭州广发把我们企业的衣服一件一件地脱下来，但却把我们打扮得更好看了。”

看来，杭州广发要回到“批评”的本原：批判和评论。

是的，银行的专业批评，可以使企业少犯错误。

浙江空调行业中的一家优秀企业浙江樱杭空调工程有限公司总经理姜熙成对此深有体会。2006 年年初，有了一定资金积累的樱杭空调准备跨行业经营，看到了利润颇为丰厚的房地产市场，想参与杭州市人才公寓的开发。公司也分析了这个项目的发展前景和赢利空间，认为值得一做。但是杭州广发在认真分析后认为：樱杭空调正处在主营业务日本大金空调业务量大幅度上升的时期，经测算，在主营业务的扩张中仅仅为达到日本大金公司要求的业务指标，就需要增加流动资金 5 000 万元。在如此大的资金压力下，再去投资房地产这一本身不是非常熟悉的业务，可能会带来主营业务萎缩和新项目资金供给不足的不良后果。杭州广发对这个项目表示了直接的反对。当时樱杭空调的管理层对杭州广发的批评很不理解，甚至认为对外投资是公司的主权，理应由公司自行决策。但在杭州广发的坚持下，樱杭空调再次认真分析后决定延缓这个项目的投资。后来的事情发展，证明了这个决定的正确性。金海腾说：“批评其实一直是我们信贷文化的一部分，我们的主要客户群是中小企业，中小企业既是增长速度最快的一个群体，也是最容易犯错的一族。我们既要支持快速发展，也要帮助他们避免犯错。我们在这方面积累了丰富的经验，有能力服务好他们。”

批评，就是敢于给客户“浇冷水”。敢与不敢，这是一种境界，也是一种能力。

能够给企业以批评的银行，需要很专业的底气。

杭州广发有这个自信。

2005 年年初，浙江红楼集团准备到大连投资一个项目，并邀请杭州广发一起去现场考察。当时，红楼集团对这个项目信心十足，它们这次邀请杭州广发去考察的目的，不是讨论这个项目的可行性，而是准备说服杭州广发为它们提供贷款资金。金海腾、章育民和宝善支行行长陈晓文组成的顾问团，在进行现场分析后却持否定意见。金海腾对红楼集团董事长朱宝良说："假如你这个项目能够成功，大连市政府一定会授予你荣誉市民的称号。"这无异于给朱宝良浇了一壶冷水，他因此警觉了。半个月后，朱宝良再次仔细考察，最终决定撤资，放弃这个项目。也正如杭州广发最初判断的那样，后来的接手者并没有取得预期的成功。朱宝良对杭州广发说："幸亏你们那一次的批评建议，使我避免了犯大错，虽然先期的投资没有全部收回，但已经非常幸运了。看来，企业还是需要听听银行的意见。"

杭州广发所提倡的批评是双向的。他们也要求企业能给予自己诚恳的批评。清泰支行行长朱慧娣说："客户对我们的批评，是对我们的信任；银行对客户的批评，来源于对客户的关注。客户对我们的批评，正是客户相信我们有能力满足他们增值服务需求的体现。我们当然欢迎客户批评我们。"

第二十章
专业广发人

银行家需要怎样的品格？新时期需要什么样的银行从业人员？如何建立良性的“批评文化”？

一支优秀员工队伍的形成，需要长期不断的打造、磨炼。从1997年杭州广发成立之初，他们就将员工队伍的塑造视做一项极为重要的基础工作。从那时到2002年，整个银行经历了“合格化教育”阶段，形成了基本的价值理念，提出了“合格广发人五条标准”、“行为规范九字令”等概念，将来自各行各业、思想各异的员工，整合成具有统一价值理念的广发员工队伍。2002~2005年，杭州广发又推出了“职业化教育”，旨在强化员工的职业道德、职业精神和职业素养，打造一支在浙江金融界响当当的员工队伍。“工行的网点，招商的科技，广发的人”就是这一时期出现的社会评价。

随着银行业对外开放的临近，金融界竞争进一步加剧，广发总行的重组也即将完成，这对员工素质提出了更高的要求。到了这个阶段，不能再用老的模式去教育员工，那么，新的方法又在哪里呢？

丑陋的广发人

从“合格广发人”到“职业广发人”，员工教育上了一个台阶。8年多的“广发理念”教育，成果是明显的，但仍然存在着一些问题。

杭州广发是一个敢于承认和面对自己缺点的银行，从自己的“影子”入手，也许就是第三阶段员工教育的切入口。

都知道作家柏杨的《丑陋的中国人》，针砭时弊，批判反思，一度在华人中引起了巨大反响。2005年9月，行长室决定借用“丑陋”一词，在全行提出了“丑陋的广发人”的概念。

直面自己的缺点是需要勇气的，许多人都不敢，可是他们敢。

杭州广发召开了员工大会，把存在于自己身上的问题，直言不讳地一一暴露出来。他们的目的很明确，那就是反思，一场全员的反思。

行长室开始寻找自己队伍里的问题：

丑陋之一：弄虚作假，掩耳盗铃。

在对待考核的问题上，有些支行为了完成考核任务，采取了弄虚作假的手段。个人业务发展初期，为了鼓励支行拓展客户资源，在考核“薪加薪”产品时采取了考核开户数的办法，这时竟然有支行为了完成考核任务，找了许多亲戚朋友开了很多并没有实际交易额的无效户，曾经发现连5岁的小孩都有“薪加薪”账户。有些支行为了完成考核任务，虚增指标，甚至那些明白考核目的的人，也为个人的短期利益和贪图方便，做了有违分行发展战略的事情，这其实是弄虚作假，掩耳盗铃。

丑陋之二：弱势群体，低级水平。

杭州广发自称“弱势群体”，但这只是描述创业初期的起点不高，并没有永远停留在弱势位置的意图。到今天，有些员工的素质仍然不高，工作粗糙。表现在：一是无效劳动，技能不足，差错率一直居高不下，“屡犯屡查，屡查屡犯”；二是犯低级错误，屡见不鲜；三是态度不正，工作随意，有些员工不是不敬业，只是工作随意性太强，总会有这样的疏忽那样的差错；四是轻视风险，违规操作，不顾银行高风险的特点，不注重风险，往往因此埋下了祸根。

丑陋之三：情商不足，心理灰暗。

有些员工沟通能力差，难以控制自己的情绪，往往出口伤人，将自己的不良情绪转嫁给别人。有些一线员工的情商不足，甚至跟客户吵架，根本谈不上是服务；有些管理部门的员工不能设身处地地为一线考虑，只凭自己的心情办事，对一线支持不足，业务开拓受限。

丑陋之四：锱铢必较，不讲团结。

杭州广发讲的是“大团结，干事业，立行为公”，但有些人仍然在为小团体利益损害整个行的形象。有些支行与支行之间、部门与部门之间仍然在抢夺客户，这不仅影响了内部的团结，也有损于杭州广发在客户心目中的形象。

这些问题可能是大多数企业的通病，有些虽然还没有达到“丑陋”的地步，但行长室却用“丑陋”一词，表达了要去除弊端、改正错误的决心和自我批判的勇气。

专业化六大品格

如何解决“丑陋的广发人”中所指出的各种弊端，将已经成形的员工队伍塑造得更加完善？行长室提出了“专业化教育”的设想。然而“专业化”的标准是什么？行长室并没有很成熟的想法。于是，再次起用了杭州广发的常规方法——“神仙会”。

在两周内，金海腾与副行长吴晓庭、任清尧，分别在杭州、宁波、温州以及由杭州广发派出管理团队接管的佛山广发和中山广发，召开了10场“神仙会”。

“神仙会”提供了大量的信息，也奠定了基本思路。

专业化教育的标准确定了，那就是“专业广发人的六大品格”。六大品格包括“诚信立身、专业为本、阳光心态、致力沟通、团结至上、敢为人先”，这是继“合格广发人的五个标准”、“职业广发人的六个条件”之后，推出的又一个符合当时员工队伍状况的教育标准。

为什么要用“品格”二字，而不是用“标准”、“条件”或者其他词汇？杭州广发的解释是，品格是内在的，是一种“不低于”的标准，也就是人们常常说的“下限”。它是一个人的品性特质，是区别于其他人最本质的东西。同样，他们又以“专业化”来区别以往的“职业化”，也在于倡导一种更加专注的境界，一种把员工与事业完全融会一体的境界。

很显然，杭州广发“专业化”的六大品格，说的其实并不是对金融专业的熟练，而是人格塑造的纯净。

金海腾说：“我们希望达到这样一种境界，一群来自不同银行的人坐下来一起交流，你能很快分辨出其中的杭州广发人：他的诚信、专业水平、阳光心态、讲究团结的精神、极好的沟通能力、创新的思维，都是明显优于其他人的，这就是我们专业化教育的终极目标。”

品格在比较中凸显，在人格差异中彰显。

“终极目标”解释的“六大品格”，提示了一个优秀银行的全体从业人员，都应该具有优秀银行家必备的品质。

品格之一：诚信立身。

诚实守信是杭州广发人最基本的职业操守。诚信是杭州广发开展一切经营管理活动的基本条件。诚信要外不欺人，不轻易对客户承诺，一旦承诺了，你就必须做到；诚信要内不欺己，坚决杜绝“掩耳盗铃”的现象，特别是对待分行的各项发展任务，一定要实实在在地去完成。在杭州广发，只要你不是因为道德风险而导致不良资产产生的，你就还有机会；如果你是因为没有诚信而犯错误的，那么就没人会原谅你。

品格之二：专业为本。

专业为本可以用“一样精，样样通”来概括。“一样精”就是说每一个员工都要精通自己本岗位的专业知识、专业技能，要力求成为一个专家；“样样通”就是指每一位员工还要能够熟悉掌握其他岗位的相关知识，在某些业务上，杭州广发讲究的是“全员营销”，那么“样样通”就为全员营销打下了能力的基础。

品格之三：阳光心态。

阳光心态讲的是乐观、豁达、开放式的心态。阳光心态表现在自我心态的调节上，提倡的是每一位员工都要有积极向上的人生观和价值观，要表现出自信、开放和热情的工作态度。阳光心态还表现在对他人的善待和宽容，别人的不同意见你要笑纳。这也是对“合格广发人五个标准”里“宽厚通达”的深化。

品格之四：致力沟通。

沟通本身就是学习的过程，这是一个审视自己不足、接纳别人优点的过程。致力沟通，是要求每位员工都要作到充分沟通，不能隐瞒不报或者闭门造车。要做到有效沟通，就要学会各种沟通的技巧，提高工作效率。诚信立身是沟通的原则，而阳光心态则是沟通所必备的要素。

品格之五：团结至上。

"大团结，干事业，立行为公"是杭州广发的立行宗旨，也是在"合格广发人五个标准"、"职业广发人六个条件"中都强调的要素。团结至上，就是要求每一位员工都要做到大团结，而不是小团体，或者只顾个人利益。

品格之六：敢为人先。

前五个品格是每一位专业广发人都必须具备的，而敢为人先则是六大品格的最高境界。每一位员工都要有创新和突破的精神，争取在某一领域或者在某一时期成为杭州广发甚至中国金融业的开路先锋。

把银行员工培养成银行家，这实在是一件很难的事情。这首先需要决心，并且坚决地以银行家应有的态度强行贯彻。2005 年 11 月，在专业化教育推出的第二个月，行长室的一次行动，证明了他们的决心。

当时行内正在开展"党员先进性教育"，这个教育已近尾声，党组织召开表彰大会，以表彰优秀党员。就在颁发优秀党员证书前的那一刻，行长室得到一则重要信息，紧急商量后当场撤销了原本获评"优秀共产党员"称号的杭州某支行某同志的获奖资格。为什么？原来在资金部的稽查反馈中，该支行的"网上银行交易量指标"弄虚作假，以两个关联账户的互转，来达到虚增交易量的目的。这显然违背了分行推广网上银行业务的初衷。而这位党员则是涉及弄虚作假事件的客户经理之一。

事情的骤变甚至是戏剧性的。当时，该党员已经走上了领奖台，却仍被行长室"请回"了观众席。金海腾毫不留情地就在会上将事情的原委公开摊明，他说："作为一个银行家，不诚信，你还能干什么？"

银行家的眼中不容沙子，要不然，下梁必歪。

杜婷现象

争抢客户，这是每个银行都会遇到的问题。

不解决这个问题，谈何"团结至上"？

2005 年 9 月，一位邓姓客户给杭州广发送来了一封表扬信，信中表扬了分行营业部财富管理中心的一名普通员工，叫杜婷。邓女士在信中说，这年 3 月，她在杭州广发办理了"薪加薪"业务，接待她的杜婷服务非常热情，服务质量也非常好，于是，后来她多次来找杜婷咨询，并购买了其他的理财产品。半年后，她得知由于她在购买“薪加薪”前就已经在杭州广发开了户，成了另外一位客户经理的客户，也就是说，杜婷为她所做的服务完全是义务劳动，没有丝毫的实际利益可得。邓女士觉得很过意不去，提出转为杜婷的客户，但被杜婷婉言谢绝了。对此，邓女士非常感动，她说：“杭州广发真的跟别的银行不一样。”

金海腾感到了这封表扬信沉甸甸的分量。

这不只是一个优质服务的故事，它让人感受到杜婷非同一般的人格魅力。

金海腾在当周的早餐会上提出了“杜婷现象”的概念，他认为杜婷正是我们专业化教育的经典教案。在会上，他讲了三个观点：

> 第一个观点，要正确对待考核。
>
> 作为商业银行，我们需要自己找饭吃，因此我们需要通过有效的考核机制来激励和推动员工。考核的出发点都是好的，但在具体执行上，每个人的表现却不尽相同，甚至会产生一些负面的影响。但是，我们永远不要忘记考核只是我们的手段，永远不能本末倒置地异化成我们的目标。不能因为一时的个人利益去你争我抢，而损害了杭州广发整体的利益，最终损害的是你们自己的利益。“杜婷现象”就是对那些“巧夺他人之功为己有的人”一个正面的耳光！
>
> 第二个观点，不管是谁的客户，都是杭州广发的客户。
>
> 优质服务能赢得客户的心，劣质服务却只能伤了客户的心，最终伤害了我们自己。我们争抢客户的行为只能给客户留下坏印象。我们每个人都是代表广发银行在为客户服务，而不是代表我们自己。因此，我们每个人都要记住：每个走进我们行的客户归根结底都是杭州广发的客户，所以不管是谁的客户我们都要服务好。杜婷就是我们的榜样。
>
> 第三个观点，真正的团结至上。
>
> “杜婷现象”体现的是“大团结，干事业，立行为公”的立行宗旨和“团结至上”的专业化品格。希望每位员工都要像杜婷一样，一个个都很朴实、没有更多信誓旦旦的口号，但却是踏踏实实，做好点点滴滴的，这正是我们需要的品格。

杜婷是好样的，好就好在她的高尚人格。但是发现“杜婷现象”却需要用心。

员工中往往蕴藏着一大批“杜婷”，却常常流于“好人好事”的层面。世界并不缺乏美，缺乏的是发现美的眼睛。

“杜婷现象”带给杭州广发的是一种新的气象。每当出现业务冲突时，员工首先想到的不是争抢，而是谦让。

批评的文化

对于面子观念甚重的中国人来说，批评是一件很难的事情。尽管主流意识形态倡导批评与自我批评，但大多流于形式，只是成为一种口号。

不批评，思想就难以交锋，观点就难以统一，是非就难以分明。许多矛盾掩盖在一团和气之中，积累着，等待着爆发的一天。这是很不正常的组织生活。

一个度过了创业期的企业，往往因为人事关系的“僵结”，导致一团和气的局面，从而缺乏生气，进入发展“瓶颈”，这很可怕。

金海腾也觉得可怕。他是一个不惧怕批评的人，但这不只是一个人的问题，只有当它成为众人的行为习惯，才具有组织文化的意义。2006年年初，杭州广发提出了建立“批评的文化”的目标。

“批评的文化”的提出并不是心血来潮。批评其实在其发展的前8年就已经成为杭州广发的一种传统，也成为不断推动杭州广发发展进步的动力。2000年，行长室提出了“彻彻底底洗个澡，跨过管理上的分水岭”，而所谓的洗澡，其实就是批评文化的开始。2001年的理性化分析会，要求所有的中层干部不讲自己成绩，只讲自己的缺点，采取自我批评的方式让每一位中层干部直面批评；2002年的换位与错位思考会，采取的是他人批评的方式，每一位中层干部选择一家支行或者一个部门批评他们在经营管理上的错误以及不足；2003年的中层干部读书会，形成了批评文化的两个重要观点：批判经验主义和批判权威主义；2004年的中层干部读书会，学习的书目是《从优秀到卓越》，读书心得后来汇编成书，书名就叫《遭遇自己》，讲的是对自我的审视，是一种自我批评。

但是这些批评，都只是在中层干部中进行。

杭州广发要在全行推行“批评文化”。

为什么要在这个时候系统地梳理批评的传统，并旗帜鲜明地提出建立“批评的文化”？金海腾是这样解释的：“批评是解开束缚，追求超越的重要方法，杭州广发从建立初期开始就一直坚持运用批评来不断地实现自我超越，但是在前8年，我们更多的是在中层干部中运用批评的方法。为什么不直接在员工队伍中全面倡导批评？主要是考虑到在队伍建设初期，员工的心理承受能力毕竟有限，运用不好，很可能使批评背离本意，反而瓦解人心。专业化教育是在一支队伍成形之后进行的塑身教育，到了这时候，批评既是可行的，也是必需的。”

说得很明白，也很有底气。

很少有中国企业将批评日常化。可是从2006年2月开始，杭州广发就开始倡导“日常化的批评”，在每周的早餐会上，支行和部门之间互相批评。批评采取两轮方式，第一轮是二线对一线的批评，或部门对支行的批评；第二轮是一线对二线的批评，或支行对部门的批评。

这是一个正常组织的有效自省。

章伟良当时就说过：“批评不是目的，更好的工作才是目的。现在的氛围，是大家都想追求更好的发展，批评不会产生矛盾，反而能更好地拉近一线与二线之间的距离。”

但批评不会是温文尔雅的，弄不好会自找麻烦，甚至引火烧身。

杭州广发是这样诠释“批评的文化”的：批评如果走向极端就会变成人身攻击。如何评判批评是好心或者恶意？有一个标准：“立行为公。”这是批评唯一正确的出发点。只要是有利于分行发展的，任何批评都是可以接受的。而杭州广发从一开始就坚决反对匿名信，行长室不接受匿名投诉，这就从根源上杜绝了“小报告”、歪风邪气的产生。

广发不养“好人”。所谓好人，就是好好先生。杭州广发倡导上级对下级、下级对上级、同事之间、部门支行之间的相互批评，而不是一团和气。只要“立行为公”，下级尽可以与上级据理力争，员工尽可以向行长“犯上”，钱平当初就曾对金海腾针锋相对地叫过板，争论不下，甚至顾自拂袖而去。他知道自己不会被“穿小鞋”。事实正是如此，钱平反而受到重用，成为今天中山广发的行长。

关键在于，对待批评要有阳光心态。金海腾性格非常率直：“我这个人很直白，一般我愿意把我的想法毫不遮拦地告诉你。如果你把它理解为是刻意的为难，是对你有成见，迈不过这道坎，那你就会自己让自己陷入困境。我经常说，我对你有意见，但绝不会有成见，所以员工们完全可以阳光地来对待每一个批评。”在杭州广发，除非道德原因，从来不会因为某一件事情而将一个人一锤定音，直接看死，这也为员工们正确对待批评奠定了最重要的基础。

有一种说法很有意思："表扬也是一种批评。"这句话出自杭州广发不足为奇。在这里，受到表扬的人都会认为，表扬是一种激励的批评，你只能做得比昨天更好；对于没有受到表扬的人，对他人的表扬其实是一种无声的鞭策、无言的批评。

这正是一个组织的健康心态，阳光心态。

在一种理智的批评氛围下，批评文化对杭州广发实现自我超越，起到了积极的推动作用。

行魂：诚信＋认真

短信投票是当今社会各种评选、选秀活动的成功方式，这一大家都习以为常的方式，却在杭州广发引发了一场大碰撞。

2006 年 6 月，媒体组织的"浙江省著名理财品牌评选活动"在全省引起一股热潮，各家银行都为能入选而努力着。杭州广发的个人理财品牌也是其中的候选品牌。评选的方法，就是短信投票。

个人金融部是这个理财品牌的主管部门，为了分行的荣誉，他们发出倡议，呼吁所有员工为本行投票，并希望鼓动客户也参与为广发投票。一呼百应，大部分员工都投了票。

但当金海腾出差回来得知短信投票事件后，第一时间阻止了员工的投票行为。

在当周的早餐会上，他向中层干部们讲了他的观点："我们现在的专业化教育要求所有员工做的是'诚信立身'，却又要求员工去投票拉票，这是诚信吗？如果著名理财品牌是靠这样的投票产生的，我宁可不要这样的称号。什么是诚信？当你们面对那些似是而非的事情的时候，仍然能坚持诚实守信的原则，这才是真正的诚信。"

一番观点碰撞，一时轩然起波。领悟认同的多。

金海腾后来再次强调说："说一套，做一套，或者只说不做，这是企业文化难以形成的重要原因。不能忽略此类'小事'，要防微杜渐，在关键时刻站稳自己的立场，才能真正让员工们信服。"

不忽略小事，为此行长室商量决定进一步提升诚信理念。

2006 年 7 月 16 日，在杭州广发建行九周年的员工大会上，行长室正式向全行提出了杭州广发的行魂——诚信+认真。

什么是行魂？一个银行思维方式和行为方式的本质。

“诚信+认真”，道出了中国老百姓最平实朴素的生命真谛：清清白白做人，认认真真做事。清白，不欺不诈不贪不淫不阿不屈不怠不枉，清是清，白是白，一是一，二是二，这就是诚，这就是认真，这就是信。

“我能做到诚信、认真吗？”杭州广发在社会信用下滑、敷衍塞责的今天逼问自己。

这一逼问需要大勇气。

他们敢有这样的勇气来塑造自己的“魂”，正是他们敢于正视自己也有“失魂”的可能。

——当信息不对称时，有人在潜意识里总想做出一种“看似有利于自己”的选择，这就是所谓的“逆选择风险”。有些客户经理为了做成功某个信贷项目，刻意隐瞒或回避某些风险点，最后项目做成了，却功亏一篑。

——有些人选择不诚信，因为怕吃亏。在完成考核指标的同时，生怕其他人虚做指标胜于自己，老老实实却名落孙山。这是心态导致的不诚信。

……

各种不诚信的风险随时存在，杭州广发也食人间烟火。

对于任何恶性不诚信的行为，行长室不会姑息迁就。有一位曾经非常优秀的员工在考试中作弊，事后就当即被降职，并取消他的年薪制待遇。金海腾说：“榜样不是用来维护的，任何一位员工不管他曾经多么的优秀，不管他为行里作出过多大的贡献，只要犯错误了，一视同仁。”

这也是诚信。

诚信是主观的思想和行为方式，与其对称的是环境的公平、公正。

何谓真正的公平、公正？行长室有自己的解释：“公平、公正，看似一句很简单的口号，却需要在每一件小事中去实践。作为分行最高决策部门，我们在决策的时候并没有人来直接监督，正是没有人监督的公正才是真正的公正。所以，我们绝不让诚实守信的人成为事实上的吃亏者。”

为此，行长室为“行魂”做了形象的注脚：

第一，诚信——杭州广发人为人处事的底线。

杭州广发所讲的诚信：一是一个人即使在独处和无人监督的情况下，仍然不会弄虚作假；二是一个人在具备了造假、失信的各种条件时，仍然能够坚持原则，能够内不欺己，外不欺人。只有做到了以上两点，才是真正的诚信。

在诚信这个问题上，绝不允许任何一个支行、一个部门、一个员工违背，面对诚信，任何人都不能置身度外。诚信是杭州广发最核心的价值观之一。

第二，认真——饶有兴趣地做每一件事情。

认真是实现诚信的必要途径。认真是一种人生态度，也是一种自律的行为。

认真做人，就是要较真，动真格，不迁就纵容自己，不以恶小而为之；认真做事，就是要一丝不苟，要有完美主义精神，要能认真地对待每一个细节，不以善小而不为。

认真，饶有兴趣地做每一件事情，这样才能诚信地对待自己岗位所赋予的职责，才能诚信地对待我们所本应具备的职业道德。

经过“合格广发人”、“职业广发人”、“专业广发人”三个阶段的员工教育，一支颇具竞争力的员工队伍已经成形。

队伍，正是我们事业发展的最坚实的基础。

后记

空 杯

从杭州广发近10年的发展历程，可以清晰地看到他们在探索的是一条什么样的道路。他们追求着一种异于国内其他商业银行的发展模式，但却赢得了优于竞争对手的发展。是什么样的心态促使他们成功？或许我们可以从金海腾的一段话中，得到些许体会。

> 作为一个多年从事政府部门工作的人，面对着专业性极强的银行，我的“空杯”心态帮了我的大忙。唐朝的百丈怀海禅师的一段机智应对给了我极大的启示。
>
> 一日，有文士拜会百丈禅师，貌似恭而实倨，亦为礼。问：“禅师何以教我？”百丈不语，为注茶，盈盏，俄而倾去半盏，盈之又倾。如是者三，文士色变，离座谢曰：“受教。”
>
> 大体说来，工作越多的人，经验越丰富，然而以经验去判断未知的事，久而久之，就形成“经验主义”了。经验主义让一个人停止学习，也停止创造和进步。其实人需要不断地注入新的因素，百丈禅师的“注茶”极为形象地阐述了这个道理。无论干什么工作，一个人只要怀有“空杯”的心态，就能以新的经历不断为自己注入新的因素，从而激发自身的创造力，去追求更为完美的境界。杭州广发的10年，是我怀着“空杯”心态的10年，在未来

的岁月里，“空杯”心态依然是我们创造卓越、追求超越的法宝。

杭州广发近10年的成长历程中，有我们的辛勤汗水和成功喜悦，更有我们的困顿、迷茫及坚忍不拔的探索。我，作为杭州广发的第一责任人，我和全行员工同喜同悲！以学生的艰辛和老师的耐心，打造和锤炼着一支不断壮大的队伍。怎样做一个领头人？我以为要坚持把握好七大关系。一是坚持与放弃的关系，我们创造的传统项目——读书会、早餐会、中餐会、军训、新年音乐会等，多年来实践证明是正确和必要的，我一定坚持，无论当时出现了什么困难。对那些未经实践有待判断的，可以放弃既有的个人意见，听从大多数人的主张，并在实践中判断是非。二是低收入和高增长的关系，在个人收入上，立足当地的实际情况，坚持一个相对低的起点，同时保持一个有效的高增长，使全行员工无论在精神上还是物质上，都能看到自己的成长和进步，以此激发员工创造卓越和追求超越的精神。三是短期利益和长期利益协同的关系，坚持长期利益优于短期利益，整体利益优于局部利益的原则，这是一个领导者的基本素质。四是安全与风险的关系，坚持安全第一，但主动把握风险，并积极培养控制风险的能力，从风险中实现安全赢利。五是重点突破和全面布局的关系，我们的双百分考核，实际上是我“人事并重”的价值观的体现，这样，才能以核心因素带动一般因素，实现重点突破和全局发展相匹配。六是激励与批评的关系，以赞赏的眼光看待每一位员工，坚持激励为主、鼓励先进为主的原则，辅以激将式批评和共性式批评。七是紧张和活泼的关系，坚持严谨、快节奏的工作方式，坚持为员工创造丰富多彩的业余生活条件，我们以员工旅游、员工文艺汇演等方式，松弛员工的紧张情绪，完美他们的精神世界。

10年来，我坚定不移地实践着这七大关系，并在实践中丰富和完善其中的内涵，为杭州广发培育了一群积极实践广发理念的员工队伍，让广发理念如燎原之火，在员工的心中熊熊燃烧。

如果要说处理这七大关系的最终要点是什么，我想只有一个关键词，那就是“因势而动”。杭州广发近10年的行程都不是预先设计好的，它是一步一步走出来的，每一步怎么走，那都得因势而动。何谓势，世界金融的大势，中国金融的大势，浙江经济的大势，杭州广发的大势。任何企业、单位、部门的一把手，都应该是一个“看势”的专家。三顾茅庐，诸葛亮向刘备说的

> 就是一个“势”，成为战略研究的千古经典。势，就是未发生外部作用的内动力，一经激发，事态骤变。

2006年11月16日，历时近两年的广东发展银行重组终于尘埃落定，花旗银行投资团队获得了广发行的经营主导权，这标志着它们将成功入主广发，广发银行的经营将面临重大的调整。

这对杭州广发来讲，既是机遇，又是挑战。花旗管理团队会采用什么样的经营模式，会对杭州广发现有的经营模式产生怎样的影响，这一切都拭目以待。

就在重组消息宣布后的第十天，11月26日，在杭州广发2006年中层干部读书会上，金海腾以《转折时期的转变》为题，与全体中层干部和部分骨干员工作了一次满怀激情的对话。

在这番讲话中，他提出了“集体跳槽”的概念，他说：

> 从旧广发到新广发，我们其实要做的，是一次“集体跳槽”。所以，我们要以跳槽者的心态去思索如何适应新广发的新的管理模式，而不能一味固守。我们要做的思索不是代表一个集体，也不是代表杭州广发，而是你个体的思索，思索自己如何能够融入新广发。我们必须从零开始，而不能躺在过去的成绩上。
>
> 过去10年的辉煌已经画上句号，这10年，我们自豪地称之为“弱势”银行的探索，我们在弱势中自强。要把在杭州广发的集体经历，都只当做我们个人的一段人生经历，然后从头开始。

在结束讲话的最后表述时，金海腾显然有些动情了，他目视着曾经与他一起度过3 600多个日日夜夜的员工，抑制不住内心的激情，他说：

> 我们每一个杭州广发人一定要记住，我们骨子里流的是“广发理念”的血，我们一定能在新的体制中胜出，一定要干得比任何时候都要好，这才无愧于我们曾经创造的辉煌，才无愧于我们多年来一起追求的理想。

让这个理想，无论在哪个管理体制下都能取得成功！

他们再一次以“空杯”心态，去迎接又一次的重新开始，去期待又一次的精彩！